"棕树下的正义"一词可溯源至圣经《旧约·士师记》,以色列人的女先知底波拉(Deborah)作士师(judges)的时候,就坐在"底波拉的棕树"(palm tree of Deborah)下,以色列子民都上她那里去听"判断"(judgments)。后以"棕树下的正义"来形容以法官个人自由裁量为基础的判决方式。

PALM TREE JUSTICE
A STUDY OF LORD DENNING'S EQUITABLE ADMINISTRATION OF JUSTICE
1947—1957

棕树下的正义
丹宁勋爵衡平司法解读(1947—1957年)

薛张敏敏 著

北京大学出版社
PEKING UNIVERSITY PRESS

图书在版编目(CIP)数据

棕树下的正义:丹宁勋爵衡平司法解读:1947－1957年/薛张敏敏著.—北京:北京大学出版社,2017.6
ISBN 978－7－301－28274－8

Ⅰ.①棕… Ⅱ.①薛… Ⅲ.①司法—研究—英国—1947－1957 Ⅳ.①D956.19

中国版本图书馆CIP数据核字(2017)第093007号

书　　名	棕树下的正义——丹宁勋爵衡平司法解读（1947—1957年） Zongshu Xia de Zhengyi ——Danning Xunjue Hengping Sifa Jiedu（1947—1957 Nian）
著作责任者	薛张敏敏　著
责任编辑	王丽环　方尔琦
标准书号	ISBN 978－7－301－28274－8
出版发行	北京大学出版社
地　　址	北京市海淀区成府路205号　100871
网　　址	http://www.pup.cn　http://www.yandayuanzhao.com
电子信箱	yandayuanzhao@163.com
新浪微博	@北京大学出版社　@北大出版社燕大元照法律图书
电　　话	邮购部62752015　发行部62750672　编辑部62117788
印刷者	北京大学印刷厂
经销者	新华书店
	880毫米×1230毫米　A5　11.5印张　276千字 2017年6月第1版　2017年6月第1次印刷
定　　价	39.00元

未经许可,不得以任何方式复制或抄袭本书之部分或全部内容。
版权所有,侵权必究
举报电话:010－62752024　电子信箱:fd@pup.pku.edu.cn
图书如有印装质量问题,请与出版部联系,电话:010－62756370

方流芳教授序

（一）

人们常常把"法治"和多多益善地生产法律文本联系在一起。几十年来，法学专家、智库和一般民众都在发出同一个声音"要制定某某法"，立法成为一种全民共识、一套永远立于不败之地的建言和一个长期通用的兴利除弊的方案。法律出台，又激发了司法解释、行政法规、行政规章、地方性法规的创作热情，法律文本在不断增生。可是，当人们被法律文本包围之后还是难以感到正义存在的时候，又响起了"完善"法律的呼声，又开始新一轮法律文本的生产。我们似乎忽视了一个经过经验反复证实的事实：法律是制度产物，法律无可避免地带着制度固有的优点和缺点，法律可能解决问题，可能制造问题，可能只制造问题而不解决问题，甚至阻断人们解决问题的探索——万事皆有可能。

顾炎武曾经这样批评明朝的立法崇拜，他说："前任立法之初，不能详究事势，豫为变通。后人承其已弊，拘于旧章，不能更革，而复立一法以救之。于是法愈繁而弊愈多，天下之事日至于丛脞（繁琐）……此莫甚于有明之世。"（顾炎武，《日知录》卷八《法制》）

钱穆也认为：明代的政治弊端"就在太讲法，什么事都依法办。一条条文进出，一个字两个字，往往上下往复，把紧要公事都停顿了"(钱穆，《中国历代政治得失》，第140页，台北东大图书公司出版）。立法崇拜，也就是孔子说过的"文胜质"，典章、本本、条文被看成了能够自动预设正义和生成正义的超人。

立法崇拜常常把"依法审判"改造成一种编制条文、查找条文、比对条文和个案请示的司法政治。最高法院脱离审判而解释法律，制定下级法院必须遵循的法律细则，称之为"司法解释"；下级法院就个案请示上级法院，让二审、再审法院在脱离审判的情况下就个案发表意见；法官没有权力解释法律，无法通过推理而形成法律意见；任何判决都没有先例约束力，法官因此又获得了宽大无边的自由裁量权。正义止于条文，对错限于条文，裁决符合条文即免责，这是一种条文正义。法官可以诚恳地向当事人表白："您看，这就是法律规定，我也觉得不公平，可我也没办法，我不这么判，行吗？"至于本案为什么适用此一条文而非彼一条文？条文的意思是什么，条文的解释有哪些规则？诸如此类的问题是永远不会进入司法过程的。

（二）

与立法崇拜、条文正义不同，丹宁法官践行衡平正义。在丹宁看来，"字词能杀人，精意能活人"，解读文本，字词文意不是释法要点，释法要点是领会法律精神。丹宁的衡平法思想与亚里士多德的矫正正义、个案正义不谋而合。亚里士多德强调伦理公道压过法律公正、个案公正超越一般公正。英国法官通过条文的个案解释而激活条文，通过遵循、区分、限缩和改变先例而创造法律，这一司法传统是丹宁衡平法思想的制度源泉。丹宁的衡平法思想不是无本之木、无源之水，而是在知识传承过程中产生的知识增量。

虽然丹宁审理的案件不涉及合宪审查，但是，丹宁与美国的司法能动主义（judicial activism）法官有诸多相似：丹宁相信自己承担着"熨平法律皱褶""填补法律空白"和追寻立法意图的使命；丹宁常常为了个案正义而创设一些适用范围远远超出个案的衡平法概念，如：家庭财产、信赖利益、不可反悔等；丹宁常常搁置先例而推崇与时俱进的政治理念；丹宁的法律意见不是谦卑地限缩论点和引申先例，而是大胆地表达有关正义的个人观点。如果站在保守主义立场，丹宁会被看成一个孤军奋进而不留退路的司法能动主义者——一个司法传统的异类；如果站在进步主义立场，丹宁则是一个对社会不公正、人际关系不平等保持高度敏感的、充满同情心的、总是不遗余力追求公道、正义的法律斗士。丹宁的价值不在于他创制了多少具有可持续性的衡平法规则，而在于他总是能够不计成败地发表异见，总是能够站在注定不能形成先例的少数派立场上反思法律，他那些充满激情的司法意见总是代表着一种推动法律进步的批判精神。

（三）

阅读丹宁审理的那些案件，我们可以发现：相同或类似的法律问题在中国每天都在发生，如：夫妻离婚，房子在丈夫名下，妻子在多大程度上拥有继续居住的权利？一个人做出许诺而没有得到相应回报，对方能否信赖该许诺不可撤销？专业人员为他的客户的诚信背书，导致第三人信赖该客户，专业人员欠缺专业注意义务的赔偿责任是否覆盖第三人？诸如此类的问题，要点不是去寻求普适的、一劳永逸的答案，而是通过个案而积累经验知识。法律规则的产生、调整和更新就像接力编写故事一样，其活力在于注入新知。现实生活总是在给法律人提供解释对象和机会，就看法律人自身是否有使命感、是否有能力去做出贡献。

追求衡平正义也不是英国独一无二的法律现象。衡平法院最初的功能与当代中国的"信访办"颇为相似：条文语词陷人于无助，法律精神救人于困厄——那些投告无门的、因为审判止于"依法办事"而丢弃公道的、穷尽现有法律而救助无望的，还有另一扇门对他们开着。在中国，"信访办"传递的信息也是"'终局司法正义'并不意味着救助已经穷尽，那些不愿意放弃希望的人还有一试"。衡平法最初是一种法外恩典——民众可祈求而未必可得的救助——与中国古代的"恩赦""开恩"颇为相似，但是，前者演变成一种富含信息并且不断生成信息的法律制度，而后者只留下了或有历史学、考古学价值的遗存信息。

丹宁的"家庭财产"在英国曲高和寡，同行们都把这看成一种激进主义的司法主张，家庭财产在普通法、衡平法和制定法都是没有立足之地的。有趣的是，1950年的《中华人民共和国婚姻法》第10条第一次使用了"家庭财产"的概念，而1986年的《中华人民共和国民法通则》第29条区分个体商人、农户对债务的清偿责任，区分的基础就是经营资产为"家庭财产"抑或"个人财产"——这正是丹宁当年一再强调而没有得到支持的主张。当然，这纯粹是一种法律的巧合，但巧合背后也有一些不谋而合的、相通的法律理念。

（四）

　　薛张敏敏女士的新作《棕树下的正义：丹宁勋爵衡平司法解读（1947—1957年)》把丹宁的衡平法思想放到具体语境之下观察，这些具体语境包括：孕育丹宁衡平法思想的哲学、政治学、法学的知识渊源和英国的司法传统，丹宁借以表达衡平法思想的那些渐进累积的系列个案。该书向我们展示了衡平法在一个国家司法体系中的不可或缺的作用，丹宁衡平法思想的一致性、连续性与他的价值观念之间的相关性，丹宁的司法理念、风格、方法及其与主流法律群体的紧张关系，还有丹宁不减当年的思想层面的影响力。这本书不仅对我们了解丹宁的法律思想、衡平法的演进过程、衡平救济的必要性和局限性有重要意义，还能给我们带来举一反三、触类旁通的法律思考。

方流芳

中国政法大学一级教授

二〇一七年五月九日于北京

目 录

导　言 　　　　　　　　　　　　　　　　　　001
　第一节　丹宁的衡平司法及其早期司法实践　　001
　第二节　研究现状与文献综述　　　　　　　　010
　第三节　研究视角、方法和意义　　　　　　　027

第一章　**丹宁与衡平司法传统**　　　　　　　　032
　第一节　衡平的哲学与历史维度　　　　　　　032
　第二节　衡平法与普通法的融合：
　　　　　"合而不同"抑或"合而为一"？　　　052
　第三节　衡平司法传统　　　　　　　　　　　071
　小　结　衡平法的"良心"基因　　　　　　　100

第二章　**丹宁法律哲学与衡平**　　　　　　　　103
　第一节　丹宁法律哲学的三个维度　　　　　　103
　第二节　丹宁法律哲学中的衡平　　　　　　　122
　小　结　与衡平理念高度契合的丹宁法律哲学　130

第三章　**丹宁眼中的衡平司法空间**　　　　　　132
　第一节　司法自由裁量权与衡平司法空间　　　132
　第二节　在事实与先例之间：面对先例的
　　　　　进与退　　　　　　　　　　　　　　137
　第三节　在事实与制定法之间：填补立法空隙　155

小　结　一条随案情而移转的界限　　　　　　167

第四章　丹宁的创新型衡平司法：增设新型权益　170

　　第一节　衡平权益：创设路径与种类　　　　　　170
　　第二节　分享型衡平权益："家庭财产"　　　　　177
　　第三节　对抗型衡平权益："弃妻衡平"　　　　　209
　　小　结　失之东隅、收之桑榆的衡平司法　　　　252

第五章　丹宁的拓展型衡平司法：延伸普通法适用范围　255

　　第一节　衡平法对普通法的延伸："良心"
　　　　　　与"昧着良心的"行为　　　　　　　　　255
　　第二节　合同法范畴的延伸：允诺禁反悔原则　　261
　　第三节　侵权法范畴的延伸：专业过失陈述
　　　　　　责任　　　　　　　　　　　　　　　　281
　　小　结　判决中的道德基石　　　　　　　　　　307

结　论　丹宁与衡平——法律的救赎　　　　　　309

参考文献　　　　　　　　　　　　　　　　　　　317

附录A　丹宁勋爵法律生涯一览表　　　　　　　　329

附录B　丹宁勋爵司法外著述与演讲一览表　　　　331

索引A　法官名索引　　　　　　　　　　　　　　335

索引B　判例索引　　　　　　　　　　　　　　　341

致　谢　　　　　　　　　　　　　　　　　　　　351

导　言

第一节　丹宁的衡平司法及其早期司法实践

一、为什么选择丹宁勋爵？

若论到 20 世纪普通法法域最具争议的法官，相信没有人会不同意，他就是英格兰前上诉法院民事庭庭长（Master of the Rolls）丹宁勋爵（Lord Denning）。[1] 有人奉他为"普通法的灯塔式人物"[2]，

---

[1] 丹宁勋爵（1899—1999 年），全名为阿尔弗莱德·汤姆·丹宁（Alfred Tom Denning）。其法律职业生涯履历如下：1923 年成为初级出庭律师（Junior Counsel），1938 年升格为御用大律师（King's Counsel），自 1944 年至 1948 年担任高等法院法官（Judge），自 1948 年至 1957 年担任上诉法院上诉法官（Lord Justice of Apeal），自 1957 年至 1962 年担任上议院常任上诉法官（Lord of Appeal in Ordinary），自 1962 年至 1982 年担任上诉法院民事庭庭长（Master of the Rolls）。鉴于丹宁勋爵在法律生涯的不同阶段有着不同的头衔与称谓，下文在行文中将省略其头衔。

[2] Michael D. Kirby, Lord Denning: An Antipodean Appreciation, 1 *Denning Law Journal* 103, 116 (1986).

亦有人贬其为"一支闪烁不定且反复无常的手电筒"[1]；有人赞扬他是"当代以怜悯之心追求真理与正义最强劲的力量"[2]，亦有人视其为"法治及社会民主进程的真正威胁"。[3] 英国前上议院首席大法官、丹宁曾经的继任人宾汉勋爵（Lord Bingham），在1999年6月威斯敏斯特大教堂，以当时的高等法院首席大法官身份发表的对丹宁的感谢词中，盛赞丹宁为"本国历史上最著名与最受爱戴的法官"：

> 法律于他，非冰冷规则之汇集，而是温暖的人间故事，每一故事均饱含寓意；非桎梏之本，乃自由之源；非对社会弊病之无奈回应，乃为良好管治与社会和谐立下正义之基石。他总是瞻望，从不后退。致力于建造，而非摧毁。[4]

然而，在另一边厢，苏格兰邓迪大学的韦洛克教授（Willock I. D.），代表一众苏格兰同行，自喻为安徒生童话中那个令人尴尬的小男孩，他们也想问同样的一个问题：

> 那个（法官）皇帝穿衣服了吗？他那凭直觉、兴致甚至是偏见作出的判决，难道不是对真法律的公然冒犯？法律不是讲求高度一致性与可预见性吗？他惯常高擎的作为坏先例

---

[1] Ian D. Willock, Foreword, in Peter Robson and Paul Watchman (eds), *Justice, Lord Denning and the Constitution*, Gower, 1981, p. vii.

[2] Michael Havers *et al.*, Valedictory Speeches upon the Impending Retirement of the Master of the Rolls, 1 *Denning Law Journal* 7, 15 (1986).

[3] Introductory Note, in Peter Robson and Paul Watchman (eds), *Justice, Lord Denning and the Constitution*, Gower, 1981, p. xv.

[4] Tom Bingham, *The Business of Judging: Selected Essays and Speeches*, Oxford University Press, 2000, pp. 412-413.

阴霾中指路明灯的正义，其本身难道不就是一支闪烁不定且反复无常的手电筒吗？这样厚颜无耻的司法造法行为，又如何与议会民主制之理念相谐？[1]

如若借用同样来自苏格兰的沃区曼教授（Watchman P.）的话一言以蔽之，这位法官所实施的，是一种不折不扣的"棕树下的正义"（Palm Tree Justice）。[2]

对一位公认的杰出法官，法律界出现的这般南辕北辙的论断，实质上正展现了法律中维护秩序之确定性与作为终极价值之正义之间恒久的张力。两者在大多数场合并无矛盾，前者甚至更多时候是后者的一个指标。然而，现实世界总是存在一定数量的（即使是比例很小的）案件，它们对确定的规则叩问、甚至挑战，法官此时将不可避免地作出抉择，其决定将主导法律的走向：或推进，或延滞。丹宁之备受争议，即在于他惯常地以"打破旧习者"自居（a self-confessed iconoclast），以正义之名，打碎或意图打碎在普通法中久已确立的"偶像"。[3] 对规则与秩序的拥护者而言，丹宁引入的是其主观而模糊的正义观念，由此带来众多法律上的不确定。

然而，无可否认的是，丹宁在英格兰普通法发展中占居独特的地位，这种独特性，部分来自历史的机遇，部分来自其本身对法律传统的继受与对法律价值的个人持守。具体而言，探究丹宁的司法实践及其展示的司法理念，主要理由如下：

---

[1] Ian D. Willock, Foreword, in Peter Robson and Paul Watchman (eds), *Justice, Lord Denning and the Constitution*, Gower, 1981, p. vii.

[2] Paul Watchman, Palm Tree Justice and the Lord Chancellor's Foot, in Peter Robson and Paul Watchman (eds), *Justice, Lord Denning and the Constitution*, Gower, 1981, p. 1.

[3] Alfred T. Denning, The Way of An Iconoclast, 3 *Sydney Law Review* 209 (1960).

其一，丹宁所处的特定时代，为其造就了独特的发展与变革既有法律之历史机遇。丹宁之生卒，纵贯整个 20 世纪（从 1899 年至 1999 年），他开始以法官身份登上英伦普通法的"造法"舞台之时，正值第二次世界大战后，社会政治与经济状况发生剧变，牵涉法律与时代同步更新的问题。丹宁所处的时代，恰逢英伦普通法承前启后的关键时期：19 世纪及 20 世纪前半叶业已确立的法律原则与秩序，正接受着战后新情境与新需求的挑战，例如，合同法的发展如何更具弹性、更符合普通人（尤其是商人）的"合理期待"（reasonable expectations）；再如，家庭财产法领域，家庭房产的购置模式发生变化，当夫妻双方均对房产的购置有"实质性贡献"时，旧有的产权体系当如何应对新的法律问题等。在这样的历史背景中登台，丹宁的司法实践必然烙有变革、创新与发展这样的印记。他的司法生涯为此提供了明证：在先例过时之处勇于变革，在先例阙如之时敢于创新，将法律调适至与社会需要同步，一直是纵贯他司法实践的主线。

其二，丹宁的司法多历年所，在客观上导致其司法实践尤为丰富。若从 1923 年丹宁获得出庭大律师执业资格起算，至 1982 年从上诉法院民事庭庭长职位退休为止，可将这六十年之法律生涯按其身份的转换，划分为五个时期：出庭律师时期（1923—1944 年）、高等法院法官时期（1944—1948 年）、上诉法院法官时期（1948—1957 年）、上议院常任上诉法官时期（1957—1962 年）及上诉法院民事庭庭长时期（1962—1982 年）。在这五个时期中，不论是作为出庭律师的丹宁，还是作为初级高等法院法官的丹宁，其对普通法发展的贡献，<u>丝毫不逊于他晋升至上诉法官甚至是最高级别的上议院常任上诉法官时的表现</u>。纵观丹宁重要的司法实践，可以按众多法律主题归类，如法律解释、遵循先例、侵权法中有关过失的法律问题、合同法领域（包括免责条款的解读与允诺禁反悔原则的创设)、程序法领域(包括玛瑞瓦禁令的开创与自然正义原则的阐释)、家庭法领域、言论自由领域、对公权力的限制、对工会滥权之管制等。就数量而言,仅任职最后二十年间,丹宁参与撰写与颁布的判决就逾千份。这些重要领域的判例,是了解20世纪后半叶普通法发展的重要素材。

其三,丹宁不仅是在判决数量上汗牛充栋的法官,同时还是一位著作等身的述者,其著述、演讲及在法律期刊上发表的论文,涵盖众多的法律领域与主题,系统而多彩地阐释了他的司法理念,使其法律哲学更显丰盈。在这些司法外的著述中,以丹宁为独立作者出版的达十册,著名的如《法律的训诫》《法律的正当程序》等。他在各地、各场合发表的演讲以及在学术期刊上发表的文章更是不胜枚举(详见文末"附录B")。这些都是丹宁从自身角度就其对法律的理解所作的阐述,为研究其法律哲学重要的第一手资料。

最后,丹宁是位信仰特征尤为显明的法官,若要寻找法律与信仰在现代司法界之完美结合,丹宁必为其中之佼佼者。他把个人信仰毫无保留地书写于其判决中,他对正义、公平、公正等法律核心与终极价值的理解,均源自其基督教信仰。这一信仰因素,使得司法判决所承载的法律原则超越了法律领域,而触及宗教与道德领域,进而指向司法的终极价值。这亦是令丹宁区别于其同时代伟大同袍的一个重要方面。他以三个维度总结了自己的法律哲学——"让正义实现""法律下的自由"与"信靠上帝"[1],其中最后一项代表了其整套法律哲学的源头和基石。然而,与此同时,这种信仰主导下的司法思维,亦为丹宁引来诸多争议。法律界对丹宁司法实践的批评,除集中在其枉

---

[1] Alfred T. Denning, *The Family Story*, Butterworths, 1981, p. 172.

顾先例、任意创新方面外,就是针对他将个人信仰与法律原则、法律正义混为一谈。

上述诸多因由,令丹宁丰富的司法实践及由此而展示的独特司法风格与司法理念成为深具魅力的探究领域。

二、为什么专注于丹宁的衡平司法?

如果说丹宁的司法理念与实践是一片矿区,那么其衡平司法的理念与实践则无疑是这片矿区中混迹于其他宝石的钻石。在法律界,不论是认为丹宁的司法具有前瞻性、以正义为导向,还是批评其判案主观或飘忽不定,大家的视点实际上或多或少均聚焦于丹宁的衡平司法。"衡平"(equity)一词,究其本义,或是溯其历史,均代表了英格兰判例法中一种具有高度柔韧性与适应力的存在,可被誉为防止法律僵化的"润滑剂"与推动法律适应新形势以向前发展的"催化剂"。衡平法在法律体系中的地位、作用、未来去向,亦从来是普通法世界热议不休的话题。

在丹宁身处的20世纪,从管辖权上看,已无普通法法院与衡平法院(亦称大法官法庭)之分。然而,若对丹宁的司法实践作一近距离观察便不难发现,他这种以一个高于法律本身的价值为指引,并借此"跨越"确定规则之限制,冀达致一个符合公正、公义之判决结果的司法理念与风格,实质即为衡平司法理念与风格。纵观丹宁具有重要影响力的判决,如财产法领域的"家庭财产"(family assets)及"弃妻衡平"(deserted wife's equity)等概念与原则、合同法领域的允诺禁反悔原则(doctrine of promissory estoppel)、行政法上的多种救济方式等,均为丹宁通过行使衡平管辖权而结出之累累硕果。因而,丹宁在总结自己的法律哲学时,亦形容道:"我的法律哲学,极为接近那衡平原则赖以建立之哲学。"[1] 正是这样的法律哲学,让丹宁的判决具有较其同袍更为鲜明的"衡平色调"。可以这样说,丹宁那著名的愿景——"让正义实现",在司法的层面上,就是"让衡平实现"。

因而,甚至可以说,让丹宁饱受褒扬,同时又备受争议的,正是他那基于衡平的司法理念与相应之衡平司法。无可否认的是,衡平法的优点似乎亦彰显着其缺点:因针对具体情形而缺乏普遍适用性,因过度的自由裁量而带来判决的主观性,以及因衡平原则的弹性而导致法律的不确定性。这正是沃区曼教授喻指的在裁断上任意而主观的"棕树下的正义"。[2]

纵观丹宁的衡平司法,一个明显而有趣的现象是,在众多他所创制的衡平原则及衡平权利中,有的获得法律界的同声赞许,如在行政法领域确立的诸项衡平救济;有的备受争议,却以坚韧的生命力存续至今,如合同法中的允诺禁反悔原则;有的虽终被上议院推翻,却以议会立法的方式延续着类似的法律效果,如合同法中为保护显失公平合同中的弱势方而发展出的根本性违约原则;有的在备受诟病之余,最终难逃被否定的命运,如财产法中的家庭财产概念与弃妻衡平权利。这似乎表明,虽在同一衡平理念指导下而创制出的具体衡平原则与相应衡平权利,它们能否存续,或曰是否具备足够的对抗性,却是受着某些特定因素的影响。而这些特定因素,从结果上反映了貌似主观之衡平原则的某些客观尺度。丹宁包罗万象的衡平司法,为探寻这把隐而未现的客观衡平尺度,提供了宝贵的研究资料。

另外,国内对英美衡平法的研究,重点多放于宏观与历史层面,

---

[1] Alfred T. Denning, *The Family Story*, Butterworths, 1981, p. 175.
[2] Paul Watchman, Palm Tree Justice and The Lord Chancellor's Foot, in Peter Robson and Paul Watchman (eds), *Justice, Lord Denning and the Constitution*, Gower, 1981, p. 1.

如追溯衡平法的源头、历史与演变道路、探索普通法与衡平法的关系等，较少对衡平司法的微观研究，如某项衡平规则的产生过程、法官在行使衡平管辖权时的具体考量因素、具体衡平规则的发展脉络等。对丹宁衡平司法的研究，可以为衡平法的研究领域提供一种微观的视角，实在而具体地展示衡平法的活力与生命力。

三、为什么聚焦丹宁早期的司法？

丹宁早期的司法实践，具体而言，指的是丹宁担任高等法院王座分庭法官与上诉法院上诉法官期间（自1947年至1957年）的司法。选择这十年作为研究的基础，主要缘由有二：

首先，用丹宁自己的话说，在他担任法官与上诉法官的十年间，他发展出了"自己的一套法律哲学"（A Philosophy of my own）[1]，这就是为后人所熟知的丹宁法律哲学。在此十年中，从1947年至1948年10月，丹宁以高等法院王座分庭法官的身份，参与造法[2]；而自1948年10月至1957年4月，丹宁则晋升至塑造普通法的重镇——上诉法院。换句话说，贯穿其司法生涯的这套法律哲学，在丹宁于1957年4月成为上议院常任上诉法官之前，业已形成。因而，丹宁在这十年中的司法实践，为其法律哲学的内涵提供了最为适切的注解，并且可作为单独的研究对象，与其后来在上议院及担任上诉法院民事庭庭长时的司法实践相分离。然而，为展现丹宁完整的从"源"至"流"的司法风貌，在探讨其早期司法的基础上，亦会概览其后期的相关演绎与发展。

---

[1] Alfred T. Denning, *The Family Story*, Butterworths, 1981, p. 172.
[2] 丹宁于1944年3月被任命为英格兰高等法院法官，先是在当时的离婚事务分庭（Divorce Division），至1945年10月，被任命至王座分庭（King's Bench Division）。

其次，用时任上议院首席大法官戈夫勋爵（Lord Goff）的话说[1]，丹宁对普通法发展最主要的贡献，集中在 1940—1950 年代。[2] 在《牛津国家传记词典》（Oxford Dictionary of National Biography）中的"丹宁勋爵"一项，负责撰写该词目的戈夫勋爵屡述了丹宁的诸项重要贡献，包括（依照戈夫勋爵原文中的顺序罗列）：1947 年衡平法上的允诺禁反悔原则[3]、1951 年对过失陈述当负之赔偿责任的认定[4]、1952 年对权力滥用的管控[5]、1949 年以立法原意为依归的法律解释方式[6]、1951 年合同解释原则、1952 年弃妻衡平权利[7]、1975 年与 1976 年有关财产扣押保全的禁令与命令[8]、1974 年对欧盟法律的接受[9]，以及 1948 年有关不当得利之返还的法律。[10] 戈夫勋爵发现，在上述丹宁的主要法律贡献中，大多数来自他担任高等法院法官及上诉法官期间的司法实践。因而亦可以视 1947 年至 1957 年的十年，为丹宁最具司法创造力的黄金时期。

上述两方面理由，说明丹宁的早期司法实践具有不可低估的研究

---

[1] 戈夫勋爵的全称为：Lord Goff of Chievely，于 1986—1998 年间担任上议院常任上诉法官，在 1998 年以上议院首席大法官（Senior Law Lord）身份退休。

[2] Matthew HCG, Harrison and Brian Howard (eds), *Oxford Dictionary of National Biography*, Oxford University Press, 2004, quoted in Charles Stephens, *The Jurisprudence of Lord Denning: A Study in Legal History*, Cambridge Scholars, 2009, vol 1, p. 7.

[3] Central London Property Trust Ltd v High Trees House Ltd [1947] 1 KB 130.

[4] Candler v Crane Christmas & Co [1951] 2 KB 164.

[5] R v Northumberland Compensaion Appeal Tribunal, ex parte Shaw [1952] 1 KB 338; Barnard v National Dock Labour Board [1953] 2 QB 18.

[6] Seaford Court Estates Ltd v Asher [1949] 2 KB 481 (CA); Magor and St. Mellons Rural Distrct Council v Newport Corporation [1950] 2 All ER 1226 (CA).

[7] Bendall v McWhirter [1952] 2 QB 466.

[8] Mareva v International Bulkcarriers [1975] 2 Lloyds Rep 509; Anton Pillar v Manufacturing Process Ltd [1976] Ch 55.

[9] HP Bulmer Ltd v J. Bollinger SA [1974] 2 All ER 1226.

[10] Nelson v Larholt [1948] 1 KB 339; Larner v LCC [1949] 2 KB 683.

价值,其意义并不逊于对其后期(尤其是担任上诉法院民事庭庭长的二十年间)司法的研究。同时,鉴于丹宁一生所作判决之卷帙浩繁,聚焦于此早期之十年,亦乃切实可行之研究方案。

第二节 研究现状与文献综述

一、国外的研究

国外的文献主要包括两大类:丹宁的自我阐述与法律界对丹宁的评论。

首先是自我阐述。丹宁担任法官期间的出版物多为演讲的集合,例如,1949 年出版的《法律下的自由》(Freedom under the Law)[1],从对公民享有的人身自由、意念与良心自由之阐释,表达一种由法官来实现对诸种自由之保护的理念;1953 年出版的《变迁中的法律》(The Changing Law)是五个演讲的集合[2],主题涵盖英国宪法、福利国家的法治、民事法律的变迁、妇女的权利以及宗教对法律的影响五个主题;1955 年出版的《通往正义之路》(The Road to Justice)是丹宁于 1954 年及 1955 年出访海外所作演讲的集合[3],重在表达丹宁对法官、律师及媒体在实现正义上各自的角色与担当。另有三个主题演讲被分别单独出版:1959 年针对盲目遵循先例而以牺牲正义为代价的《从先例到先例》(From Precedent to Precedent)[4]、1963 年阐释苏格

---

[1] Alfred T. Denning, *Freedom under the Law*, Stevens & Sons Ltd, 1949.
[2] Alfred T. Denning, *The Changing Law*, Stevens & Sons Ltd, 1953.
[3] Alfred T. Denning, *The Road to Justice*, Stevens & Sons Ltd, 1955.
[4] Alfred T. Denning, *From Precedent to Precedent*, Clarendon Press, 1959.

兰法对英格兰法之正面影响的《借鉴苏格兰》（Borrowing from Scotland）[1]，以及1980年针对行政权力之行使以及法院之相应角色的《权力误用》（Misuse of Power）。[2] 这三个演讲皆主题鲜明地阐释了丹宁的司法理念。丹宁对个人司法生涯更为系统的反思与阐释，见诸他退休前后陆续出版的六本论述[3]，分别是1979年《法律的训诫》（The Discipline of Law）[4]、1980年《法律的正当程序》（The Due Process of Law）[5]、1981年《家庭故事》（The Family Story）[6]、1982年《法律的未来》（What Next in the Law）[7]、1983年《最后的篇章》（The Closing Chapter）[8] 以及1984年《法律的界碑》（Landmarks in the Law）。[9] 这六本著作可以看做是丹宁对其六十年司法生涯的一个集中回顾，但就学术研究而言，其缺陷是它们代表的是从丹宁自己的视角来看待其判决，因而尚需结合法律界诸学者对他司法实践的客观评论。另外，丹宁针对某一法律问题撰写的文章与演讲词亦常见于法律学术期刊，这些亦大大拓宽了研究丹宁法学思想的参考资料范围（详见文末"附录B"）。

---

[1] Alfred T. Denning, *Borrowing from Scotland*, Jackson, Son & Company, 1963.
[2] Alfred T. Denning, *Misuse of Power*, British Broadcasting Corporation, 1980.
[3] 除法律著述外，还有一本出版于1986年以法律与文学为主题的《我的图书馆拾英——英文选集》，这是丹宁的最后一本著述。参见：Alfred T. Denning, *Leaves from my Library—An English Anthology*, Butterworths, 1986. 丹宁的判决一直以具有丰富的文学色彩著称，曾任上诉法官的诺斯（Nourse L. J.）亦专门对此风格作出过评论，参见：Martin Nourse, Law and Literature—the Contribution of Lord Denning, 17 *Denning Law Journal* 1 (2004-2005).
[4] Alfred T. Denning, *The Discipline of Law*, Butterworths, 1979.
[5] Alfred T. Denning, *The Due Process of Law*, Butterworths, 1980.
[6] Alfred T. Denning, *The Family Story*, Butterworths, 1981.
[7] Alfred T. Denning, *What Next in the Law*, Butterworths, 1982.
[8] Alfred T. Denning, *The Closing Chapter*, Butterworths, 1983.
[9] Alfred T. Denning, *Landmarks in the Law*, Butterworths, 1984.

其次是对丹宁的研究。丹宁在英国法律界甚至是普通法世界属于广受景仰但又备受争议的法官,因而法律界对他的司法实践及法律理念的评论及研究文献较为丰富。基于对丹宁的褒扬或贬抑,可将相关文献分为三组:一组以褒扬为主,冠丹宁为"法律之先驱",赞扬他对个人权利与自由的守护,并维系法律与道德,以致普通法不致因世俗的发展而失却其精神内涵;另一组则以贬抑为基调,认为丹宁以正义之名,灌输过时兼老旧的价值观,以法律原则的确定性为代价,过于"任意妄为";而居于两者之间的,则属针对丹宁具体的法律表现而作较为中性的评价。下文将大略以时间为序,拣选较有代表性的评论作具体阐述。

(一)以批评为主的文献

在丹宁从上诉法院民事庭庭长职位退休之前,较早对其司法实践与司法理念作出集中评价的,是当时伦敦经济学院教授格里费夫(Griffith J. A. G.)。他于1977年所撰之《司法机构中的政治》(The Politics of the Judiciary)[1],对丹宁的负面评价居多。格里费夫教授并不认为法官是权利与自由的守护者,因法官无法做到政治中立,法官对公众利益的看法,深受其所处社会地位的影响,不可能中立。[2] 同时他认为,法官大都出自中产阶级,受良好教育,毕业于牛津、剑桥,收入可观,他们必然以维护现行法律与社会秩序为己任,维护中产及上层阶级现有的特权,这样的阶级不可能以法律革新的方式为自由权利提供保障。[3] 这样的评价亦延伸至丹宁。

丹宁《法律的训诫》(The Discipline of Law)在1979年出版之时,

---

[1] Griffith J. A. G., *The Politics of the Judiciary*, Fontana Press, 4th ed, 1991.
[2] Ibid., p. 336.
[3] Ibid., pp. 342-343.

格里费夫教授对该书所撰之书评，更加成为批判丹宁司法风格之经典篇章。[1] 格里费夫一开篇就指出，丹宁以"Discipline"（可理解为"一套整合而逻辑的学问"）为该书命名，实在是一个"玩笑"，因为丹宁穷其毕生之精力所做的，似乎正是通过破除旧有的理念，将法律变得"indiscipline"（意为"涣散而无章可循的"），从而达致他意图获得的正义。[2] 格里费夫认为丹宁是"改革者中最没有历史观念的"（the most unhistorical of reformers），并认为他将自己的正义观念凌驾于其他法官同样持有的正义观之上。[3] 由此，格里费夫得出的结论是：丹宁缺乏埃特金（Atkin）的天赋，也没有德福林（Devlin）的敏锐，从而认为"我们终究不可能将丹宁置于那些伟大的名字之列"，因为，"他的正义观念过于个人化、过于特异、没有原则，以致于无法伟大"。[4]

继格里费夫教授之后，思克莱德大学的罗宾逊（Peter Robson）与邓迪大学的沃区曼（Paul Watchman）两位苏格兰学者于1981年合编之《正义、丹宁勋爵与政体》（Justice, Lord Denning and the Constitution）[5]，以大陆法系之眼光与法律评价体系，再次对丹宁的司法作为及理念作出抨击。该书的主题体现在作为编者之一的沃区曼所撰写之《棕树下的正义与大法官的脚》（Palm tree Justice and the Lord

---

[1] Griffith J. A. G., Review of The Discipline of Law by Lord Denning, 42 *Modern Law Review* 348 (1979).

[2] Griffith J. A. G., Review of The Discipline of Law by Lord Denning, 42 *Modern Law Review* 348, 348 (1979).

[3] Griffith J. A. G., Review of The Discipline of Law by Lord Denning, 42 *Modern Law Review* 348, 349 (1979). 格里费夫教授以玩扑克牌游戏形容丹宁，说他不但把王牌拿在自己手中，而且把52张牌都归自己，好像上帝把整副牌都交给了他似的。

[4] Griffith J. A. G., Review of The Discipline of Law by Lord Denning, 42 *Modern Law Review* 348, 350 (1979).

[5] Peter Robson and Paul Watchman (eds), *Justice, Lord Denning and the Constitution*, Gower, 1981.

Chancellor's Foot）一文中，通过细数丹宁诸多未能令人信服、甚至是"不负责任"之判决，表达了编者（及一众批评者）的"担忧"与"疑虑"。[1] 其他参与撰文的苏格兰学者，则从不同的侧面，表明丹宁这种高度主观的司法风格是完全不可理喻的，他们也无法理解为何英格兰的同行们会于丹宁百岁生日时在白金汉大学为其法律贡献大唱赞歌。总体而言，他们认为，丹宁法律哲学是对"法治及社会民主进程的真正威胁"。[2] 该书是迄今为止法律界对丹宁司法最为集中地提出批评的一本著作。

（二）较为中性的评论

麦克奥思兰（McAuslan P.）与乔维尔（Jowell J.）两位教授于1984年合编之《丹宁勋爵：法官与法律》（Lord Denning: The Judge and the Law）[3] 的写作背景是丹宁决定从上诉法院民事庭庭长职位退休之时。该书汇聚了当时英伦法学界之大家，对丹宁的法律表现作出较为全面、细致而中肯的评价。它是除丹宁著作与判决外，了解丹宁法律实践与哲学的最重要文献。该文集主要分为两部分：第一部分阐述了丹宁与英格兰法。各路当时最优秀的法律学者就不同法律领域对其司法贡献与表现作出评析。例如，牛津大学的阿提雅（Atiyah P. S.）教授评论丹宁在合同法与侵权法两大传统普通法领域的作为，亦

---

[1] Paul Watchman, Palm Tree Justice and The Lord Chancellor's Foot, in Peter Robson and Paul Watchman (eds), *Justice, Lord Denning and the Constitution*, Gower, 1981, pp. 33-34.

[2] Introductory Note, in Peter Robson and Paul Watchman (eds), *Justice, Lord Denning and the Constitution*, Gower, 1981, p. xv. 有关"棕树下的正义"，亦参见：Morris John, Palm Tree Justice in the Court of Appeal, 82 *Law Quarterly Review* 196 (1966).

[3] Jowell J. L. and McAusland J. P. W. (eds), *Lord Denning: The Judge and the Law*, Sweet & Maxwell, 1984. 亦参见：Kodlilinye G. A., Lord Denning in Prespective—a Review of Lord Denning: The Judge and the Law, 1 *Denning Law Journal* 127 (1986); Baker P. V., Lord Denning: The Judge and the Law, 102 *Law Quarterly Review* 163 (1986).

褒亦扬，几乎涉及丹宁在这个领域颁布的所有判决，是一份详尽的记录与评论清单[1]；剑桥大学的黑顿（Hayton D. J.）教授则评论其于衡平法与信托法领域的表现，总体认为丹宁在法律原则的发展上过于迫切与草率[2]；而伦敦大学的家庭与婚姻法权威弗里曼（Freeman M. D. A.）教授亦有同感，并认为其在激进之余，又过于保守，如过于受传统基督教婚姻观念的影响。[3] 另外，作为编者之一的伦敦大学国王学院的乔维尔（Jowell J.）教授主要考察了丹宁在行政法领域的表现，尤其是他对自然正义在行政案件中的运用。[4] 第二部分则较为简短，阐述丹宁的司法理念对英格兰以外普通法世界的影响，其中坎特伯雷肯特大学的辛普森（Simpson A. W. B.）教授赞扬丹宁

---

[1] Atiyah P. S., Contract and Tort, in Jowell J. L. and McAusland J. P. W. (eds), *Lord Denning: The Judge and the Law*, Sweet & Maxwell, 1984, p. 29. 另见：Atiyah P. S., Lord Denning's Contribution to Contract Law, 14 *Denning Law Journal* 1 (1999). 有关丹宁在合同与侵权法领域之司法的评述，亦参见：Furmston M. P., Contract and Tort after Denning, 2 *Denning Law Journal* 65 (1987); Ogilvie M. H., Part Payment, Promissory Estoppel and Lord Denning's 'Brilliant' Balance, 49 *Canadian Business Law Journal* 287 (2010).

[2] Hayton D. J., Equity and Trusts, in Jowell J. L. and McAusland J. P. W. (eds), *Lord Denning: The Judge and the Law*, Sweet & Maxwell, 1984, p. 79. 有关丹宁在信托法领域之司法的评述，亦参见：Dixon M. J., Co-ownership in the United Kingsom—The Denning Legacy, 3 *Denning Law Journal* 27 (1988).

[3] Freeman M. D. A., Family Matters, in Jowell J. L. and McAusland J. P. W. (eds), *Lord Denning: The Judge and the Law*, Sweet & Maxwell, 1984, p. 109. 另见：Freeman M. D. A., Family Justice and Family Values According to Lord Denning, 14 *Denning Law Journal* 93 (1999). 有关丹宁在家庭法领域之司法的评述，亦参见：Welstead M., The Deserted Bank and the Spousal Equity, 14 *Denning Law Journal* 113 (1999).

[4] Jowell J. L., Administrative Law, in Jowell J. L. and McAusland J. P. W. (eds), *Lord Denning: The Judge and the Law*, Sweet & Maxwell, 1984, p. 209. 有关丹宁行政司法的评述，亦参见：William D. G. T., Lord Denning and Open Government, 1 *Denning Law Journal* 117 (1986); Polden P., The Use of Power: Mr Justice Denning and the Pensions Appeal Tribunals, 3 *Denning Law Journal* 97 (1988); Forsyth C., Lord Denning and Modern Administrative Law, 14 *Denning Law Journal* 57 (1999).

对公正出自本能的感受与把握,颂扬其为真正的法学家。[1]

与丹宁担任上诉法院民事庭庭长之同一时期担任上议院常任上诉法官的威尔伯福斯勋爵(Lord Wilberforce),于 1985 年以《学者与丹宁》(The Academics and Lord Denning)为题,在《牛津法律评论》中为《丹宁勋爵:法官与法律》撰写书评。[2] 威尔伯福斯勋爵特意提到该书一个明显疏漏之处,是忽略了丹宁在程序法上创造性的贡献,即他创设的"玛瑞瓦禁令"(Mareva Injunction)及"安敦·皮勒命令"(Anton Pillar Order)。虽不尽赞同丹宁不顾法律原则之确定性而大胆创新之风格,但总体而言,威尔伯福斯勋爵评价丹宁为"一个伟大的人、一个伟大的法官"。[3]

加拿大麦吉尔大学的丹尼斯(Dennis R. Klinck)教授于 1994 年在《牛津法律评论》发表题为《另一个伊甸园:丹宁勋爵田园牧歌般的愿景》(This Other Eden:Lord Denning's Pastoral Vision)一文,以较为独特的视角评价丹宁的司法。[4] 他以"田园牧歌式"描述丹宁的风格,认为这种对英格兰民族的浪漫情怀,奠定了他的司法格调,例如,在其判决的事实描述部分,丹宁总喜欢描绘一幅令人愉悦的田园风光,此举一展丹宁对英格兰乡野的热爱。另外,该文还认为丹宁极为"怀旧",常把读者带回中世纪的庄园,带回布莱克斯通、柯克、甚至是布拉克顿的时代。总之,丹宁笔下的英格兰俨然是上帝造的

---

[1] Simpson A. W. B., Lord Denning as Jurist, in Jowell J. L. and McAusland J. P. W. (eds), *Lord Denning*: *The Judge and the Law*, Sweet & Maxwell, 1984, p. 441.

[2] Lord Wilberforce, The Academics and Lord Denning, 5 *Oxford Journal of Legal Studies* 439 (1985).

[3] Lord Wilberforce, The Academics and Lord Denning, 5 *Oxford Journal of Legal Studies* 439, 439-440 (1985).

[4] Dennis R. Klinck, This Other Eden: Lord Denning's Pastoral Vision, 14 *Oxford Journal of Legal Studies* 25 (1994).

"另一个伊甸园"。作者在文末承认,此文对丹宁司法风格的评价属"隐含性批评",认为用理想中的天堂描绘不完美的现实世界,只会是掩盖了现实世界的缺陷。[1]

其他较具代表性的评论,还可见于在丹宁去世前一年被任命为上诉法院法官的希德利勋爵(Lord Sedley)于 1999 年在英国《卫报》为丹宁所书写之悼文《英国正义之基准》(A Benchmark of British Justice)。[2] 在该文中,希德利勋爵首先肯定了丹宁以发展的眼光制定法律原则的方式,他以"救赎"一词来形容丹宁对普通法的贡献,认为丹宁救普通法免于陷入僵化与机械之境地。但同时,他用了更多的笔墨来表达对丹宁的负面评价,如"家长式的""简单化的""冒进的""保守老旧的",等等,并以"激进的保守主义"作为对丹宁法律模式的论定。[3]

(三)以褒扬为主的文献

以褒扬与纪念丹宁司法贡献为主的文献,集中发表在两个重要年份期间:1982 年和 1999 年。这两个年份见证了丹宁的三件大事:从上诉法院民事庭庭长职位退休(1982 年)、百岁生日(1999 年)和离世(1999 年)。

《丹宁法律评论》(Denning Law Journal)于 1986 年创刊,由白金汉大学法学院创办。由其创刊目的以及冠名丹宁,足见该刊物极力认同丹宁对普通法的发展与改进:

---

[1] Dennis R. Klinck, This Other Eden: Lord Denning's Pastoral Vision, 14 *Oxford Journal of Legal Studies* 25, 55 (1994).
[2] Stephen Sedley, A Benchmark of British Justice, *The Guardian*, 6 March 1999, p. 1.
[3] Ibid.

本刊将刊载与丹宁勋爵之生平、著作、哲学与远见等主题相关之学术文章,包括:发展普通法的重要性,法律改革与法律现代化的必要性,维护司法独立、司法尊严与司法创造力传统之重要性,法律与道德相互交融之重要性,以及法律在保护个人权利方面的根本性角色。[1]

这一创刊宗旨亦不失为对丹宁司法风格及其对普通法所作贡献的精炼概括。

在 1986 年的创刊号中,刊载了当时英格兰法律界致丹宁的告别演说词,称赞他是"当代以怜悯之心追求真理与正义的最强劲力量"。[2] 当时的上诉法院法官爱德蒙·戴维斯勋爵（Edmund-Davies L. J.）发表了题为《丹宁勋爵:基督徒律师与法官》（Lord Denning: Christian Advocate and Judge）的文章,盛赞丹宁在其法律生涯中以对公义和怜悯的坚守,活出了坚实的基督教信仰。[3] 时任澳大利亚高等法院法官的柯比（Justice Kirby M. D.）亦以《丹宁勋爵:来自澳大利亚与新西兰的赞赏》（Lord Denning: An Antipodean Appreciation）为题,感谢丹宁提醒一众法律职业者"普通法最宝贵的天赋,是就法律的可预期性与确定性作出与时代同步的调试"。并誉其为"本世纪普通法的灯塔式人物"以及法律的"开拓者"。[4]

---

[1] Editorial, 1 *Denning Law Journal* 5, 6 (1986).
[2] Michael Havers *et al*, Valedictory Speeches upon the Impending Retirement of the Master of the Rolls, 1 *Denning Law Journal* 7, 15 (1986).
[3] Edmund Davies, Lord Denning: Christian Advocate and Judge, 1 *Denning Law Journal* 41, 47 (1986).
[4] Michael D. Kirby, Lord Denning: An Antipodean Appreciation, 1 *Denning Law Journal* 103, 116 (1986).

《丹宁法律评论》1999年之特刊，为纪念与悼念丹宁，如同1984年麦克奥思兰与乔维尔两位教授的合编之作，再次集法律群英之文于一刊，包括十五篇论文，从各法律领域为丹宁勋爵的司法生涯作结。[1] 其中特别值得一提的有两篇文章：一是前述澳大利亚高等法院的柯比法官，他是唯一一位同时列名创刊号与纪念号的作者。在1999年的特刊中，他以《丹宁勋爵与司法能动主义》（Lord Denning and Judicial Activism）为题[2]，用饱含深情的笔触，称丹宁为他年轻时仰慕的英雄。该文着眼于对司法能动主义的讨论，落脚于对丹宁的致谢，感谢他鼓励年轻一代"牢记法官这一职分的基本特质"：

　　　　我们——他在全世界的继任人——不是法律的机器。我们是向正义宣誓效忠之职群。正是正义，赋予了法律道义上的高贵。纵时代变迁，但每一位普通法的司法成员，不论位阶之高低，均应受丹宁勋爵的司法人生与贡献所鼓舞，牢记创造力乃法官职分之天赋异禀。[3]

　　在1999年特刊中，另一值得一提的文案是，国立新加坡大学的安德鲁（Andrew Phang）教授所撰之《丹宁勋爵思想与著作之自然法

---

〔1〕 戈夫勋爵为整个特辑撰写导言：Lord Goff, Lord Denning—A Memoir, 14 Denning Law Journal xxiii（1999）. 另见：Lord Goff, The Rt. Hon. The Lord Denning of Whitchurch O. M., 48 *International and Comparative Law Quarterly* 255（1999）.

〔2〕 Michael D. Kirby, Lord Denning and Judicial Activism, 14 *Denning Law Journal* 127（1999）.

〔3〕 Michael D. Kirby, Lord Denning and Judicial Activism, 14 *Denning Law Journal* 127, 146（1999）.

基础》（The Natural Law Foundations of Lord Denning's Thought and Work）。[1] 该文从丹宁在信仰主导下之正义理念的角度，尽情评价其"使徒般的"一生。该文着眼于丹宁道德与信仰上的持守，从个人信仰角度探讨其司法理念。他认为丹宁对普通法最大的贡献，不仅在于他身后留下的判决，更在于他以判决为载体，展示了"超自然力量引导下的正义精神"，并且"以最为具体的方式，呈现了最为抽象的正义理念"。[2]

除《丹宁法律评论》外，迩年来对丹宁之司法贡献作出最充分肯定与细致展现的，当属英国公开大学的查尔斯·斯蒂芬斯（Charles Stephens）于2009年出版之《丹宁勋爵法律哲学：一种法律史的研究》（三卷本）（The Jurisprudence of Lord Denning: A Study in Legal History in Three Volumes）[3]，该书被誉为当今研究丹宁法律哲学的最全面与权威之作。该书分为三卷：第一卷为《让正义实现：丹宁勋爵与普通法》（Fiat Justitia: Lord Denning and the Common Law），探讨丹宁的司法实践在普通法传统中的地位，重点在丹宁对法官的角色、遵循先例、保护个人权利及防止权利滥用方面的司法；第二卷为《英格兰最后的缅怀：丹宁勋爵的英国人情结与法律》（The Last of England: Lord Denning's Englishry and the Law），从政治环境与民族角度，研究丹宁对英格兰民族身份的特别关注，尤其在衡平法、移民与种族及欧盟大环境方面；第三卷为《法律下的自由：上诉法院民事庭庭长丹宁

---

[1] Andrew Phang, The Natural Law Foundations of Lord Denning's Thought and Work, 14 *Denning Law Journal* 159 (1999).

[2] Andrew Phang, The Natural Law Foundations of Lord Denning's Thought and Work, 14 *Denning Law Journal* 159, 177 (1999).

[3] Charles Stephens, *The Jurisprudence of Lord Denning: A Study in Legal History in Three Volumes*, Cambridge Scholars Publishing, 2009.

勋爵（1962—1982）》（Freedom under the Law: Lord Denning as Master of the Rolls 1962—1982），着眼于丹宁作为上诉法院民事庭庭长二十年的司法生涯。

最后值得一提的是，英国前上议院首席大法官宾汉勋爵在其2000年出版的文集《司法事务》（The Business of Judging）中，在不同场合多处齿及丹宁勋爵[1]，如谈论法官角色与创造性、谈英国法律的发展、谈论普通法的未来中。文集的末篇，是宾汉勋爵于1999年6月于威斯敏斯特大教堂以其时任高等法院首席大法官之身份，向丹宁所致之感谢词。在他眼中，丹宁是那个赋予"冰冷的法律规则"以温暖的"人间温度"之人。[2] 这是丹宁曾经的继任人向其前辈献上的最高礼赞。

(四) 其他文献

其他涉及丹宁的文献，尚包括两本20世纪90年代为其而作的传记，即弗里曼（Iris Freeman）于1993年所撰之《丹宁勋爵的一生》（Lord Denning: A Life）[3]，以及曾任高等法院衡平分庭法官的西沃德（Edmund Heward）于1997年所撰之《丹宁勋爵传记》（Lord Denning: A Biography）。[4] 两本传记风格各异，前者的丹宁较生活化，后者则以其司法活动为主线。

有些学者将丹宁与美国历史上的著名法官遥相比较，如豪根（Gerard Hogan）教授于2007年发表于《爱尔兰法学家》之《霍姆斯

---

[1] Tom Bingham, *The Business of Judging: Selected Essays and Speeches*, Oxford University Press, 2000. 另见: Tom Bingham, Address at the Service of Thanksgiving for the Rt. Hon. Lord Denning O. M., 15 *Denning Law Journal* 1 (2000).

[2] Tom Bingham, *The Business of Judging: Selected Essays and Speeches*, Oxford University Press, 2000, pp. 412-413.

[3] Iris Freeman, *Lord Denning: A Life*, Hutchinson, 1993.

[4] Edmund Heward, *Lord Denning: A Biography*, Barry Rose Law Publishers, 1997.

与丹宁:二十世纪法律界两大标杆人物比较》(Holmes and Denning: Two 20th Century Legal Icons Compared)[1],比较霍姆斯与丹宁。相较之下,对后者批评居多,认为丹宁过于寻求公众的喝彩而非法律本身,其判决更多是结果决定推论,而非推论导出结果。另一学者布莱迪(Coleman Brady)则将丹宁与卡多佐相比,其文发表于《罗格斯法律评论》,题为《丹宁勋爵与卡多佐法官:诗人哲学家般的法官》(Lord Denning and Justice Cardozo: The Judge as Poet-philosopher)[2],对丹宁的看法较前述豪根教授更为正面,除认为他兼具诗人与哲学家气质外,还颂扬其为法律的改革先锋。

另外,不少学者在其关于上议院之司法活动与英国法官的专著中,亦不吝笔墨地谈到丹宁的司法表现。较早期的如爱丁堡大学的帕特森(Alan Paterson)教授于1982年出版的《法律勋爵》(The Law Lords)[3],其中不少篇幅论到丹宁于1957—1962年间出任上议院常任上诉法官期间的作为。另如研究英国宪法的专家斯蒂芬斯(Robert Stevens)于2002年出版之《英格兰法官:宪法变迁中之角色》(The English Judges: Their Role in the Changing Constitution)[4],在叙说宪法框架下政府与司法的关系及法官个人的独立性时,不住地以丹宁为例。较为近期的文献,如库帕(Louis Blom-Cooper)、迪克森(Brice Dickson)及杜里(Gavin Drewry)三位学者编纂的《司法机构之上议

---

[1] Gerard Hogan, Holmes and Denning: Two 20th Century Legal Icons Compared, 42 *Irish Jurist* 119 (2007).

[2] Coleman Brady, Lord Denning and Justice Cardozo: The Judge as Poet-philosopher, 32 *Rutgers Law Journal* 485 (2000-2001).

[3] Alan Paterson, *The Law Lords*, MacMillan, 1982.

[4] Robert Stevens, *The English Judges: Their Role in the Changing Constitution*, Hart Publishing, 2002.

院：1876年至2009年》（The Judicial House of Lords: 1876-2009）[1]，以已成为历史的、作为最高司法上诉机关的上议院为研究对象。丹宁作为曾经的上议院法律勋爵，其特别之处除了表现在从上议院"回流"至上诉法院外，还在于他作出异议判决的比率极高（据统计达16%之多）。[2]因而，丹宁在上议院作为最高法院的历史上，留下了别致的一页。

总之，英文文献对丹宁司法实践与理念的研究较为全面而细致：全面在于褒贬参半，涉及各法律领域；细致在于立足于丹宁的具体判决、判词作出有针对性的分析与评论。但从笔者所收录的各种研究丹宁的文献分析，学界研究丹宁，主要按法律领域划分，如合同法、侵权法、家庭法、行政法、程序法等，如前文所提及的研究丹宁司法的重要文献——麦克奥思兰与乔维尔两位教授于1984年合编之《丹宁勋爵：法官与法律》[3]，至今尚未有学者专门从衡平司法与衡平理念

---

[1] Louis Blom-Cooper, Brice Dickson and Gavin Drewry, *The Judicial House of Lords 1876-2009*, Oxford University Press, 2009.

[2] Edmund Heward, *Lord Denning: A Biography*, Barry Rose Law Publishers, 1997, p. 90.

[3] Jowell J. L. and McAusland J. P. W. (eds), *Lord Denning: The Judge and the Law*, Sweet & Maxwell, 1984. 其他针对丹宁就个别法律问题司法的评论，例如有关欧盟法律的：Campbell A. I., Lord Denning and EEC Law, 3 *Denning Law Journal* 1 (1988)；有关"玛瑞瓦禁令"的：Stevens J., Equity's Manhatten Project: The Creation and Evolution of the Mareva Injunction, 14 *Denning Law Journal* 25 (1999)；有关各类救济的：Tettenborn A., Remedies: A Neglected Contribution, 14 *Denning Law Journal* 25 (1999)；有关公法与私法之分的：Oliver D., Lord Denning and the Public/Private Divide, 14 *Denning Law Journal* 71 (1999)；有关儿童权利的：Bainham A., Lord Denning as a Champion of Children's Rights: The Legacy of *Hewer v Bryant*, 14 *Denning Law Journal* 81 (1999)；有关法官角色的：Lord Nolan, The Role of the Judge in Judicial Inquiries, 14 *Denning Law Journal* 147 (1999)；有关非洲法律教育的：Harrington J. A. and Manji A., 'Mind with Mind and Spirit with Spirit': Lord Denning and African Legal Education, 30 *Journal of Law and Society* 376 (2003).

的角度观察与探研丹宁的司法,而这(笔者认为)恰是解读丹宁法律哲学及各种根本司法观念的关键所在。

二、国内的研究

相较于英文文献,研究丹宁法律思想的中文文献屈指可数。最基本的中文研究资料,集中于法律出版社1999—2000年间所出版的丹宁六部著作的中文译本,即《法律的训诫》《法律的正当程序》《法律的未来》《家庭故事》《最后的篇章》及《法律的界碑》。这六部著作成为日后国内学者研究丹宁的基础。遗憾的是,丹宁另有四部专著未见中文版,如《法律下的自由》(Freedom under the Law)、《变迁中的法律》(The Changing Law)以及《通往正义之路》(The Road to Justice)。这些尽管为其早期著作,但在传达丹宁最基本法学思想上毫不逊色。

国内学者对丹宁法学思想的研究大致可分为两类:

第一类为综合性介绍。如最早将丹宁介绍给国内读者的郑成思和龚祥瑞,前者于1996年发表《丹宁法官的思索——浅谈律师的知识面》一文[1],后者则于1997年发表《法律与正义——读丹宁法官的判决书和他的著作》[2],主要介绍丹宁在行政法领域的司法实践,如行政诉讼中自然公正原则的适用、对公民权利的保护、言论自由的边界等问题的讨论。另外,时为国内学者引用的文章为刘庸安于1999年发表的《丹宁勋爵和他的法学思想》[3]。该文以丹宁"三大哲学"

---

[1] 参见郑成思:《丹宁法官的思索——浅谈律师的知识面》,载《中国律师》1996年第5期。

[2] 参见龚祥瑞:《法律与正义——读丹宁法官的判决书和他的著作》,载《比较法研究》1997年第1期。

[3] 参见刘庸安:《丹宁勋爵和他的法学思想》,载《中外法学》1999年第1期。

为主线，介绍丹宁的司法实践。较近期的综合性研究可见谢冬慧于2010年发表的《实现公正：法律及其职业的崇高追求——解读丹宁勋爵的司法公正思想》[1]，该文从法律、律师和法官三个角度，探讨了丹宁的司法公正思想。此外，还有以丹宁为研究对象的硕士学位论文及书评若干。

第二类为针对具体法律原则的评论。较为热议的是对丹宁在司法判例上的两项重要贡献：一是"玛瑞瓦禁令"，二是允诺禁反悔原则。前者如关正义于2005年发表的《玛瑞瓦禁令及其现代发展》[2]，后者如朱广新于2007年发表的《英国法上的允诺禁反言》[3]以及张文彬于2001年发表的《论普通法上的禁止反言原则》[4]亦见对已婚妇女产权的衡平保护方面的研究，如田中臣、赵银芳于2004年发表的《对被遗弃妻子和离婚妇女居住权的衡平——从丹宁勋爵的婚姻家庭法学思想谈起》[5]有关丹宁与程序法方面的研究，可见王娟于2010年发表的《公正原则与我国正当法律程序的正当运行——读丹宁勋爵〈法律的正当程序〉》[6]，以及刘东华于2013年发表的《公益法律援助的职业理性——对话丹宁勋爵对法律援助的诟病》[7]。

---

〔1〕参见谢冬慧：《实现公正：法律及其职业的崇高追求——解读丹宁勋爵的司法公正思想》，载《比较法研究》2010年第3期。

〔2〕参见关正义：《玛瑞瓦禁令及其现代发展》，载《大连海事大学学报（社会科学版）》2005年第3期。

〔3〕参见朱广新：《英国法上的允诺禁反悔》，载《比较法研究》2007年第3期。

〔4〕参见张文彬：《论普通法上的禁止反言原则》，载《荆州师范学院学报》2001年第4期。

〔5〕参见田中臣、赵银芳：《对被遗弃妻子和离婚妇女居住权的衡平——从丹宁勋爵的婚姻家庭法学思想谈起》，载《鞍山师范学院学报》2004年第5期。

〔6〕参见王娟：《公正原则与我国正当法律程序的正当运行——读丹宁勋爵〈法律的正当程序〉》，载《重庆科技学院学报（社会科学版）》2010年第18期。

〔7〕参见刘东华：《公益法律援助的职业理性——对话丹宁勋爵对法律援助的诟病》，载《时代法学》2013年第3期。

国内对丹宁法学思想的研究可概括为以下三个特点：

其一，观点较为单一。国内学者大都以丹宁六部著述之中译本为基本材料，绝少涉猎指不胜屈的英文文献中多棱镜般的评论。由此导致在对丹宁法学思想或司法理念的认识上，观点较为单一，难免曲说。以颂赞、褒扬为主旋，罕见批评与批判性反思。翻译出的六部丹宁著述，是丹宁对法律的自我沉思、对个人判决之解释或补充说明以及对自己司法实践的省察，是一种纯粹的主观角度。实际上，丹宁那些有影响力、有争议性的判决每一出台，总会在法律界引发评论，而这些评论综合起来，提供了解读丹宁司法实践的客观材料与维度。而这些，大多并没有进入国内研究的视野。

其二，论述过于抽象。在阐释丹宁的正义或公正思想时，缺乏充足的具体论据，即缺乏对其判例第一手资料的研究，以及从中可提炼出的具体法律表达，由此使评论仍止于抽象。丹宁是普通法法域的法官，因而对其法律哲学的研究必然离不开蕴育与产生该法律哲学的土壤，即判例本身。鉴于国内大陆法系的背景与研究路径，对丹宁判例的研究，更多的是侧重判决结果，难以进入判决本身而对其逻辑、理据与各种考量因素进行解析。

其三，角度欠缺丰富。国内学者大都从法理学上的正义与公正层面评论丹宁的法学思想，即专注于宏观的表达。如果把对丹宁的研究喻为一个大气圈，宏观研究属于外层；对其法律原则、法律领域的研究则位于中层；而深入到具体判决中则为内层。国内的现今研究主要在外层，并初涉中层，如前文所述的"玛瑞瓦禁令"、允诺禁反悔原则、弃妻衡平权利及一些行政诉讼方面的原则与救济。而对内层，则涉足者区区，更未见专门针对丹宁之衡平司法而作的研究。

第三节 研究视角、方法和意义

本书以丹宁担任高等法院王座分庭法官与上诉法院上诉法官期间（1947—1957 年）的司法实践为研究基础，以其中的衡平司法实践为研究对象。横向上，涉及法律哲学层面及实体法层面，如法律文件解释、遵循先例、侵权法上的过失原则、合同法上的允诺禁反悔原则，横跨家庭法、财产法与信托法的家庭共有资产与弃妻衡平权益等法律领域与法律原则。纵向上，涉及衡平法与衡平司法传统历史渊源的探寻，包括丹宁对衡平司法传统与理念的承继，此为"源"；在对其早期衡平司法实践探究的基础上，亦将观察其后续司法实践以及丹宁的衡平法律思维对普通法发展的影响，此为"流"。

一、研究视角与方法

（一）研究视角兼章节简介

在研究视角上，笔者拟以衡平司法为脉络，阐释与解读丹宁司法。作此选定，是对丹宁自 1947 年至 1957 年所作判决仔细研读后的结果。在笔者看来，这是一条贯通丹宁此十年间司法实践的主线，实际上亦是他后来近三十年司法生涯一直延续着的主题。

本书拟循衡平司法理念这一主线，从以下五个层次探研丹宁的衡平司法：

首先是在第一章为丹宁在衡平司法传统的承继中定位。解读丹宁——甚至是任何一位法官——的衡平司法实践，均有必要从其司法理念生发之土壤、形塑其司法风格之传统出发。丹宁（及其同时代的法官们）作为 20 世纪中期英格兰法律的造法者，实际上也是几个世纪以来司法传统（包括衡平司法传统）的接棒者。研究丹宁的司法理念，不可剥离他对法律传统与思想的承继。因而，在探讨丹宁的衡平司法哲学、司法理念与司法实践之前，有必要先历史地考察那"滋养"这位法官的法律土壤中的各种元素，以及他反过来对司法传统之发展走向产生的影响。

第二章拟从法哲学层面，探寻丹宁法律哲学及其中的衡平理念。丹宁与其他法官的一个鲜明不同之处，就是他以系统著述的方式，自行勾勒出自己的法律哲学——一套属于法哲学层面的、从司法实践中精炼出的指导性原则。但不能从一般意义上的法理学（jurisprudence）层面来看待丹宁的法律哲学，与其说它是那种具有高度理论性的原则之概述，毋宁将它视为一种司法思维、一位法官惯常司法习惯的描述。本章将基于对丹宁法律哲学三个维度的解读，析出其中的衡平元素。

第三章拟从衡平司法管辖权角度，观察丹宁对司法自由裁量权的行使。丹宁始终持守的根本信念是，法官乃正义的最终守护者，故而法官给予救济之管辖权与依据具体案件而享有之自由裁量权，无不作为司法者本身的内在权力，这正是衡平法所强调的法官在面对具体案件时的衡平管辖权。这样的衡平司法空间，赋予法官一个管辖权上的"支点"，使其能够凌越制定法与事实之间的鸿沟，在立法未能预见之处填补立法空隙；亦使得法官能够在先例未能跟上时代步伐之时，将先例更新，或在先例阙如时创制新的先例。丹宁六十年的司法生涯，遍布了这样的面对制定法、面对先例的凌越，在其早期的司法实践中，这样的以衡平管辖权为"支点"的跨越更是色调鲜明。

第四章将聚焦作为丹宁两种典型衡平司法风格之一的创新型衡平司法。第四章与第五章的讨论，实质上是对第三章有关法官衡平司法空间的延续，是对丹宁针对具体类别的案件行使衡平管辖权所展现出的一般司法风格的探讨。而集中体现丹宁创新司法风格的，是他在普通法权益体系之外创设的新型衡平权益，其主要舞台是财产法（尤其是家庭财产）领域。依照这些新型衡平权益的不同表现形态，可分为分享型与对抗型，前者指家庭财产，后者则指弃妻衡平。两者均为丹宁早期司法中极为令人瞩目亦备受争议的司法创举。尽管两者终被上议院推翻，但其创制与存续过程却集中展现了丹宁的衡平思维，并为解决该类争议作出了具有前瞻性与启示性的尝试。

第五章将转向丹宁的另一典型的衡平司法风格——拓展型衡平司法。这种风格的司法主要体现在合同法与侵权法领域。丹宁延伸出的允诺禁反悔原则，属于对合同之外的"昧着良心的"行为在合同法范畴的拓展，即缔约方在合同约定的内容之外作出新的允诺，而该允诺在普通法上若未有对价支持，则不具备执行力；他亦将过失原则中的注意义务延伸至过失陈述，即双方当事人之间不存在合同关系，但因一方当事人的过错，如在提供专业意见中出现疏忽，而导致另一方当事人蒙受经济损失，此为对合同之外的"昧着良心的"行为在侵权法范畴内的延展。在这两种情形中，丹宁致力保护的是被"昧着良心的"行为侵害的信赖利益。在前一场合，是因一方之"允诺"而招致的信赖利益；而在后一场合，乃是因一方所作之"承担"而招致的信赖利益。而"良心"或"昧着良心"，是衡平法几个世纪以来经久不衰的管辖权基础。

在结论部分，一方面从衡平的角度看丹宁的司法，通过反思丹宁衡平司法中的成功与失败的经验，彰显丹宁为司法界提供的宝贵借鉴，以及他通过以衡平调和法律、以怜悯调和正义，为普通法注入的生命力；另一方面，丹宁的司法亦展现出衡平在法律体制中的价值。

(二) 研究方法

在研究路径与方法上，本书采用判例法上的文本研究方式，以判例本身为研究的第一手材料，在研读判例的基础上，探究丹宁衡平司法的范式。具体言之，有以下几种研究方式：

首先，是对丹宁判词的解读，包括对其逻辑、结构、法律适用、说理过程等的分析，由此观察他对某一具体法律原则或权利的创制过程，借此过程归纳出丹宁司法展现的特点与理念。

其次，是与同席法官判词的横向比较，尤其在丹宁作为异议法官的场合，比较丹宁与同袍对同一法律问题看法的分歧。这些对待法律原则的不同态度，亦体现着丹宁与众不同的司法风格与理念。

最后，是将丹宁的判决置于判例法环环相扣的长链之中，观察丹宁的判决对先例实现了何种改变，由此如何影响了法律的发展；同时，在丹宁作出判决后，法官们在后续的案件中，又是如何回应与适用丹宁的判决。

二、研究意义

笔者认为，对丹宁法律哲学与司法实践——尤其是衡平司法方面的理念与实践——的进一步研究，对学术界和司法界的意义是：

在法理学的研究上，丹宁的法律哲学，尤其是他的正义观念、公正观念一直为国内学者所青睐，但习惯的研究方式均为自上而下，即从宏观观念出发，丹宁的实践仅是作为例证来阐释其理念。而本书则循普通法的研究路径，由下而上，通过观察丹宁在处理特定法律问题时采用的特定思路与手段，试图摸索出他的司法主导思维的一般因素，或曰惯常考量因素。有关司法正义观念的研究，在丹宁的司法实践中，既是抽象的一般性指导原则，又是正义在具体情境中的个别展现。丹宁备受争议的司法实践，为探讨司法正义之不同层面提供了多彩的研究视角。

在衡平法的研究上，如前述，国内对衡平法的研究徘徊于理论层面，主要集中于衡平法的历史、源流、发展道路及一些基本法律原则等领域，甚少涉及衡平法本身的具体运行方式。而在丹宁的司法中，存在着大量的衡平法实践，甚至其司法中的闪亮点均附带衡平的色彩。本书以衡平司法视野来研究丹宁的司法，可以补充国内衡平法研究之不足，丰富对衡平法研究的角度与层次。

在对司法实践的指导意义上，作为一位具有丰富经验且享誉全球的法官，丹宁通过其判例所展现的司法智慧——尤其是那种在衡平理念指引下的作出的司法抉择、甚至包括在空缺处创新、在局限处延展的司法智慧，无疑对法律执业人士，尤其对法官，极具借鉴意义。其丰沛的司法判例中展现出的面对法律发展"拐点"（turning point）时所作的司法考量，实际上在司法界是共通的。可以认为，尽管国内法官与丹宁属于不同法律背景与法域，但司法过程的公正、公平，以及所要达至之判案结果须体现的公平正义，别无二致，均乃具有普遍意义的司法价值。丹宁的判决，可为这些貌似抽象的价值，提供实在而翔实的注解。

第一章

丹宁与衡平司法传统

第一节　衡平的哲学与历史维度

此处所探讨的衡平理念，乃特指英格兰判例法中的衡平法所反映的理念。然而，对于何为衡平法，学者从多个角度给出了不同的定义。当代著名衡平法学者哈德森（Hudson A.）教授将衡平法定义为"法律体制中用以平衡规则之确定性的需要与在个案中获得公平结果之需要的一种方式"。[1] 这个定义，无疑是立足衡平法的本质内涵，即以其哲学维度诠释衡平法。而英格兰法律史与衡平法学家梅特兰（Maitland F. W.）教授却认为，从历史的角度定义衡平法，是最好的方法。伫立在1909年的时间点上[2]，他是这样界定衡平法的：

因而我们不得不如此称，如今的衡平法，是指由我们英

---

[1] Alastair Hudson, *Equity and Trusts*, Routledge, 8th ed, 2015, p. 4.
[2] 梅特兰所著的《衡平法：讲义》的初版的年份是1909年。

格兰法院施行的一套规则,而这套规则,假使不是因为《司法组织法》的实施(而将普通法法院与衡平法院合并),则仅由衡平法院施行。[1]

由斯可见,衡平法是英格兰法律发展史的产物,脱离历史,便无法真正解释并理解衡平法。下文将分别从哲学与历史的维度,揭示衡平法的涵义。

一、哲学维度:从亚里士多德的"公道"谈起

尽管英格兰衡平法作为一种法律体制(或曰法律管辖权、法律规则、法律事实)的存在,可认为是历史的产物。然则,这种法律实践的模式,却与古希腊哲学家亚里士多德在《尼各马可伦理学》(The Nicomachean Ethics)中提出的"公道"(英文译本译为"equity")相当吻合。[2] 以下是对亚氏理论中的"公道"的不同层次解读:

(一)"公道"优于"公正"

亚氏是在阐释"公正"(justice)的书卷中谈到"公道"的,他认为:

> 它们既不完全是一回事,又不根本不同。……因为一方面,公道优越于一种公正,本身就是公正;另一方面,公道

---

[1] Fredrick W. Maitland, *Equity: A Course of Lectures*, Cambridge University Press, 2nd ed, 1936, p. 1.

[2] 参见〔古希腊〕亚里士多德:《尼各马可伦理学》,廖申白译,商务印书馆 2013 年版,第 160—161 页。Aristotle, *The Nicomachean Ethics*, Thomson (tr), Penguin, 1955, p. 198, para. 1137a17.

又不是与公正根源上不同而比它优越的另一类事物。所以，公正和公道是一回事，两者都是善，公道更好些〔1〕。

亚氏对"公正"与"公道"的区分，事实上亦非常适用于英格兰法律体系中普通法〔2〕与衡平法的区分，如果说普通法代表着公正，那么衡平法则代表着那些与普通法同源但又"比它优越的另一类事物"。这亦从哲学上解释了为何在衡平法院的管辖权与普通法院发生冲突时，衡平法优先于普通法〔3〕。

（二）"公道"是对"公正"的纠正

亚氏进一步从法律的角度解释"公正"与"公道"的关系：

困难的根源在于，公道虽然公正，却不属于法律的公正，而是对法律公正的一种纠正。……公道的性质就是这样，它是对法律由于其一般性而产生的缺陷的纠正〔4〕。

衡平法自始就带有纠正因普通法上权利的严格执行而致不公的功能。如大法官埃里斯密尔勋爵（Lord Ellesmere）在"牛津伯爵案"

---

〔1〕〔古希腊〕亚里士多德：《尼各马可伦理学》，廖申白译，商务印书馆2013年版，第160页。

〔2〕此处所言之"普通法"，均指狭义上的普通法，即作为法律规则与衡平法相对的普通法。

〔3〕有关衡平法优先于普通法的定论，首先出自"牛津伯爵案"（*Earl of Oxford's Case* (1615) 1 Ch Rep 1）中柯克首席大法官（Chief Justice Coke）与大法官埃里斯密尔勋爵（Lord Chancellor Ellesmere）之间的争议，他们提请国王詹姆士一世（King James I）作出裁断，国王裁定衡平法在适用上优先于普通法。这一规则日后被1873年与1875年的《司法组织法》（Judicature Acts）确定下来。

〔4〕〔古希腊〕亚里士多德：《尼各马可伦理学》，廖申白译，商务印书馆2013年版，第160—161页。

(Earl of Oxford's Case)中所言,衡平法是要"纠正人们因背离良心而犯下的欺诈、违反信托责任、过错与压迫行为,以此柔化并缓和普通法的刚硬"。[1]其接班人考珀勋爵(Lord Cowper)亦表达了类似的观点:"衡平法并不属于普通法,而是对普通法的刚硬、僵化与尖锐而作出限制、调整及改革的一种道德上的善。"[2]考珀勋爵所言之"限制、调整与改革",即为纠正之意。换言之,是以衡平法柔软灵活的善,来纠正普通法实施中的刚硬与僵化。

(三) 代表"公正"的规则与代表"公道"的例外

亚氏认为,正是人类行为的复杂性,导致在一般性规则之外,总有例外:

> 其原因在于,法律是一般的陈述,但某些事情不可能仅凭一般陈述解决问题。所以,在需要用普遍性的语言说话但是又不可能解决问题的地方,法律就要考虑通常的情况,尽管它不是意识不到可能犯错。法律这样做并没有什么不对。因为,错误不在于法律,不在于立法者,而在于人的行为的性质。人的行为的内容是无法精确地说明的。故,法律制定一条规则,遂会有一种例外。当法律的规定过于简单而有缺陷和错误时,由例外来纠正这种缺陷和错误,以言明立法者自己如果身处其境当言之物,就是正确的。[3]

---

[1] *Earl of Oxford's Case* (1615) 1 Ch Rep 1, 6-7.
[2] *Lord Dudley v Lady Dudley* (1705) Prec Ch 241, 244.
[3] [古希腊] 亚里士多德:《尼各马可伦理学》,廖申白译,商务印书馆2013年版,第161页。

亚氏似乎是从立法者无法精确预计人类复杂的行为与情境而衍生法律上的疏漏的角度，正视"公道"对"公正"的纠正功能。就判例法而言，弥补立法疏漏与缺陷，除了衡平法外，法官对法律的解释似乎更好地担当此任。法官在司法实践中发展出一套法律解释规则，若立法者在立法之时未及预见，法官们会通过法律解释，说出"立法者如果身处其境会说出的东西"。但衡平法对法律的"缺陷与错误"的纠正，显然具有更加广阔的应用空间，它不但填补法律之疏漏，还创造出新的规则和制度，如各种衡平救济手段与衡平法律规则。然而，人类行为的复杂性，的确决定了衡平管辖权存在的必要，否则将导致不"公道"。

（四）"莱斯比亚建筑师的铅尺"

这一比喻媲美英格兰法中用来形容衡平法之高度灵活性的"大法官的脚"（the Chancellor's foot）。作为"铅尺"，亚氏比喻道：

> 实际上，法律之所以没有规定一切，是因为有些事情不可能由法律规定，乃是要靠判决决定。因为，如果要测度的事物是不确定的，测度的尺度也就不确定。就像莱斯比亚的建筑师用的铅尺，要依其形状测度石头一样，具体案例也是要依照具体的情状作判决。[1]

而塞尔登那著名的"大法官的脚"（或称为"大法官的尺度"）的比喻，记录其言谈的《约翰·塞尔登桌边谈》（Table Talk of John

---

[1]〔古希腊〕亚里士多德：《尼各马可伦理学》，廖申白译，商务印书馆2013年版，第161页。莱斯比亚人生活在爱琴海莱斯波斯岛（Lesbos），莱斯比亚建筑师使用的铅尺可以弯曲，根据石头的形状来测量，故喻其为"莱斯比亚的建筑师用的铅尺"。

Selden）如此描述道：

> 衡平法的存在实在是一个玩笑（a roguish thing）：对法律（普通法）我们尚有章可循，知道当依何行事；而衡平法却是依据大法官的良心，或宽、或窄。正如他们欲制作一衡量标准，而该尺度（a foot）被称为大法官的尺度（a Chancellor's foot）；这该是多么的不确定啊！一位大法官的尺度较长（a long foot），另一位则较短（a short foot），而第三位是不长不短（an indifferent foot）。一如大法官的良心一样。[1]

虽然两者对衡平司法的比喻贴切至极，但亚氏显然是正视这种例外司法的必要性，是达致"公道"的必由之路；而塞尔登却是从反面看待衡平法的特性，认为这一司法自由裁量权会使裁断过于主观。

（五）小结：衡平司法存在之合理性与必要性的哲学基础

亚里士多德在阐释"公正"与"公道"的一般理论时，设想的当然不是英格兰的衡平法实践，但这一一般性阐释，铸成了衡平司法存在的合理性与必要性的哲学基础。在中文语境中，不易澄清"公正"与"公道"之间的界限，常被混用或交替使用。但在英文语境中，"Justice"与"Equity"之间的区隔，就变得具体而清晰，严格意义上的普通法与衡平法正是这种区分的最佳阐释。

---

[1] Pollock (ed), *Table Talk of John Selden*, Selden Society, 1927, p. 43. 塞尔登在这段比喻中显然使用了双关语，英文中的"foot"，可译为"英尺""尺度"，亦可指"脚"，因而塞尔登使用"foot"这一单数形式（而非"feet"），意在双关，既指大法官因人而异的尺度，又指其因人而异的脚的长短，两者皆比喻那因人而异的良心的尺度。

黑格尔在其《法哲学原理》（Philosophy of Right）中[1]，亦表达了衡平司法的必要：

> 公平（衡平）是出于道德或其他考虑而对形式法律（形式上权利）的背离。它首先顾及的是法律争端的内容。但是一个平衡法院（衡平法院）所具有的意义是，在对个别事件进行裁判时，不坚持法律程序上的种种手续，尤其是法定的客观证据方法，而就个别事件论个别事件，以明其是非，所以它的旨趣并不在于作出应成为普遍性质的法律上决定。[2]

黑格尔在此强调的正是衡平法在个别案件中发挥的作用，法官更关注的，不是法律适用形式的统一，而是具体案件的具体内容，从而确定对该具体案件的最为合理与正当的解决方案。这种个案的处理逻辑，是为衡平法的逻辑，在此逻辑下，每一个案件都是独特的。

不论是亚里士多德还是黑格尔，他们认定一种类似衡平法这样的可针对个别案件而作出个别判决的司法管辖权（或司法自由裁量权）存在的合理性与必要性，是出于一个一般事实，即人类行为的复杂性与不可精确预见性，从而导致在将一般性原则适用于个别案件的过程中，会出现"误差"，从而导致亚氏眼中的不"公道"，或是黑格尔眼中的不"公平"。这种一般与个别的关系，乃衡平法存在之合理性与

---

〔1〕参见〔德〕黑格尔：《法哲学原理》，范扬、张企泰译，商务印书馆1961年版。据莱比锡费利克斯·迈纳出版社1921年版翻译。

〔2〕〔德〕黑格尔：《法哲学原理》，范扬、张企泰译，商务印书馆1961年版，第232页，第223节。此处笔者比照该书的英文版：Hagel, *Philosophy of Right*, Knox (trs), Oxford University Press, 1952, p. 142, para. 223. 笔者对译文作出了部分调整，如引文括号中所示，笔者认为采用括号中的译法更为贴近原意。

必要性的哲学基础。

尽管亚氏在阐述其观点时，想到的并非英格兰的衡平法律实践，然而，这不代表英格兰的大法官们在实施衡平管辖权时会遗忘亚里士多德。早期的大法官（即掌玺大臣）均为神职人员，他们熟悉教会法，接受的是经院哲学的教育，因而必然对亚里士多德哲学不陌生。前述埃里斯密尔勋爵，他对衡平法院存在之必要性的观点，与亚氏如出一辙。他在"牛津伯爵案"中说："衡平法院之所以存在，就是因为人的行为是如此善变而不定，以致无法制定出一个放之四海而皆准的法律。"[1] 因而认为亚里士多德有关"公正"与"公道"的论述，为衡平法的存在与实施提供了哲学上的基础，或存在这一哲学层面的含义，是合情合理的。[2]

但英格兰法律体制中的衡平法，蕴育于英格兰的土壤，历经若干世纪的变迁，具有了独特的历史印记。脱离英格兰法律史的语境，将无法描述衡平法。

二、历史维度：源自国王"剩余司法权"的管辖权

此处所谈论的衡平法，并非哲学意义上的衡平，也非罗马法意义上的衡平，而是特指英格兰判例法体制中的衡平法部分。如梅特兰所言，从历史的角度给衡平法下定义，或许是描述何为衡平法的上佳方法。[3] 他没有从衡平法的法谚或是现行规则中描述衡平法，而是采用了历史的方式。前述梅特兰对衡平法的定义，至少表达了两个讯

---

[1] *Earl of Oxford's Case* (1615) 1 Ch Rep 1, 6.
[2] Alastair Hudson, *Equity and Trusts*, *Routledge*, 8th ed, 2015, p. 13.
[3] Fredrick W. Maitland, *Equity: A Course of Lectures*, Cambridge University Press, 2nd ed, 1936, p. 1.

息:其一,衡平法是历史的产物,离开历史中施行衡平法的衡平法院(以及更早期的掌玺大臣),便无法解释衡平法;其二,在衡平法院与普通法法院于 1875 年合并为高等法院(High Court of Justice)后,衡平法与普通法在实施上的分别,亦仅存在于历史。以下是历史维度中的衡平法内涵。

(一)《大宪章》中"法律的正当程序"与国王的"凌驾性剩余司法权"

在 1215 年《大宪章》(Magna Carta)颁布之前,英格兰中央集权的王室法院已然形成,即坐落于威斯敏斯特的普通民事诉讼法庭(Court of Common Pleas)、王座法庭(Court of King's Bench)及财税法庭(Court of Exchequer)。这些代表王室司法管辖权的普通法法庭,从其 13 世纪形成到 19 世纪下半叶司法组织改革前,除部分改革外,在本质上少有变化。在王室法院已然创立的情况下,似乎可以认为,国王已经用尽了他的司法权力。[1] 随着《大宪章》有关"法律的正当程序"(due process of law)这一观念(即不经法律的正当程序,任何人不得被剥夺生命、自由与财产)的深入人心[2],在爱德华三世(Edward III)统治下的 14 世纪中叶,确立了一些制定法,意图对王室再度设立新的司法管辖权作出限制。[3] 因而,"法律的正当程序"中的"法律",指的仅是王室法院中实施的普通法,即本王国的法律

---

[1] John H. Baker, *An Introduction to English Legal History*, Oxford University Press, 4th ed, 2002, p. 98.

[2] 英国《大宪章》1215 年版本的第 39 条及 1225 年版本的第 29 条。但值得注意的是,对《大宪章》分条目,是英文版本中的做法,在其拉丁文版本中,并不存在条目的划分。

[3] 28 Edw. III (1354), c. 3 (有关正当程序的立法);42 Edw. III (1368), c. 3 (有关正当程序的立法)。参见: John H. Baker, *An Introduction to English Legal History*, Oxford University Press, 4th ed, 2002, p. 97.

(the Law of the Land)。

然而，在英格兰的传统与习惯法中，国王乃正义之源（Fountain of Justice），国王的主权（包括司法权）并没有因《大宪章》这一限制而殆尽。在国王加冕和宣誓的传统与习惯中，都显示了国王在王国的地位。被视为诺曼征服后历代国王宣誓范本的无备者艾塞尔雷德（Ethelred the Unready）国王的宣誓，其中有关司法的部分是：

> 保证判决公正和仁慈，公正和仁慈的上帝将以他永远的仁德宽恕我们。[1]

爱德华一世（Edward I）亦作出类似的宣誓：

> 将以审慎和仁慈保证在判决中实现公平和正义，将遵守、维护和支持民众所选择和制定的王国习惯与法律，取缔一切恶法与陋俗。[2]

到了爱德华二世（Edward II），其誓词以与坎特伯雷大主教的问答方式进行：

> 大主教问："陛下，您能本着仁慈审慎之心客观地运用权力并在判决中实现公平和正义吗？"

---

[1] Libermann, *Gasetze der Angelsachsen*, vol. I, 217. 转引自：〔英〕梅特兰：《英格兰宪政史》，李红海译，中国政法大学出版社2010年版，第65—66页。

[2] Stubbs, *Constitutional History*, vol. II, §179 note. 转引自：〔英〕梅特兰：《英格兰宪政史》，李红海译，中国政法大学出版社2010年版，第66页。

国王回答:"是的,我能。"[1]

伊丽莎白二世(Elizabeth II)的誓词与其前任相若。[2] 可见历代英格兰国王均宣誓以"公正"(justice)与"仁慈"(mercy)行使司法权。因而,如果常规的法律运作未能达致公平与正义,为此不公平与非正义提供救济,则成为国王责无旁贷的职责,故国王拥有常规司法管辖权之外的用以施行正义的"凌驾性剩余司法权"(overriding residuary power)。[3]

上述《大宪章》"法律的正当程序"条款与国王的"凌驾性剩余司法权",为日后衡平法发展的若干特征提供了历史渊源上的解释:

(1)《大宪章》将国王的剩余司法权的行使,局限在现行法律的施行未能达致公平与正义的情况下,并且不触及"法律正当程序"条款所保护的"生命、自由与财产"。这在某种程度上解释了为何衡平法在日后的发展道路中,不涉及刑事法律,亦极少涉及侵权法律领域,而是主要集中在商事法与家庭法领域。[4]

(2)这也解释了为何衡平法并不是作为与普通法相竞争、相矛盾的一套法律规则而出现,相反,衡平规则是普通法的补充与矫正,只有当普通法因规则的刚性而缺少回旋余地时,衡平法将其适用"柔

---

[1] Stubbs, *Constitutional History*, vol. II, §249. 转引自:〔英〕梅特兰:《英格兰宪政史》,李红海译,中国政法大学出版社2010年版,第66页。

[2] 坎特伯雷大主教问:"陛下,您能本着仁慈(或译'怜悯')之心运用权力以在判决中实现法律和正义吗?"女王回答:"是的,我能。"参见:Alfred T. Denning, *The Road to Justice* (London: Stevens 1955) 5.

[3] John H. Baker, *An Introduction to English Legal History*, Oxford University Press, 4th ed, 2002, p. 98.

[4] 尽管在都铎王朝时期出现了星官法院(Star Chamber),行使衡平法上的刑事管辖权,但这只是历史之一瞬,很快就在一片反对声中被废除了。

化",力图将法律适用的结果导向公平与正义。

(3) 国王凌驾于常规法律体系之外的司法权,决定了代表国王的衡平法官具有高度的自由裁量权,申诉人(petitioner)所寻求的,是出自国王恩典的一种救济(a remedy as of grace)[1],既是恩典,则不属申诉人应得的权利,而是仰赖于国王(或代表国王的大法官)是否决定给予这样的救济。向大法官提出的申诉书,亦常以祈求的语气,恳请国王视乎上帝的慈爱,以仁慈的方式给予救济。[2] 因而,迄今,法官依然对是否施以衡平法上的救济拥有高度自由裁量权,并且,寻求衡平法救济之人,必须"手洁心清"[3],即自身没有可谴责之处,否则,不具备请求国王施行怜悯的资格。

(二) 从御前大臣到衡平法院

1. 作为"保管者"的御前大臣

衡平管辖权的源头自然在国王,如前所述,它源自国王的凌驾性剩余司法权。那么,为什么这一司法权的行使会落在最初的御前大臣(或称掌玺大臣或大法官)(the Chancellor)身上呢?起因在于,如名称所示,他身兼双重"保管者"(the Keeper):

首先,作为国玺的保管者(the Keeper of the Great Seal),他被称为"掌玺大臣"。作为文秘署(the Chancery)的长官,他负责签发各种以国王名义发出的文件,并在其上面盖上国玺。在诸类签发的文件中,包括当事人意图向普通法法院提起诉讼前必须获得的令状,即当

---

[1] John H. Baker, *An Introduction to English Legal History*, Oxford University Press, 4th ed, 2002, p. 98.

[2] Fredrick W. Maitland, *Equity: A Course of Lectures*, Cambridge University Press, 2nd ed, 1936, p. 4.

[3] 即衡平法最为著名的法谚:"He who comes to Equity must come with clean hands."

然令状（writs of course, *brevia de cursu*）；而当案情未能符合现有令状的情形时，依据《威斯敏斯特法二》（Statute of Westminster II. 1258）掌玺大臣还可以视情况签发新的令状[1]，如收回土地令状（writs *in consimili casu*）及间接侵害之诉令状（writs of trespass on the case）。这是掌玺大臣的文秘职能。当越来越多的申诉上达国王，请求国王因其怜悯与恩典而施予救济时，阅读并处理这些申诉的工作便归掌玺大臣。对此，梅特兰解释道：

> 他是国王的第一把手，他是咨议会的成员，而且是咨议会尤为博学的成员。处理这些申诉的过程促使掌玺大臣开始发展出他的司法权。[2]

由此可见，衡平法最初的管辖权，并非出自国王刻意或专诚的设置，而是从最初纯粹的文秘事务发展出来的。而掌玺大臣之所以可以顺理成章地代表国王聆听并处理申诉，一个重要的原因即在于他是国玺的保管者，国玺即代表国王。

其次，他还是国王良心的保管者（the Keeper of King's Conscience）。[3] "良心"（Conscience）一词，似乎可视为衡平法的中心词，在实施衡平司法管辖权的法院被称为"衡平法院"（Court of Eq-

---

[1] 13 Edw. 1 (1258).

[2] Fredrick W. Maitland, *Equity*: *A Course of Lectures*, Cambridge University Press, 2nd ed, 1936, p. 3. 同时参见：William S. Holdsworth, *A History of English Law*, Methuen & Co, 1903, vol I, p. 195. 其中列举了掌玺大臣的七个角色。

[3] Geoffrey Rivlin, *First Steps in the Law*, Oxford University Press, 7th ed, 2015, p. 29; Alastair Hudson, *Equity and Trusts*, Routledge, 8th ed, 2015, p. 1321.

uity）之前，它曾为"良心法院"（Court of Conscience）。[1] 可在两个意义上理解该称呼：其一，国王出于良心而行使衡平管辖权，大法官作为国王良心的保管人处理申诉案件，实质上是在维护国王的良心[2]；其二，当他行使衡平管辖权的时候，针对的亦是被告人（或曰被传唤人）的良心，阻止被告人在违背自己良心的情况下行使其法律上的权利。而大法官在行使的则是出于良心的管辖权。一个最基本的事实是，在16世纪30年代以前，所有的大法官都是神职人员，他们无疑受过神学与教会法方面的教育与训练。[3] 这一特殊身份，将出自上帝的良心、国王的良心与被告人的良心联系起来，因而在16世纪末至17世纪初担任大法官的埃利斯密尔勋爵还在说："衡平法所言，即为上帝之律法所言。"[4] 另外，在程序上，大法官的教会法背景为其处理有关违背良心的申诉，提供了最为合宜与适切的条件。如梅特兰所言：

> 教会法院极有可能在过去很长一段时间，一直对那些违反诚信的行为，以精神上的谴责、忏悔及开除教籍等方式施以处罚。因而我们可以说，大家普遍认同大法官应当被允许

---

[1] "良心法院"一词在15世纪早期已被使用，而"衡平法院"则得名于都铎王朝统治年间。参见：John H. Baker, *An Introduction to English Legal History*, Oxford University Press, 4th ed, 2002, p. 103, 106.

[2] 鉴于在这个意义上主要涉及司法权力，因而称其为"大法官"而非前述的"掌玺大臣"。

[3] 最后一位出身自神职人员的大法官是拥有主教身份的沃尔斯（Wolsey），他于1515—1529年间担任大法官；而接替他出任大法官的托马斯·莫尔（Thomas More），则是自14世纪以来首位受过普通法训练的大法官，他于1529—1533年间担任大法官。

[4] *Earl of Oxford's case* (1615) Ch Rep 1, 6. 埃利斯密尔勋爵的原文为："And Equity speaks as the Law of God speaks."他于1596—1617年间担任大法官。

第一章 丹宁与衡平司法传统

实施有关用益、信托与信赖事宜。[1]

2. 衡平法院：管辖范围与程序规则

随着衡平管辖权的日渐清晰，文秘署从一个国家文秘机构转型为专门的衡平法院（Court of Chancery，Curia Cancellariae）。依据豪斯沃夫（Holdsworth W. S.）的记载，1340年的一项制定法将文秘署称为法院，并与其他法院相提并论。[2] 但即使衡平法院日渐成为与普通法法院并行的司法管辖机构，却一直咸由大法官一人审案，包括审查事实与适用法律。其中掌卷大臣（Master of the Rolls）逐渐成为大法官的助理，协助其处理申诉。迟至1813年，才任命了副御前大臣（Vice-Chancellor），并逐渐增加专职法官，直至1875年取消衡平法院时，共设七名专职法官。

衡平法院的业务，一般认为可分为"拉丁语的一边"（the Latin side）与"英语的一边"（the English side）。[3] "拉丁语的一边"主要指衡平法院（包括文秘署时期）处理的有关令状与其他以国王名义发出之文件的签发事宜，因该类文件以拉丁文书写，故得名；同时，因这些有关国王的文件被保存于小袋子中，故亦称为"小袋子的一边"（the Petty Bag side）。除令状签发等文秘事务外，"拉丁语的一边"还处理针对国王本身的诉讼。由于国王不可在其自己的王室法院

---

[1] Fredrick W. Maitland, *Equity: A Course of Lectures*, Cambridge University Press, 2nd ed, 1936, p. 7.

[2] 14 Edw. III. Statute I c. 5. William S. Holdsworth, *A History of English Law*, Methuen & Co, 1903, vol I, p. 198.

[3] 参见：Fredrick W. Maitland, *Equity: A Course of Lectures*, Cambridge University Press, 2nd ed, 1936, pp. 4-5; John H. Baker, *An Introduction to English Legal History*, Oxford University Press, 4th ed, 2002, pp. 100-102; William S. Holdsworth, *A History of English Law*, Methuen & Co, 1903, vol I, pp. 199-202.

因其签发的令状被诉,针对国王自身的诉讼则由衡平法院负责,进而发展出一套处理此类申诉的管辖权,并且是衡平法院独有的管辖权。

"英语的一边"则较为接近在后的衡平管辖权,这类业务即处理那些在普通法法院未能获得充分救济的当事人提起的恳请国王施恩的申诉。申诉人通常以自身的贫穷、老迈、羸弱,以及对手的富裕与显赫为由,恳请国王本着上帝的慈爱给予救济。[1] 大法官处理此类申诉的做法是,向被申诉人发出传唤令(writ of subpoena),即衡平法上的起诉状(bill of complaint),命令其来到大法官面前,在宣誓为真的情况下,逐项回答大法官的问题。这是一种类似于教会法院中实施的简易程序的诉讼程序,被申诉人须先行宣誓,然后以问答的方式查明事实。这里没有普通法法院所采用的陪审团审判,因而无事实裁断与法律适用之别,大法官一人独当这两种角色。

如果说中世纪时期的衡平法院依然与咨议会有着千丝万缕的联系,那么到了中世纪后期 [即大约在爱德华四世(Edward IV)统治结束时的 1483 年],衡平法院已愈加清晰地在行使其纯粹的衡平司法管辖权了。[2] 15 世纪十分风行的用益(Uses)[即后来成为衡平法实体规则之主干的信托(Trusts)法律制度]大大扩充了衡平法院的司法管辖权,使得在 16 世纪时,衡平法院成为了不折不扣的"良心法院",主管有违良心的事宜,其管辖的三大领域包括欺诈、意外及违反信赖[3],而这些都属于补充普通法法院不会给予救济的范围。

---

〔1〕 Fredrick W. Maitland, *Equity: A Course of Lectures*, Cambridge University Press, 2nd ed, 1936, p. 4.

〔2〕 William S. Holdsworth, *A History of English Law*, Methuen & Co, 1903, vol I, p. 202.

〔3〕 Fredrick W. Maitland, *Equity: A Course of Lectures*, Cambridge University Press, 2nd ed, 1936, p. 7.

除管辖范围和程序与普通法法院相异，另外一个在实施上的显著不同，即是在 1660 年王位复辟（Restoration）以前，基本不存在衡平法判决的判例汇编[1]，因而在这之前的大法官们，并不认为他们受先前判决的约束，即如同普通法法院的法官们那样，需要遵循先例。这既是衡平司法的优点，即不受先例束缚而具有灵活性，但亦暴露其缺陷，即过于主观且难以捉摸。[2] 然而，衡平法最终还是融入了遵循先例的轨道，"凝固"为与普通法并行的一套实体规则体系。[3] 在16 世纪下半叶，随着具有神职人员背景的大法官们逐渐退出衡平法院的舞台，如沃尔斯（Wolsey）、古德利奇（Goodrich）、戈迪纳（Gardiner）及威廉斯（Williams）[4]，以及在法律上训练有素的新一代大法官的逐渐登场，如埃利斯密尔（Ellesmere）、培根（Bacon）及考文垂（Coventry），衡平法逐步形成了一套如普通法般固定而有序的法律规则。在现存的有关判例汇编资料中，专门针对衡平法院判决的判例汇编最早出现在 1557 年，即《凯里》（Cary）判例汇编，在随后的 1558 年，则有《衡平法院判例选编》（Choice Cases in Chancery），以及

---

[1] John H. Baker, *An Introduction to English Legal History*, Oxford University Press, 4th ed, 2002, p. 110.

[2] Macnair M., Arbitrary Chancellors and the Problem of Predictability, in Koops E. and Zwalve W. J. (eds), *Law and Equity: Approaches in Roman Law and Common Law*, Martinus Nijhoff, 2014, pp. 81-94.

[3] 贝克教授认为衡平法最终亦受先例束缚的主要原因有三个：其一，平等是衡平法的基本要求之一，因而类似的情形亦应当受到类似的对待；其二，衡平法院所实施的规则，并不都具有道德因素；最后，经年的反复实践，让衡平法院亦拥有了固定的程序规则。John H. Baker, *An Introduction to English Legal History*, Oxford University Press, 4th ed, 2002, pp. 109-110.

[4] 四位具有神职人员背景的大法官，分别同时担任约克郡（York）大主教、埃利郡（Ely）主教、温彻斯特郡（Winchester）主教及林肯郡（Lincoln）主教，就任大法官的年份分别为 1515 年、1551 年、1553 年及 1621 年。

1559 年的《狄更斯》（Dickens）与《托费尔》（Tothill）判例汇编。[1] 进入 17 世纪，衡平法院的判决已经进入常规判例汇编的轨道，从而完成了衡平法律规则"凝固"的过程。因而在 1676 年，被称为衡平法之父的诺丁汉勋爵（Lord Nottingham）肯定地声称："我判案所依照的良心，仅仅是'法律与政策上的'（civilis et politica），并依附于确定的规则。"[2] 继 1873 年《司法组织法》的通过及其在 1875 年的生效，衡平法院自此成为历史名词。

三、衡平法谚中的衡平规则

正是建诸于判例汇编与遵循先例的基础上，衡平法逐步摆脱了"大法官的脚"与"棕树下的正义"这样的批评与质疑，在 1875 年司法组织改革之前，衡平法院的司法实践生长出一套确定的衡平规则。这一套衡平规则，是以衡平法谚的形式出现的。最早出版的有关衡平法的专著，即 1727 年由法兰西斯（Francis R.）编订的《衡平法谚》（Maxims of Equity）。[3] 衡平法律谚语可以说是最早的"可触的"衡平法律原则，历经若干世纪的演变与发展，基本未发生实质性改变。因而，欲阐释衡平理念，除了解其哲学与历史背景，尤应细察承载衡平法基本规则的衡平法谚。

衡平司法的高度自由裁量性，决定了衡平法律规则不可能过于具体。厄普约翰勋爵（Lord Upjohn）有言："衡平法规则将被适用于如此变化多端的情形，它们只能以最为概括的形式表达，并在适用中特

---

[1] 'English Reports', in Saunders J. B. (ed), *Mozley & Whiteley's Law Dictionary*, Butterworths, 1977, pp. 281-297.
[2] *Cook v Fountain* (1676) 3 Swan 585, 600 (Lord Nottingham).
[3] William W. Hening (ed.), *Richard Francis' Maxims of Equity*, Richmond, 1823.

别关照每个案件的特殊情形。"[1] 因而，这些谚语在性质上属于适用衡平法的指导性原则（guidelines），而非具体应当严格依循的规则（rules）。哈德森教授将其与《十诫》（Ten Commandments）作类比，认为二者的相似点在于"在不同情境中会有不同的解释"，并惯常地作为人们行为的道德戒律而存在。他将这些较为抽象的法律原则视为法律体制中的"道德基石"（a bedrock of morality）。[2]

在最初的由法兰西斯编订的1727年《衡平法谚》版本中，共记录了十四条法律谚语。经后世的洗炼，对这些法律谚语的表述已与该初始版本不尽相同，但其本质依旧，大多数因判例的充实而被赋予更丰富的内容，有些则仅作为基本原则存在，实践中生发出其适用的例外情形。现代版本大多以《施奈尔论衡平》（Snell's Equity）为蓝本[3]，它们包括：

（1）衡平法不允许权利得不到救济（或：衡平法不允许无救济之权利）（Equity will not suffer a wrong to be without a remedy）。[4]

（2）衡平法追随普通法（Equity follows the law）。[5]

（3）衡平权利同等时，享有法律权利者优先（Where there is equal equity, the law shall prevail）。

（4）衡平法上的权利，时间优先，则权利优先（Equity which is prior in time is better in right）。

---

[1] *Boardman v Phipps* [1967] 2 AC 46 (HL), 123.

[2] Alastair Hudson, *Equity and Trusts*, Routledge, 8th ed, 2015, p. 28.

[3] John McGhee (ed), *Snell's Equity*, Sweet & Maxwell, 33rd ed, 2015, ch 3.

[4] 亦见："衡平法不容许有不法而无救济。"（Equity will not suffer a wrong to be without a remedy.）"有权利，必有救济。"（Where there is a right, there is a remedy; *ubi jus, ibi remedium.*）

[5] 亦见："衡平不创造法律，而是辅助法律。"（Equity does not make the law, but assists the law.）

（5）衡平法帮助警觉者和勤勉者（Equity assists the vigilant and diligent）。

（6）寻求衡平者，亦须以衡平行事（He who seeks equity must do equity）。

（7）寻求衡平者，须清白无瑕（He who comes to equity must come with clean hands）。

（8）衡平即平等，平等即衡平（Equity is equality, and equality is Equity）。

（9）衡平法注重的是实质和意图，而不是形式（Equity regards substance and intent, rather than form）。

（10）衡平法将本应成就者视为已经成就（Equity looks upon that as done which ought to have been done）。

（11）衡平法假定当事人有完全履行义务的意图（Equity imputes an intention to fulfil an obligation）。

（12）衡平法对人行事（Equity acts in personam）。

（13）衡平法不帮助无偿受让人（Equity will not assist a volunteer）。

（14）衡平法保护弱者（Equity protects the weak and vulnerable）。

从上述历数的衡平法谚中，可以观察到衡平法在原则层面的几项要端：首先，衡平法的保护对象是人，因而"衡平法对人行事"，进言之，衡平法保护那些手洁心清的、对权利警觉并勤勉行使权利的以及软弱无力的人；其次，衡平法在实施中着重于法律关系的实质与当事人的意图，而非形式，因而衡平法对那些因意外而未能符合形式的法律关系加以认可；最后，在衡平法与普通法的关系上，总的原则是：衡平法追随普通法、衡平法辅助普通法。这些指导性原则，通过具体的衡平法规则而适用于判决中，进而维持普通法的生命力。

第二节　衡平法与普通法的融合：
"合而不同"抑或"合而为一"？

1873年通过并在1875年生效的《司法组织法》（Judicature Acts）为衡平法的过去与现在划下了界限。[1]但这仅仅是形式上的界限，在法律实体规则上，现行的衡平法只是过去衡平法的发展与延续。有关1875年后普通法与衡平法的"融合"（fusion），一直是法律学者与法律执业者争论不休的话题：融合后还是否存在区别于普通法的衡平法？普通法与衡平法的关系如何，是相互对立，还是后者辅助前者，或是前者屈从于后者？这种"合"而不同的状态是应当持续，还是应当将两套法律真正地合而为一？等等。[2]这些问题的意义明显已经度越了法律史的范畴，因为对它们的看法与回答，直接决定了衡平法在现行法律体制中的地位，以及衡平司法管辖权的行使将在何种意义上重塑法律实体权利。

---

〔1〕《司法组织法》生效于1875年11月1日。该法的条文后被并入1925年的《最高司法机构（合并）法》[Supreme Court of Judicature (Consolidation) Act 1925]，该法后被1981年《高级法院法》(Senior Courts Act 1981) 取代。

〔2〕有关"融合"这一话题的争论，参见：Burrows A., We Do This at Common Law but That in Equity, 22 *Oxford Journal of Legal Studies* 1 (2002); Anthony Mason, The Place of Equity and Equitable Remedies in the Contemporary Common Law World, 110 *Law Quarterly Review* 238 (1994); Raymond Evershed, Reflections on the Fusion of Law and Equity after 75 Years, 70 *Law Quarterly Review* 326 (1954); Edelman J., A 'Fusion Fallacy' Fallacy? 119 *Law Quarterly Review* 375 (2003); Anthony Mason, Fusion: Fallacy, Future or Finished?, in Degeling S. and Edelman J. (eds), *Equity in Commercial Law*, Lawbook Co, 2005, ch 3; Sarah Worthington, *Equity*, Oxford University Press, 2nd ed, 2006, ch 10.

一、1875 年的司法改革及其影响

可借机构的合并与法律的实施两个层面观察《司法组织法》引发的改革。

首先，从司法机构的合并上看，原衡平法院、普通法法院（包括王座法院、普通民事诉讼法院与财税法院）、海事法院、遗嘱检验法院、离婚与婚姻事务法院及破产法院等，均并入统一的最高司法机构（Supreme Court of Judicature）。[1] 而新的最高司法机构又分为两大部分：高等法院（High Court of Justice）与上诉法院（Court of Appeal）。[2] 出于处理司法事务之便，高等法院再进一步分为五个分庭：衡平分庭，王座分庭，普通民诉分庭，财税分庭及遗嘱检验、离婚和海事分庭。在1881年，传统的普通法三个分庭合并为王座分庭，遗嘱检验、离婚与海事分庭在1969年重新命名为家事分庭（Family Division），海事案件则归王座分庭管辖。由此可见，目前的高等法院包括三个分庭：衡平分庭、王座分庭与家事分庭。

其次，从法律的实施上看，当事人——不论原告与被告——《司法组织法》实施前在普通法与衡平法上享有的权利与抗辩，均不因该法的实施而受影响。换言之，《司法组织法》带来的改革，在实质上是诉讼程序意义上的改革，而不触及实体权利的改变。纵观该法第24条第（1）至（7）款[3]，显然可见该法的目的是为诉讼双方提供"完整而终局的"（completely and finally）解决方式，从而避免过去需

---

[1] 参见1875年《司法组织法》第3条。
[2] 参见1875年《司法组织法》第4条。
[3] 参见1875年《司法组织法》第24条第（1）至（7）款，分别对应1925年《最高司法机构（合并）法》第37—43条，并概括陈述于1981年《高级法院法》第49条第（2）款。

要在不同法院重复提起诉讼的弊端。[1] 例如，原告人在该法实施前享有的任何衡平法上的权利或救济，在该法实施后，任何一名高等法院及上诉法院的法官，皆应给予其相同的救济[2]；相应地，被告人在该法实施前享有的任何衡平法上的抗辩权，在实施后，任何一名高等法院及上诉法院的法官，均应让该抗辩权发挥相同的效力[3]；另外，任何一名高等法院及上诉法院的法官在审理案件（不论是衡平案件、普通法案件或是家事案件）的过程中，均应对其中设计的衡平权利给予注意并认可，就像过去的衡平法院所做的那样。[4] 可见，在法律的实施上，已经不可以将法官分为普通法法官及衡平法法官，因为依据上述条文，"任何一名高等法院与上诉法院的法官"，均可实施传统意义上的衡平管辖权，认可衡平权利，提供衡平救济。尽管传统上属于衡平法院管辖范畴的业务，如信托案件、有关抵押物之回赎等案件，依然划归衡平分庭管辖，一如梅特兰所言，完全是出于业务分配与管辖之便利的考虑。[5]

值得注意的是，尽管衡平法院在改革后以衡平分庭的形式出现，而且其他分庭的法官在处理其管辖权内的案件时可行使衡平管辖权，提供衡平法上的救济，但一个不容否认的事实是：普通法依然是普通

---

　　[1] 参见1875年《司法组织法》第24条第（7）款；1925年《最高司法机构（合并）法》第43条。
　　[2] 参见1875年《司法组织法》第24条第（1）款；1925年《最高司法机构（合并）法》第37条。
　　[3] 参见1875年《司法组织法》第24条第（2）款；1925年《最高司法机构（合并）法》第38条。
　　[4] 参见1875年《司法组织法》第24条第（4）款；1925年《最高司法机构（合并）法》第40条。
　　[5] Fredrick W. Maitland, *Equity: A Course of Lectures*, Cambridge University Press, 2nd ed, 1936, p. 15.

法，衡平法依然是衡平法，即使是出自同一位法官的判词，人们依然可以辨析其中何者为普通法上的权利、何者为衡平法上的权利，何者为普通法救济、何者为衡平救济。埃叙伯纳（Ashburner W.）对此作出过著名的比喻：

> 但这司法管辖权中的两股清流，尽管流淌于同一管道中，却并排前行，互不混淆。[1]

然而，这两道清流尽管"互不混淆"，却在相互不一致时存在适用上的优先次序。广受引用的《司法组织法》第25条第（11）款，将两个半世纪前（即1616年）埃利斯密尔大法官与柯克首席大法官之间的那场衡平法与普通法之争，并由当时的国王詹姆士一世所作的裁断，以制定法的方式固定下来，时至今日仍是衡平法与普通法之间优先次序的准绳。前述条款如今只字不易地被转述于1981年《高级法院法》第49条第（1）款："当衡平法与普通法对同一问题的解决出现矛盾或不一致时，衡平法优先。"这样的优先次序，是衡平法相对于普通法实施上的灵活性决定的。

沃森勋爵（Lord Watson）在司法改革后不久的1887年的一个判例中，为《司法组织法》的实施目的与成效作出了尤为精切的总结：

> 《司法组织法》之主要目的，是使得诉讼当事人在毋需于诉讼后再寻求另一法院之救济的情况下，获得所有他们应

---

[1] Denis Browne (ed), *Ashburner's Principles of Equity*, Butterworth & Co, 1933, p. 18.

当在普通法上及衡平法上的救济，以此避免重复的法律程序。……1873年的法律所处理的是诉讼当事人的救济方式而非其权利。其实施并不意在影响、实际亦未曾影响诉讼当事人所享有之权利的实质。[1]

由上可观，1875年的司法改革使得更多的法院组织结构与诉讼程序得以改变，而无关乎在该法通过前诉讼当事人所享有的任何普通法与衡平法上的权利。

二、普通法与衡平法关系之现状：合而不同

曾于1949—1962年间担任上诉法院民事庭庭长的埃瓦舍勋爵（Lord Evershed）（亦即丹宁勋爵的前任），曾这样描叙"融合"（fusion）：

> 我所想到的是，当谈到"融合"，大家所指的应当是下述其中一种情形：可以指组成新整体的各个部分完全消失，融合于该新整体中；或是指它们为着某一特定目的而结合在一起，或被置于同一控制下，但却保持着各自不同而最初的特征。[2]

仅就普通法与衡平法目前的状况而论，融合的情形明确属于后者，也如前述埃叙伯纳那著名的比喻"两股清流"所形容的那样。

---

[1] *Coope & Co v Emmerson* (1887) 12 App Cas 300 (HL), 308 (Lord Watson).

[2] Raymond Evershed, Equity after Fusion: Federal or Confederate, *Journal of Society of Public Teachers of Law* 171, 175 (1948).

但这两种被置于统一的司法体系中的却依然保持着各自特性的两套法律规则，它们之间的关系如何，是平等并行，还是主次鲜明呢？如果从上述1875年《司法组织法》第25条第（11）款的规定来看，它们是并行的，即高等法院与上诉法院的各个分庭，均可以依据案情需要决定适用普通法与衡平法，只是在两者相矛盾时，衡平法优先适用。但这种对两者将出现矛盾的"假设"，被梅特兰视为"基本无实效"，因为两者间不存在矛盾的关系，"衡平法并不摧毁普通法，而是成全之"。[1] 在其《衡平法讲义》中，梅特兰对两者的关系作出了详尽的描述：

> 我们不应当认为普通法与衡平法是两套敌对的规则体系。衡平法并非一套自足（self-sufficient）的体系，其每项规则的实施均以普通法的存在为前提。普通法则是自足的体系。我的意思是：如果有一天议会颁布一项制定法，称是"衡平法就此废除"，我们或许依然稳步前行；在某些方面，我们的法律或许将变得野蛮、不正义、荒谬，但人们的根本权利、不受暴力侵害的权利、保护名誉的权利、财产所有权与占有权等，照样会得到体面的保护，并且合约的实施仍受保障。另一方面，如果议会颁布法律说，"普通法就此废除"，遵循此令的结果将是无序与混乱。在每一点上，衡平法均预设了普通法的存在。[2]

---

[1] Fredrick W. Maitland, *Equity*: *A Course of Lectures*, Cambridge University Press, 2nd ed, 1936, pp. 16-17.
[2] Ibid., p. 19.

因而，若对梅特兰的观点作结，他将衡平法视同普通法的"补充"（supplement）、一种为法律增设的"附录"（appendix），以及对法律提供的一套"注解"（gloss）。[1]

半个世纪后，曾担任上诉法院民事庭庭长的埃瓦舍勋爵对梅特兰的论点加以更为现代的注解。埃瓦舍勋爵于1948年在牛津的一次题为《融合后的衡平法：联邦式还是同盟式融合》（Equity after Fusion: Federal or Confederate）中[2]，引用了当时衡平法最为瞩目的判例，再次旨在说明"衡平法并不摧毁普通法，而是成全之"。他引用的三个判例分别是：1947年的"高树案"（High Trees Case）、1948年的"冬季花园剧院案"（Winter Garden Theatre Case）以及"迪普洛克案"（Diplock Case）。[3] 埃瓦舍勋爵用这三个衡平法上的最新实践来说明：衡平法从来不否定普通法的适用，在它们看似矛盾之处，实际上依然可以从衡平法是对普通法的补充适用或设定条件的适用之角度，来看待两者之间的和谐相处。例如，在谈到"高树案"时，埃瓦舍勋爵认为，表面上看，丹宁法官在该案中"创设"了一条新的衡平法规则，该规则似乎与普通法自柯克时代的"皮诺案"（Pinnel's Case）既已稳固确立的对价原则相矛盾[4]；然而，埃瓦舍勋爵却倾向于视这项衡平规则为一种程序上的救济，即只是禁止某项现存允诺之意图实施，

---

[1] Fredrick W. Maitland, *Equity: A Course of Lectures*, Cambridge University Press, 2nd ed, 1936, p. 18. 亦参见李红海：《自足的普通法与不自足的衡平法——论英国普通法与衡平法的关系》，载《清华法学》2010年第6期，第20页。

[2] Raymond Evershed, Equity after Fusion: Federal or Confederate, *Journal of Society of Public Teachers of Law* 171 (1948). 演讲日期为1948年7月9日，于牛津。

[3] *Central London Property Ltd v High Trees House Ltd* [1947] KB 130 (KB); *Re Diplock* [1948] Ch 465 (CA); *Winter Garden Theatre (London) Ltd v Millennium Productions Ltd* [1948] AC 173 (HL).

[4] *Pinnel's Case* (1602) 5 Co Rep 117a; 77 ER 237.

究其实,是衡平法的禁制令救济形式在普通法对价原则上的适用。埃瓦舍勋爵进而总结道,在该案中,"衡平法仅仅是在补充或是'完全'普通法的适用,它没有创设任何与普通法敌对的或是超越普通法的新诉由,衡平法只是以其独特的方式介入了普通法的适用,意图对后者起到补充或缓和的作用"。[1]

然而,无论梅特兰或是埃瓦舍勋爵如何辨析普通法与衡平法之间的关系,他们均不否认两者代表着两种不同的法律规则的事实,他们认为,在1875年司法改革前的普通法和衡平法,在改革后在实体规则上并没有不同。[2] 对现代学者而言,普通法与衡平法的"合"而不同似乎是共识[3];然而,在实际操作中将两种不同规则适用于案件中的司法界,却似乎绽露了许多认为两者已经不存在实质区分的声音,例如:迪普洛克勋爵(Lord Diplock)在1978年上议院的一份判决中,论及埃叙伯纳的"两股清流"这一比喻时,认为这两道并行的水流"已经确定无疑地混同了"。[4] 戈夫勋爵(Lord Goff)在1993年上议院的一份判决中写道:

> 毫无疑问的是,如今我们的任务是确保普通法与衡平法

---

[1] Raymond Evershed, Equity after Fusion: Federal or Confederate, *Journal of Society of Public Teachers of Law* 171, 176 (1948).

[2] Fredrick W. Maitland, *Equity: A Course of Lectures*, Cambridge University Press, 2nd ed, 1936, p. 17; Raymond Evershed, Reflections on the Fusion of Law and Equity After 75 Years, 70 *Law Quarterly Review* 326, 327 (1954).

[3] 例如: Sarah Worthington, *Equity*, Oxford University Press, 2nd ed, 2006, pp. 13-17; Graham Virgo, *The Principles of Equity & Trusts*, Oxford University Press, 2012, pp. 22-24; John McGhee (ed), *Snell's Equity*, Sweet & Maxwell, 33rd ed, 2015, pp. 12-14.

[4] United Scientific Holdings Ltd v Burnley Borough Council [1978] AC 904 (HL), 924-925 (Lord Diplock).

这两套规则被锻造（moulded）成一个具有内在合一性的整体。[1]

康沃夫上诉法官（Carnwath L. J.）在2007年上诉法院的一份判决中亦表达了类似观点，在谈到1981年的《高级法院法》时，他说：

在普通法与衡平法"融合"了一百三十年后，再继续认为这两种法律体系间存在根本性差异，已如登山般艰难（an uphill task）。[2]

法律界（不论是学者还是法官）出现这样的分歧无疑表明，以下问题并非空穴来风：普通法与衡平法之间的区别是否还存在？若存在，两者是否已经在融合，或是业已出现上述某些法官所描述的融合？以及未来两者之别是否将彻底消失？

三、普通法与衡平法关系之未来：是否应当合而为一？

梅特兰在其1909年出版的《衡平法讲义》中曾"预言"：

这一天将会到来，当那日，律师们不会再问这条法律规则是衡平法规则还是普通法规则：只要知道这是一条由高等法院稳定适用的法律已足够。[3]

---

[1] *Napier and Ettrick* (*Lord*) *v Hunter* [1993] AC 713 (HL), 743 (Lord Goff).
[2] *Halpern v Halpern* (*No 2*) [2008] QB 88 (CA), [70] (Carnwath LJ).
[3] Fredrick W. Maitland, *Equity: A Course of Lectures*, Cambridge University Press, 2nd ed, 1936, p. 20.

这一天是否已经到来了呢？程序上已经合一的普通法与衡平法，是否需要（或者已经）在实体规则中再度"融合"呢？对此，英格兰法律界发出了两种截然不同的声音。

(一)"融合论"：将衡平法与普通法在实体规则上合一

这种声音，以牛津大学的波克斯（Birks P.）教授及剑桥大学的沃芬顿（Worthington S.）教授为代表，他们全力主张将衡平法彻底融入普通法规则，形成一套统一的法律规则。

以波克斯教授为代表的牛津学派，依照触发法律后果的"事件"（events）与法律将作出的"回应"（responses），将私法（private law）分为四大类：同意（consent）、误行（wrongs）、不当得利（unjust enrichment）及其他事件，继而将法官在特定类别案件中可行使的司法自由裁量权局限于该类别事件所允许的范围内。[1] 这种所谓的"分类学"（taxonomy）在法律界引起的反响热烈。哈德森教授认为，牛津学派所意图达致的"秩序"，并不是和平社会中人们可以预见法律将作何回应的那种秩序，而是一种将可能引发权利与义务的各种情形，以类似法典的方式，将其置入一套复杂的图表中，然后机械地依据所属的权利义务类别，决定可能获得的救济。[2] 因而哈德森教授称其为"巴士时刻表"，将法律简化为毫无哲学可言的规条。[3]

当代衡平法权威著作《施奈尔论衡平》（Snell's Equity）亦对此作出了类似回应，认为这是法律的"删减主义"（reductionism），删减的结果将导致法律"过于简化"（over-simplification），使得某些法律或

---

〔1〕 Peter Birks, *Private Law*, Oxford University Press, 2000, p. 261; Peter Birks, Property, Unjust Enrichment, and Tracing, 54 *Current Legal Problems* 231 (2001); Peter Birks, Establishing A Proprietory Base, *Restitution Law Review* 83 (1995).

〔2〕 Alastair Hudson, *Great Debates in Equity and Trusts*, Palgrave, 2014, p. 51.

〔3〕 Ibid.

衡平权利之间的特征与界限变得模糊不清。[1] 而这种"删减主义"对衡平法的影响是致命的，因其实质上否定了衡平法作为区别于普通法之法律规则的存在。例如，许多衡平规则游离于这些分类的边缘，无法将其切实地归入任何一类，典型的例子为允诺禁反悔原则。另外，《施奈尔论衡平》指出，衡平法基于"良心"之内在本性（亦即对违背良心行为的回应）对达致实质正义具有不可替代之作用，这是上述牛津学派将权利与义务简单分为几种类别的体制所取代不了的，因而，"假定法律权利及其相应救济仅可通过一套单一、排他的分类而获得，这完全是错误的，并且也必然是过于简化的"。[2] 剑桥大学的维戈（Virgo G.）教授所针对的倒并非这种分类学上的做法，而是认为，如果分类的话，应将直接触发衡平法之"回应"的"违背良心的行为"（unconscionable events）单列为一类"事件"，而与其他类别并举。[3]

由上述英格兰主流衡平法学者的回应可见，牛津学派主张的"分类法"并不是最适合判例法体系的法律处理方式，法律的发展从判例法系的角度看来，应当是因社会与商业实践的需要而循序渐进，发展路径乃自下而上，而非自上而下。

牛津大学的沃芬顿教授的出发点与前述以波克斯教授为代表的牛津学派相一致，即让两套并行的法律规则在实体上融合，并使得法律规则更为统一及一致。她的做法不是备受争议的"分类法"，而是更为直接地将衡平规则并入普通法规则，最终出现梅特兰所预言的"不

---

[1] John McGhee (ed), *Snell's Equity*, Sweet & Maxwell, 33rd ed, 2015, p. 18.
[2] Ibid., pp. 18-19.
[3] Graham Virgo, *The Principles of Equity & Trusts*, Oxford University Press, 2012, p. 25.

分彼此"。但沃芬顿教授对普通法与衡平法之关系的看法与梅特兰有着根本的不同,她并不认为两者相处和谐,亦不认为衡平法的适用是为了促进或完善普通法的适用。她立论的出发点,是强调衡平法的独特性以及这种独特性引发的两套法律规则间的不一致与不协调,从而给法律体制带来失去"理性的内在统一性"(rational coherence)之风险。[1] 因而,她认为普通法与衡平法的融合,将在最大程度上使法律的发展更具有"一致性、原则性与理性",并更能达到法律背后的政策性目标。[2] 沃芬顿教授亦同时强调,她并不是在主张一场"革命式"的改革,她认为这只是趋势、是航向,而达致的方式依然是通过法官们循序渐进的司法实践。[3]

(二)"不可取代论":衡平法无法替代的基因——"良心"

另一种声音,则来自传统的(或曰正统的)衡平法学者,如南安普敦大学的哈德森教授与剑桥大学的维戈教授,以及权威著作《施奈尔论衡平》,他们均不认为衡平法与普通法有在实体规则上融合的必要,甚至认为衡平法的独特性与其独特使命使得这种融合非但不必要,而且不可能。

哈德森教授一直强调作为衡平法核心内涵的良心,认为即使历经世纪的变迁,衡平法的最终使命,依然是对那些违背良心的行为说

---

[1] Sarah Worthington, *Equity*, Oxford University Press, 2nd ed, 2006, pp. 13-19. 沃芬顿教授着重强调了衡平法有别于普通法的四个方面的特殊性,即实体规则、救济策略、实施技巧以及程序方面的不同。

[2] Sarah Worthington, *Equity*, Oxford University Press, 2nd ed, 2006, p. 321.

[3] Ibid., p. 322. 对沃芬顿教授这种整合的观点,华威大学的衡平法学者沃特(Gary Watt)教授提出了反对意见,参见:Gary Watt, *Equity Stirring: The Story of Justice Beyond Law*, Hart Publishing, 2009, pp. 84-87.

"不"。[1] 他甚至不同意梅特兰与埃瓦舍勋爵认为衡平法乃普通法之补充这样的观点，他认为，衡平法的产生与发展历史已经表明，衡平法并非作为"普通法的影子"（as the common law's shadow）而存在，诸如信托、产权禁反言、禁制令等衡平规则体系，它们纯属衡平制度，与普通法毫无关联，自成一体。[2] 澳大利亚高等法院首席大法官梅森（Mason A.）亦表达了类似观点，他认为，衡平法上有关良心与公平等原则，使得法律能够自我调试，以适应一个自由与民主社会的不同需求。[3]

维戈教授则认为，衡平法继续作为一种区别于普通法的存在，富有实质意义，他认为将衡平法中的某些早已稳定而成熟的法律制度（如信托制度）融入普通法中，其结果只会使得法律变得复杂，同时还失却了"该法律制度原有的精妙与细微之处"。[4] 因而，维戈教授还是回到梅特兰对普通法与衡平法之关系的基本观点，即衡平法并不作为独立的法律制度而存在，其存在意义在于当普通法的适用将带来非正义之结果时，对后者提出矫正。[5]

《施奈尔论衡平》似乎集哈德森教授与维戈教授的观点于一身，一则是认为衡平法的细微与精妙难以被着重规则的普通法所涵盖，再则是在衡平法有关良心的内在性质上，该著述与哈德森教授持同一观念，即衡平法上合乎良心这一要求，为法律原则的发展"明确地注入

---

[1] Alastair Hudson, *Great Debates in Equity and Trusts*, Palgrave, 2014, pp. 9-22; Alastair Hudson, Equity and Trusts, Routledge, 8th ed, 2015, pp. 22-28, 1321-1323.

[2] Alastair Hudson, *Equity and Trusts*, Routledge, 8th ed, 2015, p. 40.

[3] Anthony Mason, The Place of Equity and Equitable Remedies in the Contemporary Common Law World, 110 *Law Quarterly Review* 238 (1994).

[4] Graham Virgo, *The Principles of Equity & Trusts*, Oxford University Press, 2012, p. 25.

[5] Ibid.

了一种道德因素",而这成为法官们在为适应社会新需要而发展衡平法原则时所倚赖的基本原则。[1] 作为对上述"融合论"的综合回应,《施奈尔论衡平》总结道:

> 将衡平法纳入私法中的责任与财产权利这一更大的体系中,将引致失去早已明确于法律体系中之道德因素的风险,而这一道德因素在过去曾激发了法律原则的发展,而它亦可在未来继续发挥此益。[2]

庞德在 1905 年发出的呼吁言犹在耳:我们必须以捍卫法律的同样努力"捍卫衡平"(fight for equity)。[3] 上述传统衡平法学者如今所做的,分明是一场"衡平保卫战",而这些战士们手中最后的"王牌武器",竟然就是衡平法无法被普通法替代的基因——"良心"。

四、衡平司法的基本特征

综合前文有关衡平法之哲学与历史维度的阐述、对衡平法谚中衡平法律原则的探讨,以及对 1875 年当衡平法院和普通法法院共同被并入高等法院后两套法律规则间的关系及其未来走向的考察,对衡平司法的基本特征总结如下。

(一) 衡平法的实施,是为了实现一个比法律本身"更大的"公正

回到亚里士多德的观点,法律作为一种普遍而平等适用的规则本身,即代表了公正,至少代表了形式意义上的公正。然而,此非完全

---

[1] John McGhee (ed), *Snell's Equity*, Sweet & Maxwell, 33rd ed, 2015, p. 20.
[2] Ibid.
[3] Roscoe Pound, The Decadence of Equity, 5 *Columbia Law Review* 35, 35 (1950).

意义上的公正，若缺乏公道，将一种不公道的法律不予甄别地加以适用，将会导致不正义。因而，衡平法从伊始，遂是作为矫正正义的方式出现并存在的。衡平管辖权的实施，是为了在一种普遍而平等的正义规则下，实现具体的正义，即在个案中实现正义。

纵观衡平法的发展历程，不难看到法官们的惯常表达：当他们认为在个案中应当偏离既定法律原则时，他们会说："每个案件都有其特定的事实。"或说："如果不考虑该案的特定情节，将导致不公平、非正义或违反衡平精神。"这些惯用语，均为法官即将依照衡平规则、偏离普遍规则、对个案给予特别救济的前奏。于此意义上，尽管在实体规则的适用上，衡平法被视为普通法的补充，但在法律精神或哲学层面，衡平法所代表的正义或公正的价值，高于普通法。因之，衡平司法管辖权的根本特征之一，乃逾越性及对普遍规则的矫正功能。

再次回想埃里斯密尔勋爵在"牛津伯爵案"中之名言："衡平法院之所以存在，就是因为人的行为是如此变化莫测，以致无法制定出一个放之四海而皆准的法律。"[1] 所以衡平法之单独存在的必要性是难以质疑与否认的。

(二)"良心"一直是贯穿诸项衡平制度与规则的主线

"良心"这一概念与前述之"公道"密不可分。如若允许权利人违背良心行使其法律上的权利，将造成极大的不公。然则，良心这一更适于道德领域的标准，并非以普遍原则的方式适用于法律中，而是由法官根据具体案件中涉及的各种情形，判断被申诉人的行为是否违背良心。故，衡平法仅针对个别申诉人的良心。衡平法的发展历史解释了为何衡平法院名为"良心法院"，其管辖个人良心的权力，首先

---

[1] *Earl of Oxford's Case* (1615) 1 Ch Rep 1, 6.

源自国王的良心，然后始由国王良心的保管者，即拥有多个称谓如御前大臣、掌玺大臣及大法官的人来执行。一方面，国王出于良心提供救济，因而衡平救济拥有良心救济的特征；另一方面，衡平法院有责任纠正被申诉人背着良心的行为。良心，这本于道德的概念，因应衡平管辖权的实施，在法律中占据一席之地。[1]

衡平法院之称为"良心法院"，最早的表述或许可追溯至福特斯鸠（Sir Fortescue J.），他在1452年的一宗衡平法案件中，为回击一项基于普通法提出的辩护理由，作此回应："我们在这里谈的是良心，而非法律。"[2] 埃里斯密尔勋爵在1615年的"牛津伯爵案"中亦指明，衡平法是要"纠正人们因背着良心而犯下的欺诈、违反信托责任、过错与压迫行为，以此柔化并缓和普通法的刚硬"。[3] 即使在历经17世纪至18世纪由诺丁汉勋爵至哈德威克勋爵（Lord Hardwicke）率领下的衡平法的规则化，并由19世纪的埃尔登勋爵（Lord Eldon）推至极致，却依然没有撼动"良心"之于衡平法的核心地位。即使在19世纪末，赛尔邦大法官（Lord Selborne）在1883年的一个案件中，依然不改对衡平法这一"良心管辖权"的捍蔽："英格兰的衡平法院自始都是良心法院，针对被申诉人本人，而非针对财物；而在行使这种针对个人的管辖权时，衡平法院一直习惯于强制履行并不在他们管

---

[1] Macnair M, Equity and Conscience, 27 *Oxford Journal of Legal Studies* 659, 664-665 (2007).

[2] Mich. 31 Hen. VI, Fitz. Abr., *Subpena*, pl. 23, in John H. Baker, *An Introduction to English Legal History*, Oxford University Press, 4th ed, 2002, p. 108.

[3] *Earl of Oxford's Case* (1615) 1 Ch Rep 1, 6-7.

辖权内的合同与信托关系中涉及的事物。"[1]

埃叙伯纳在其1902年出版的《衡平法原则》（Principles of Equity）一书中，对作为衡平法最基本原则之良心的描述形象而又丝丝入扣。他概括了衡平法会因良心之故介入的四种情形[2]：

> 如果某人出于信任而将财产交托我手，让我为另一人之利益处置财产，或是我已声明将为该另一人之利益处置财产，那么，倘若我日后否认这一义务的存在或是意图为自己的利益而持有该财产，我的良心将因此蒙耻（例如衡平法中的信托制度）。
>
> 如果我在接受财产担保的情况下借出钱财，那么当我因变卖该担保物而获得任何超出债务范围（包括其中的利息、必要的收费与开销）的利益时，保留这些超额的利益将违背我的良心［例如衡平法中有关回赎权（redemption）的规则］。
>
> 如果我已承诺履行某项义务，那么当我获得任何与履行该义务相矛盾的利益时，我的良心则被触犯；而衡平法院为防止我的良心蒙受哪怕是最轻微的污渍，则将从我手中取走那些我业已获得的利益［例如因不当得利而获得的衡平救济，即返还原物（restitution）］。

---

〔1〕 *Ewing v Orr Ewing* (*No 1*) (1883) 9 App Cas 34, 40 (Lord Selborne)。赛尔邦大法官是向议会提出《司法组织法（法案）》之人，同时亦是唯一一位跨越1875年普通法法院与衡平法院合并的历史时刻，同时担任过衡平法院大法官（1872年就任）及作为英格兰司法体系中最高长官的大法官（1880年就任）之人。

〔2〕 Denis Browne（ed），*Ashburner's Principles of Equity*, Butterworth & Co, 1933, p. 39.

如果我因欺诈（实际的或推定的欺诈）、或因对他人施加不当影响（实际的或推定的不当影响）而获得利益，那么我若持有这些利益则违背我的良心。另外，即使我获得某财产时并未违背良心，但亦可因继续持有该财产而违背良心。因而，我因无过错的错误陈述而获得的财产，应当归还予其最初的主人［例如因无过错错误陈述而获得的衡平救济，即允许解除协议（rescission）］。

作为对上述赛尔邦大法官有关"良心法院"之陈述的回应，布朗尼·威尔金森勋爵（Lord Browne-Wilkinson）在距其100年后的1996年的"艾斯灵顿案"（*Westdeutsche Bank v Islington L. B. C.*）中，重申了严守衡平法的这一基本特征："衡平法运作于法律权益所有人的良心之上。"[1]并认为对产权所有人之良心的叩问，是衡平法这一最自成一体的信托制度至为根本且毫无争议的基础。[2]除信托制度外，从其他衡平法的诸项制度与规则中，均能目睹作为其基础的良心的存在。例如，合同法中针对限制对价原则实施的允诺禁反悔原则，针对的是允诺人违背诚信的良心；对不合理合同条款发展出的诸项救济，是为了抑制违背良心之合同条款的实施；财产法中赋予申诉人衡平法上的财产权益，亦是对产权人作出违背良心的财产处置施加限制。示例不一而足。

良心既是贯穿衡平法的主线，也是理解衡平法诸项原则的关键。故此，有关"良心"的主题，哈德森教授声言：布朗尼·威尔金森勋

---

［1］ *Westdeutsche Bank v Islington L. B. C.* ［1996］AC 669, 705.
［2］ Ibid.

爵在1996年"艾斯灵顿案"中的说法，是对近400年前埃利斯密尔勋爵在1615年"牛津伯爵案"中之说法的遥相呼应，两者几殆无异。

（三）在遵循先例轨道内的高度自由裁量权

前文提到，自16世纪后半叶始，随着衡平法院的判决常规性地进入判例汇编，衡平法逐渐"凝固"为法律。这一"凝固"的过程发展到一定程度，使得衡平法在运行规则上，已经与普通法没有本质区别，即两者都运行于遵循先例规则的轨道上。可是，在这些因往复的司法实践而被"凝固"成为先例的衡平规则之外，尚存在衡平司法管辖权"与生俱来"的高度自由裁量之空间。

哈德森教授形容衡平法为一种"严格规则与自由裁量原则之混合体"，他认为衡平法是在一些基本法律原则与制度上的固定成型，而这一框架中仍不忘给法官留下了足够的自由裁量空间。[1] 例如，衡平法已经推衍出足够成熟的信托制度，亦已稳定地提供如特定履行、冻结禁令等救济方式，这些已"凝固"了的衡平法实体制度与规则，与普通法上的规则只具有不同的内涵，却具有相同的形式，即皆存在于判例中，并应当被视为先例而得到遵循。这种衡平，乃实体法律规则中的衡平。正如上诉法院民事庭庭长格林勋爵（Lord Greene M. R.）在"迪普洛克案"（*Re Diplock*）中申言：

若主张衡平法上的权利，应首先证明该权利在历史中及在衡平法院的实践与先例中曾经出现。倘若惟出于需要在当前案件中施行"正义"，继而破天荒地实施这一管辖权，这

---

[1] Alastair Hudson, *Great Debates in Equity and Trusts*, Palgrave, 2014, p. 20.

是不充分的。[1]

然而，在该实体规则之外，还存在另一种意义上的衡平，即司法裁量权中的衡平。是后者将衡平法与普通法从实质上（而不只是内容上）区别开来。以产权禁反悔（proprietory estoppel）为例，这是一项确定的衡平法原则，但在什么情形中法官将就这一原则给予何种救济，则完全需要根据案件的具体事实，由法官行使自由裁量权而定。例如，申诉人因信赖他将获得产权的陈述而遭受损失，法官可能判处损害赔偿，亦可能判处产权转让，甚至申诉人或许因其他原因而不能获得任何救济。[2] 因而，申诉人依据一项确定的原则，能否获得救济，能获得何种救济，完全是法官依据具体案情行使司法自由裁量权的结果。从衡平法后来的发展看来，正是这种高度的司法自由裁量权，赋予了衡平法高度的灵活性，可以顺应时代发展的需要继续履行其最初的使命——因着良心之故而提供救济。

第三节　衡平司法传统

衡平法基于"良心"的司法传统，在数世纪的变迁中亦展现着不同的面貌，良心的色调在不同时代大法官的手中，或明或暗：那些"衡平热烈拥护者"（equity enthusiasts），强调自然法意义上的良心，

---

[1] Re Diplock [1948] Ch 465 (CA), 481-482. 由于该案判决较长，由上诉法院民事庭庭长格林代表其余两位上诉法官——洛特斯利（Wrottesley L. J.）与埃瓦舍宣读综合判决。

[2] 例如：Plimmer v Wellington Corporation (1884) 9 App Cas 699；Dillwyn Llewelyn (1862) 4 De GF&J 517；Seldmore v Dalby (1996) 72 P&CR 196. 参见：Graham Virgo, The Principles of Equity & Trusts, Oxford University Press, 2012, pp. 28-29.

着重衡平法的灵活性与柔韧性，在广阔的空间内行使司法自由裁量权；而那些"衡平怀疑论者"（equity sceptics），则强调规则意义上的良心（或者甚至否认衡平法的良心特质），严格遵循先例，认为不可在没有先例的情况下仅因衡平之故就赋予一项衡平权利或施以衡平救济。[1] 然而，不论一代又一代的大法官们对良心在衡平司法中的地位或高举或贬抑，良心始终是一条主线，进而形成了所谓的衡平法"良心"司法传统。

判例法俨如一本"连载小说"（a chain novel），每位法官都在其前任的基础上，延续着故事的叙述，这是德沃金（Dworkin R.）的话。[2] 判例法学者几乎一致认为，英格兰法律根植于"记忆之外"的远古惯例。亦如曼斯菲尔德勋爵（Lord Mansfield）所言："司法实践并不来自书本。法官所承袭的是传统，深埋于共同记忆的传统。"[3] 这些昔日先贤的司法智慧，构成"这一行当的集体判断"[4]，为承继者奠定基础并划下无形的边界。一如卡多佐所描述，司法传统那"不可捉摸的神秘力量，像大气一样时刻压迫着我们，哪怕我们意识不到其重量"。[5]

下文欲沿着"良心"这一主线，审视不同时代法官们在行使衡平司法管辖权及适用衡平规则时的不同风格，借此观摩衡平司法传统的发展路径。依照年代，拟将近、现代衡平司法风格分为五个时期：

---

[1] Alastair Hudson, *Equity and Trusts*, Routledge, 8th ed, 2015, p. 37.
[2] Ronald Dworkin, *Law's Empire*, Hart Publishing Company, 1998, pp. 228-229.
[3] *R v Wilkes* (1770) 4 Burr 2527, 2566.
[4] [美] 本杰明·卡多佐：《司法过程的性质》，苏力译，商务印书馆2009年版，第68页。
[5] [美] 本杰明·N. 卡多佐：《法律的成长》，李红勃、李璐怡译，北京大学出版社2014年版，第74页。

(1) 17世纪以前"良心裁判"盛行的年代；

(2) 17世纪至19世纪衡平司法中"良心"的规则化；

(3) 20世纪司法舞台上的保守派、开拓派与理性务实派为衡平司法带来的多元化风格；

(4) 世纪之交司法界出现的回归衡平法本原与重塑"良心"基石的"复古"潮流；

(5) 20世纪司法变革中的"宾汉法庭"及英国最高法院展现的衡平司法风格。

有鉴于国内业已存在较多有关衡平法早期发展的论述[1]，下文将重点对文艺复兴及宗教改革以后的近、现代衡平司法风格作一巡礼。

一、17世纪以前的衡平司法风格："良心裁判"盛行的年代

基于前一章节对衡平法历史的追溯，衡平司法管辖权的源头在于国王的良心，大法官作为国王良心的保管人，使得衡平法院成为"良心法院"。在衡平判决尚未系统而规律地进入判例汇编时，情况确实如此。16世纪50年代后，尽管零星出现了一些衡平法的判例汇编，如1557年的《凯里》（Cary）、《狄更斯》（Dickens）和《托费尔》（Tothill）等判例汇编，但系统的汇编至17世纪尚形成，尤其是17世纪后期的诺丁汉勋爵时期。因而，17世纪以前的大法官，基本不受先例的约束，而主要依照良心作出裁判。

埃利斯密尔勋爵于1596—1617年间担任大法官，可被视为横跨

---

[1] 例如：沈达明：《衡平法初论》，对外经济贸易大学出版社1997年版；胡桥：《衡平法的道路：以英美法律思想演变为线索》，华东政法大学2009年博士论文；冷霞：《英国早期衡平法概论——以大法官法院为中心》，商务印书馆2010年版。

16世纪与17世纪的大法官,同时亦为现代衡平法的奠基人之一。从他的经典判例"牛津伯爵案"[1],可以管窥那个"良心裁判"盛行年代的衡平司法传统。埃利斯密尔勋爵的判词,全篇围绕着"良心"展开,且在通篇判词中,"衡平与良心"(Equity and Conscience)或"良心与衡平"(Conscience and Equity)作为衡平法的代称反复出现,且两个词的首字母均为大写,这意味着在当时的大法官眼中,衡平即为良心,良心即为衡平。埃利斯密尔勋爵强调,因着人的良心的败坏,产生了衡平法院良心管辖权的需要;而衡平法院所做的与唯一可能做的,乃是厘正被告人的良心,原告人获得的也是出于良心的救济。[2]同时,在这份判决中也未显示出任何普通法与衡平法之间的"敌对"关系[3];相反,埃利斯密尔勋爵认为普通法与衡平法应当"携手"(join Hand in Hnad)矫正法律适用中的极端与严苛情形。[4]

由这一经典判决的逻辑和理由可知:迟至17世纪初,衡平法惯以良心为基本内涵,大法官也惯以良心为圭臬断案。[5]这印证了福特斯鸠在1452年的一宗衡平法案件中,为回击一项基于普通法提出的辩护理由而作出的回应:"我们在这里谈的是良心,而非法律。"[6]

---

[1] *Earl of Oxford's case* (1615) Ch Rep 1.

[2] *Earl of Oxford's case* (1615) Ch Rep 1, 5-10.

[3] 代表衡平法院的埃利斯密尔勋爵与代表普通法法院的时任首席大法官柯克爵士,在1616年那场著名的衡平法与普通法的优先顺序之争,最终由国王詹姆士一世解决,衡平法的优先适用从当时被首次确定一直持续到今日。参见1981年《高级法院法》第49条第(1)款。

[4] *Earl of Oxford's case* (1615) Ch Rep 1, 4.

[5] 另外,该判词还展现了当时衡平法判决的另一风格,即尚存留大量的宗教成分,如依然保留对《圣经》的引用,"上帝的律法"(The Law of God)、"上帝荣耀的彰显"(Manifestation of God's Glory)等表达亦随处可见。*Earl of Oxford's case* (1615) Ch Rep 1, 4-7.

[6] Mich. 31 Hen. VI, Fitz. Abr., *Subpena*, pl. 23, in John H. Baker, *An Introduction to English Legal History*, Oxford University Press, 4th ed, 2002, p. 108.

二、从诺丁汉勋爵到埃尔登勋爵：17 世纪至 19 世纪"良心"的规则化

17 世纪（尤其在后叶）系统而稳定的衡平法判例汇编萌动，是导致衡平法"凝固"如普通法般之法律规则的直接原因，由此亦使得衡平法的判案基准"良心"趋向规则化。在衡平法院与普通法法院合并前的三个世纪的历程中，三位衡平大法官对衡平法的形塑起到了决定性作用，他们分别是：自 1673 年至 1682 年任职的诺丁汉勋爵、自 1737 年至 1756 年任职的哈德威克勋爵以及于 1801 年与 1807 年两度担任大法官并任职 20 年之久的埃尔登勋爵，他们分别成为衡平法在这三个世纪发展中的标志性人物。

（一）诺丁汉勋爵时代：从"自然与内在的良心"到"法律与政策上的良心"

诺丁汉勋爵被誉为"现代衡平法之父"。他的另一个称呼是"芬奇爵士"（Sir Finch H.），故此，他在任时的衡平法判例汇编称为《芬奇》（Finch）（1673—1680 年），为纪念其名而编纂的衡平判例汇编称为《芬奇判例汇编》（Finch's Precedents）（1689—1722 年）。诺丁汉勋爵对衡平法至高的贡献，是他通过判决，将散乱的衡平规则，经过含义的厘清与规则的梳理，整合为一套得以与普通法并行且和谐相处的法律体系。霍兹沃斯（Holdsworth W.）如此描绘诺丁汉勋爵：

> 他的判决表明他具备一位伟大法官应具之全部特质。他对复杂案情的分析与把握是如此娴熟，不但鞭辟入里，还泾渭分明。他可以对一项原则及由该原则衍生出的理由作清晰而逻辑分明的剖析；这一能力使得他能够对不同的法律原则

作出精确地判辨,由此清晰划定各自的适用范围。[1]

以出版英格兰法律经典为使命的塞尔登协会(Selden Society),在1954年与1962年出版了两卷本的《诺丁汉勋爵衡平判例集》(Lord Nottingham's Chancery Reports, Vol. 1&2),以此彰显诺丁汉勋爵对衡平法规则系统化与规则化所作的贡献。[2]

鉴于此,诺丁汉勋爵视"良心"在衡平管辖权中的地位与意义,有别于他的衡平法先辈,他的著名论断是:

> 对于那"源于自然与内在"(naturalis et interna)的良心,非本法庭所要考虑的;我断案所依照的,仅仅是"法律与政策上"(civilis et politica)的良心,并依附于确定的规则;对公众而言,一项完全秘而不宣的信托、担保或协议,否定其法律效力,远远要强于仅仅因为大法官的个人喜好及想象而使当事人丧失财产。[3]

这表明,诺丁汉勋爵所理解的"良心",已经与埃利斯密尔勋爵甚至更早期的时代大不相同,前者所指是法律与规则上的概念,而后者则属于宗教、道德或哲学层面的含义。从某种程度上说,诺丁汉勋爵在将衡平法规则化与系统化的过程中,亦将"良心"从道德与哲学领域,"降格"至规则的层面。然而,整体而言,此时的衡平法正迈

---

[1] William S. Holdsworth, *Some Makers of English Law*, Cambridge University Press, 1966, p. 147.
[2] 其中最广为援引的是三个经典判例:*Cook v Fountain* (1672) 3 Swanst 586; *Howard v Duke of Norfolk* (1681) 2 Swanst 454; *Nurse v Yerworth* (1674) 3 Swanst 608.
[3] *Cook v Fountain* (1672) 3 Swanst 586, 600.

向确定性,衡平规则的形体愈加清利,同时其与生俱来的灵活性与创造力亦如日方中。

自1682年诺丁汉勋爵卸任至1737年哈德威克勋爵上任期间,有两部著作见证了衡平法在这半个世纪期间内的发展程度。第一部著作是1727年出版的由法兰西斯(Francis R.)编订的《衡平法谚》(Maxims of Equity)。[1] 其中记载的十四条衡平法谚语,后世的规则除对其作出个别修改与限制,基本没有本质上的改易。法律谚语的出现,表明衡平法除在判例汇编中有迹可循外,其基本原则亦已成型,并借助法律谚语的形式表达出来。另一部标杆性著作是1737年由巴洛(Ballow)撰写并匿名出版的《衡平法专论》(A Treatise of Equity)。[2] 依据霍兹沃斯的描述,在衡平法发展史上是承上启下之作,它以衡平法在法律制度中存在的必要性为基础,历陈衡平法业已发展成熟的逐项规则,如依照衡平法取得财产的方式、在不具备充分对价情形中执行合约的方式等,并且在确定规则的前提下,依然保留着衡平规则灵活适用的空间。[3] 这种有章可循下的适度柔韧有余,实际上亦代表了当时衡平司法权之行使特色。

(二)哈德威克勋爵时代:衡平法"形塑期"的完成

哈德威克勋爵担任衡平法院大法官的20年(1737—1756年),再度见证了继诺丁汉勋爵后衡平法发展的又一黄金时期。哈德威克勋爵在诺丁汉勋爵对衡平法规则化的基础上,使它们得以最终成型。

---

[1] William W. Hening (ed), *Richard Francis' Maxims of Equity*, Richmond, 1823.

[2] Ballow, *A Treatise of Equity*, Mifflin & Parry Printers, 1831. 对该书的描述,参见: William S. Holdsworth, *A History of English Law*, vol xii, Methuen & Co, 1903, pp. 192-193.

[3] William S. Holdsworth, *Some Makers of English Law*, Cambridge University Press, 1966, p. 176.

18世纪是商事法律蓬勃发展的世纪，在普通法方面，被誉为"商法之父"的曼斯菲尔德勋爵为普通法商事法律原则奠定了基础；与其并肩而行的，是另一边厢的哈德威克勋爵，他们同时面对18世纪新的商业环境、新的财产处置方式以及所要求的对新型产权认可与救济的需要。在哈德威克勋爵主掌衡平法院的年代，衡平产权（相对于普通法上的产权）之性质与特征已确定，有关"知情原则"（doctrine of notice）的一些规则亦已发展成熟，未支付对价者（volunteer）与已支付对价之买受人（purchaser for value）在衡平法中的不同地位已然明晰。另外，与遗嘱及财产授予契据（settlements）等相关的法律问题，催生了诸如清偿（satisfaction）、撤销遗赠（ademption）、地产选择权（election）及转化（conversion）等衡平法规则与救济方式。[1]

可以认为，在哈德威克勋爵时期，衡平法诸项主要规则均已成型。哈德威克勋爵另一难得之处是，他能够因时因地把握衡平规则的确定性与灵活性。一方面，他遵照已确立的规则行事；但另一方面，又不认为应当对规则盲从。因而，他在处理有关欺诈和各种迅时应变措施（sharp practices）的案件中，行使宽泛的司法自由裁量权。[2]

(三) 埃尔登勋爵时代：衡平法从规则化到僵化

哈德威克勋爵用他20年的大法官生涯，完成了衡平法的形塑期，而埃尔登勋爵则用另一个20年，将其前任的形塑工程加以完善与修缮。埃尔登勋爵曾两度担任大法官（1801—1806年；1807—1827年），对衡平法在19世纪最初30年的发展可谓影响深远。克里（Kerly）在其19世纪末出版的《衡平法的历史》（History of Equity）一书

---

[1] William S. Holdsworth, *Some Makers of English Law*, Cambridge University Press, 1966, pp. 183-184.

[2] Ibid., p. 183.

中，如此评断埃尔登勋爵对衡平法发展的影响："在埃尔登勋爵退休之时，衡平法已经不再是一种矫正普通法的规则体系，我们只可能将其描述为由衡平法院实施的'救济正义'（remedial justice）的一个组成部分。"[1]

霍兹沃斯在《英格兰法的塑造者》（Some Makers of English Law）一书中，详列了埃尔登勋爵对衡平法规则的主要贡献：在"艾莉森诉艾莉森案"（Ellison v Ellison）中[2]，埃尔登勋爵阐释了法庭在何种情形下会为未支付对价之人（volunteer）提供协助；在"达特莫夫伯爵案"（Howe v Earl of Dartmouth）中[3]，他阐释了在与递耗财产（wasting property）与归复财产（reversionary property）相关的信托案件中受托人的义务；在"阿尔德里奇诉库珀案"（Aldrich v Cooper）中[4]，他阐释了确定债务人财产清偿次序（marshalling doctrine）的相关规则；在"默雷诉埃利邦克案"（Murray v Lord Elibank）中[5]，他阐释了妻子在财产授予契据（settlements）上所享有的衡平权利，这是《已婚妇女财产法》通过前对这个问题至为重要的阐述；在"布莱斯诉斯托基斯案"（Brice v Stokes）中[6]，他确立了受托人对合作受托人（co-trustee）在违反信托时的责任。[7]

通过衡平判例这精细的雕琢过程，埃尔登勋爵无疑将衡平法塑造

---

[1] Kerly, History of Equity, p. 167, quoted in William S. Holdsworth, *Some Makers of English Law*, Cambridge University Press, 1966, p. 200.

[2] *Ellison v Ellison* (1802) 6 Ves 656.

[3] *Howe v Earl of Dartmouth* (1802) 7 Ves 137.

[4] *Aldrich v Cooper* (1802) 8 Ves 381.

[5] *Murray v Lord Elibank* (1804) 10 Ves 84.

[6] *Brice v Stokes* (1805) 11 Ves 319.

[7] William S. Holdsworth, *Some Makers of English Law*, Cambridge University Press, 1966, p. 199.

得更为规则与细致，而这亦正体现了他所认为的衡平法的发展方向。他有一段广为引用的陈述，流露了他精心将衡平法规则化的目的：

> 这间法院（即衡平法院）所发展出的法律原则，应当与订立确定规则的普通法那样，被稳定地确立，且统一适用，当然，它们应当被小心谨慎地适用于具体的案件中。有人说这间法院确立的法律原则是随着每一任大法官的转换而改易的，我完全不能同意这样的说法。当我离任之时，如果忆起我曾做过什么事情为"衡平法随大法官的脚而变"这样的论断提供过任何的理据，将没有什么会比这使我更难过。[1]

埃尔登勋爵倾其毕生之力，将所谓的"秩序"与"可预见性"引入衡平法，并以此主导着衡平法在19世纪甚至是20世纪的发展方向。到19世纪末期，时任上诉法院民事庭庭长的杰赛尔勋爵（Lord Jessel M. R.）在1878年的一份判决中，毫不掩饰地对衡平法的发展状态作出这样的评论：

> 这间法院（即衡平法院），正如我常说的，并不是一间"良心法院"（Court of Conscience），而是一间"法律法院"（Court of Law），意思是，衡平法院亦与普通法法院无异地受着法律原则与先例的约束。[2]

---

[1] *Gee v Pritchard* (1818) 2 Swanst 402, 414.
[2] *Re National Funds Assurance Co* (1878) 10 Ch D 118, 128.

可以说，自诺丁汉勋爵以降的衡平法规则化潮流，发展至19世纪末，已俨然成了另一套普通法，名曰之"良心法院"亦遭受否定。

丹宁对这个时代的衡平法作此总结：

> 在诺丁汉勋爵与哈德威克勋爵时代，衡平法拥有高度的灵活性与适应性，但到了埃尔登勋爵手中，则变得呆板而僵化，并且自此一直是这样。[1]

丹宁显然对埃尔登勋爵将衡平法的规则化推至极致，甚至导致衡平法如普通法般僵化，甚为不满。哈佛大学的庞德教授于1905年发表的《衡平法的衰落》（The Decadence of Equity）一文中，亦表达了对衡平法未来的担忧。[2] 他看到在过去的19世纪，完全是规则化法律的世纪。在维多利亚时代（1837—1901年），随着英国商业与工业的蓬勃发展，对法律的要求更多的是确定与清晰，商业社会需要规则与秩序多于因法官自由裁量而带来的灵活与不确定。[3] 庞德在20世纪初即感叹，"具有生命力之衡平法（a living equity）的时代已逝"。[4]

埃尔登勋爵的观念与做法，尽管代表了当时的主流，但即使到了19世纪末期，人们依然能够听到坚持衡平法院为"良心法院"这样

---

[1] Alfred T. Denning, The Need for a New Equity, 5 *Current Legal Problems* 1, 2 (1952).

[2] Roscoe Pound, The Decadence of Equity, 5 *Columbia Law Review* 20 (1905).

[3] 相关判例可见：*Milroy v Lord*（1862）4 De GF & J 264；*Saunders v Vautier*（1841）4 Beav 115；*Fletcher v Fletcher*（1844）4 Hare 67；*Knight v Knight*（1840）3 Beav 148；*M'Fadden v Jenkyns*（1842）12 LJ Ch 146；*Salomon v A Salomon & Co Ltd*［1897］AC 22. 参见：Alastair Hudson, *Equity and Trusts*, Routledge, 8$^\text{th}$ ed, 2015, p. 332.

[4] Alastair Hudson, *Equity and Trusts*, Routledge, 8$^\text{th}$ ed, 2015, pp. 24-25.

的声音。见证过1875年司法改革这一历史时刻的时任大法官赛尔邦大法官，在1883年的一个案件中，坚持称衡平管辖权为"良心管辖权"：

> 英格兰的衡平法院从来都是良心法院，针对被申诉人本人，而非针对财物；而在行使这种针对个人的管辖权时，衡平法院一直惯于强制履行并不在他们管辖权内的合同与信托关系中涉及的事物。[1]

这样的声音尽管纤芥，但却表明衡平法的"良心基因"依然未被规则化的浪潮泯灭。

三、20世纪的保守派、开拓派与理性务实派

在20世纪，至少在司法管辖权上，已无普通法与衡平法之分。衡平法作为辅助普通法实施的一道"支流"，在形式上经与法律的主流一致，即同样依照遵循先例规则向前延展。往昔的衡平大法官，已转身成为了上议院的议长，其作为衡平法官的标志性身份已然消失。但作为司法机构的最高长官，大法官对法律发展状态与方向的把握，其重大影响如故。

（一）20世纪前半叶：浓重的保守气氛与划时代的"唐纳修判例"

20世纪前半叶的大法官们，大多属于保守型，如于1895—1905年间出任大法官的哈尔斯伯雷勋爵（Lord Halsbury），他被认为"不属于最伟大的普通法法官"，他甚至"不是法学家或法律学者，对作为

---

[1] *Ewing v Orr Ewing* (*No 1*) (1883) 9 App Cas 34, 40 (Lord Selborne).

一种体系的法律不抱有浓厚的兴趣"[1]。然而，著名的 31 卷本《哈尔斯伯雷英格兰法》（Halsbury's Laws of England）（1907—1917 年）却因他担任 1907 年第一版的总编辑而命名。另一位同样"对法律原理兴趣不大"[2]，并两度出任大法官的是海尔善勋爵（Lord Hailsham）。

然而，看似"沉闷"的 20 世纪前期，却产生了普通法历史上的划时代判决、奠定了现代侵权法基础的"唐纳修诉史蒂芬森案"（Donoghue v Stevenson）（以下简称"唐纳修案"）[3]。该案的终审判词，如同一个微缩的舞台，又似一次历史性的"投票"，昭示了当时"保守派"与"开拓派"两种法律思维的碰撞，后者的"险胜"造就了这一划时代的判例。其中代表"保守派"的，是巴克马斯特勋爵（Lord Buckmaster），他令人瞩目的贡献，在商事法尤其是公司法领域，如有关公司独立法人资格的"玛考拉诉北方保险公司案"（Macaura v Northern Assurance Ltd）[4]，以及在枢密院所作的针对董事不得篡取公司商业机会之义务的"库克诉迪克斯案"（Cook v Deeks）[5]，其中对董事在衡平法上所负的受托人义务有着精辟的阐释。不过"唐纳修案"，却透现出他固守先例的一面。

"唐纳修案"提出的，从狭义上讲，是有关产品责任的问题，即生产商是否应对与其无合约关系的消费者负注意义务；从广义上讲，则与最根本的侵权责任相关，即在何种情境下，过错人须向与其无合

---

[1] David M. Walker, *The Oxford Companion to Law*, Oxford University Press, 1980.〔英〕戴维·M. 沃克：《牛津法律大辞典》，李双元等译，法律出版社 2003 年版。

[2] Ibid.

[3] Donoghue v Stevenson [1932] AC 562 (HL).

[4] Macaura v Northern Assurance Ltd [1925] AC 619 (HL).

[5] Cook v Deeks [1916] AC 554 (HL).

约关系的受害人负注意义务。当时的法律是,若过错人与受害人之间没有合约关系,则前者无需向后者承担责任。"唐纳修案"中的法官们需要回答的问题是,是否应当突破合约关系的限制,将责任延伸至没有合约关系的双方。巴克马斯特勋爵给予了否定的回答,他认为没有必要与足够的理由将此责任延伸,他对当时没有恪守先例的两个判例提出批评[1],认为它们"最好是被稳固地埋葬,以免它们那不安分的幽灵常常跑出来混淆视听"[2]。与其同席的另一位英格兰法官汤姆林勋爵(Lord Tomlin)对巴克马斯特勋爵的意见表达了赞同,从而构成了该案中的异议判词。埃特金勋爵(Lord Atkin)和来自苏格兰的芬克顿勋爵(Lord Thankerton)及麦克米兰勋爵(Lord Macmillan)构成了该案的主流判词,结果以"三比二"的多数,造就了"唐纳修"判例。埃特金勋爵借用《圣经·新约》中"好撒玛利亚人"(Parable of Good Samaritan)的比喻[3],确立了"邻舍原则"(Neighbourhood Principle),将侵权法律责任比喻为行为人对其"法律上的邻舍"之责任,前者对后者负有注意义务。[4]

(二) 20 世纪中期:"打破旧习者"丹宁勋爵带来的衡平新风

在丹宁开始踏上英格兰法律舞台的 20 世纪中期,大法官之职主要由"保守派"法官履任,如于 1940 年至 1945 年任职的西蒙子爵(Viscount Simon),以及于 1951 年至 1954 年任职的西蒙斯勋爵(Lord

---

[1] 这两个判例是:*George v Skivington* (1869) L R 5 Ex 1; *Heaven v Pender* (1883) 11 QBD 503. 而这两个判例最终被"唐纳修案"认可。

[2] *Donoghue v Stevenson* [1932] AC 562 (HL), 576 (Lord Buckmuster).

[3] 参见:《圣经·路加福音》第 10 章第 29—37 节。

[4] "唐纳修案"成为法律史上的经典判例之一,在案发的苏格兰佩斯里市(Paisley),还设有该案的主题公园,公园内最显赫的位置,摆放着一块石碑,上面刻着埃特金勋爵那段著名的阐释"邻舍原则"的判词。

Simonds），丹宁与两位大法官（及同时代的某些同袍）在司法风格以及对某些法律问题的认知上，相差甚远，他们分别代表了20世纪中期的两股塑造法律的力量。

西蒙斯勋爵以严格遵循先例而闻名，在他参与的有关信托的案件中，他均严格依照字义解释相关文件，常常仅出于文件纂写方式的缺陷即否认信托关系的存在。[1] 这种做法不禁让人想起当年普通法因僵化而陷入的困境，反而给予了衡平法成长的空间，如今，衡平法在某些拘谨而僵化的司法风格下，亦陷入了同样的困境。如果说西蒙斯勋爵的做法较为极端，那么同时代的某些重要法官则属于"温和保守派"，他们在面对衡平法之规则度与自由度的问题上，主要倾向于前者。例如，丹宁的两位前任：自1937年至1949年担任上诉法院民事庭庭长的格林勋爵和自1949年至1962年担任此职的埃瓦舍勋爵。

格林勋爵在1948年的"有关迪普洛克遗产案"（Re Diplock）中，表达了他对衡平司法的基本观点：

> 若主张衡平法上的权利，应当首先证明该权利在历史中及在衡平法院的实践与先例中曾出现。倘若仅仅出于需要在当前案件中施行"正义"，而我们就毅然破天荒地实施这一管辖权，这是不足够的。[2]

埃瓦舍勋爵则在1954年于伦敦大学国王学院所作的一次题为

---

[1] 较为典型的判例可见：*Grey v Inland Revenue Commissioner* [1960] AC 1；*Leahy v Attorney-General of New South Wales* [1959] AC 457；*Oppenheim v Tobacco Securities* [1951] AC 297. 参见：Alastair Hudson, Equity and Trusts, Routledge, 8th ed, 2015, p. 40.
[2] *Re Diplock* [1948] Ch 465（CA），481-482.

《对普通法与衡平法融合七十五年后的反思》(Reflections on the Fusion of Law and Equity after 75 Years) 的演讲中,清楚地表达了自己对衡平司法管辖权所代表的那种"棕树下的正义"之警惕。在谈到衡平法应当施行公正时,他说:

  当然,事实的真相是,在文明社会中,司法应当依照已确立的规则进行,而不应当存在例外。不管你认为法官们有何等优秀,倘若每一位法官仅依照他自己所认为的正义去断案,那么社会将陷入极大的困境与高度的不确定性。[1]

同时,他还表达了对"棘手案件造就恶法"(Hard cases make bad law)这一说法的认同,认为法官不应当仅因为规则的适用导致在某一或某类案件中造成不公正而偏离该规则,因为在某一案件中的公正,或许会对另外一百个案件带来不公正。埃瓦舍勋爵总结道:

  不完美的人类社会或许会在特定的场合作出一些不公正的判决,但这也是为了保全人类更大的益处。[2]

在这个对先例与法律的确定性顶礼膜拜的时代,丹宁勋爵以"打破旧习者"(iconoclast)自居,通过司法自由裁量权的行使,打碎或意图打碎在普通法中久已树立的"偶像"。[3] 因着衡平管辖权的频繁行

---

 〔1〕 Raymond Evershed, Reflections on the Fusion of Law and Equity After 75 Years, 70 *Law Quarterly Review* 326, 330 (1954).
 〔2〕 Ibid.
 〔3〕 Alfred T. Denning, The Way of An Iconoclast, 3 *Sydney Law Review* 209, 209 (1960).

使,丹宁亦被视为"一名纯粹的衡平法官"(a pure equity judge)[1]。丹宁在 1952 年于伦敦大学学院所作的题为《时代呼唤新的衡平》(The Need for a New Equity)的演讲中[2],发出了与上述主流观点不同的声音。丹宁所言之"新的时代",既指"二战"之后的时代,亦指自 1952 年开启的伊丽莎白时代(a new Elizabethan era)。他如此描述这种时代对法律的要求与期待:

> 新的时代为人们带来新的生活方式,亦赋予他们新的眼界。随着这些变化,产生了对新的法律规则的需求,以维持新的秩序,回应新的思维。[3]

丹宁认为,法律对时代需要的回应,主要通过三种方式:第一是拟制,第二是衡平,第三是立法。他的重点是针对衡平。在该演讲中,丹宁毫不隐晦地表达了对当时衡平司法之僵化的深度失望,他列举了当代三个较为瞩目的衡平判例:1944 年上议院的"迪普洛克案"(Re Diplock)[4]、1951 年王座分庭的"汤普森诉尔斐案"(Thompson v Earthy)[5],以及 1952 年上诉法院的"阿姆斯德朗诉斯德恩案"(Armstrong v Strain)[6]。丹宁以法院在这三个案件中的做法为例,批评法官们将衡平法推至无以复加的僵化境地,并感叹现代的法官与

---

[1] Alastair Hudson, *Equity and Trusts*, Routledge, 8th ed, 2015, p. 40.
[2] Alfred T. Denning, The Need for a New Equity, 5 *Current Legal Problems* 1 (1952).
[3] Alfred T. Denning, The Need for a New Equity, 5 *Current Legal Problems* 1, 1 (1952).
[4] *Re Diplock* [1941] 1 Ch 267 (CA);[1944] AC 341 (HL).
[5] *Thompson v Earthy* [1951] 2 KB 596.
[6] *Armstrong v Strain* [1952] 1 TLR 82.

200年前那些伟大的衡平法官是如此的不同。[1] 丹宁以此总结该次演讲：

> 我重申：我们到哪儿去寻找这种新的衡平呢？不是在法官中寻找，因他们无权立法。也不是在上议院中寻找，因为他们依然受自己错误的约束，或更准确地说，是受自己先例的约束，即使这些先例早已过时。我想，应该在我们大学里依然活跃的新生代中寻找。[2]

丹宁的总结，既表达了对老旧思维的失望，又寄望于新时代中成长起来的新的法律界接班人。

(三) 20世纪中后期的理性务实派：一种"渐进式"的衡平司法风格

与丹宁担任上诉法院民事庭庭长二十年（1964—1982年）几乎同一时期，上议院亦出现了几位对现代普通法产生深远影响的法律勋爵，他们是雷德勋爵（Lord Reid）、厄普约翰勋爵（Lord Upjohn）、威尔伯福斯勋爵（Lord Wilberforce）及迪普洛克勋爵（Lord Diplock）。如果说丹宁在其司法生涯的前期（即成为民事庭庭长之前）主要是与西蒙子爵和西蒙斯勋爵所代表的极端保守派的交锋，那么在其后二十年的司法生涯中，则主要与这股代表着理性与务实精神的法律勋爵们交手。

---

[1] Alfred T. Denning, The Need for a New Equity, 5 *Current Legal Problems* 1, 2-7 (1952).

[2] Alfred T. Denning, The Need for a New Equity, 5 *Current Legal Problems* 1, 10 (1952).

有数个经典的回合值得在此一述。第一个回合是关于弃妻衡平权利。这是丹宁经过若干年的酝酿，并在1952年的"本戴尔诉麦克维特案"（Bendall v McWhirter）中最终确立[1]，并苦心经营了十余年的一项衡平规则。而在1965年的"国家教省银行诉爱恩思沃夫案"（National Provincial Bank Ltd v Ainsworth）中[2]，被以厄普约翰勋爵与威尔伯福斯勋爵作出主要判决的上议院彻底否定。第二个回合，也是在家庭法领域，即丹宁在1953年的"里默诉里默案"（Rimmer v Rimmer）中[3]，确立了家庭财产（family assets）这一衡平法概念，并在此基础上处理家庭财产的分割。而上议院（主审法官包括雷德勋爵、厄普约翰勋爵与迪普洛克勋爵）在1970年的"帕蒂诉帕蒂案"（Pettitt v Pettitt）中[4]，再度否定了丹宁建立的"家庭财产"概念。[5]最后值得一提的是丹宁的另一项建树——根本性违约原则。该原则由丹宁最早在1956年的一个案件中确立[6]，后被上议院于1967年推翻[7]；尽管丹宁在1970年的"哈伯兹案"（Harbutt's 'Plasticine' v Wayne Tank and Pump）中再度将其成形[8]，但依旧被上议院于1980年推翻[9]，其中威尔伯福斯勋爵与迪普洛克勋爵坚定地表达了对在合约中引入这一原则的反对意见。

上述法律勋爵们对丹宁衡平司法中创新实践的否定，并不代表他

---

[1] Bendall v McWhirter [1952] 2 QB 466 (CA).
[2] National Provincial Bank Ltd v Ainsworth [1965] AC 1175 (HL).
[3] Rimmer v Rimmer [1953] 1 QB 63 (CA).
[4] Pettitt v Pettitt [1970] AC 777 (HL).
[5] Pettitt v Pettitt [1970] AC 777 (HL).
[6] Karsales (Harrow) v Wallis [1956] 1 WLR 936 (CA).
[7] Suisse Atlantique Société d'Armement Maritime S. A. v N. V. Rotterdamsche Kolen Centrale [1967] 1 AC 361 (HL).
[8] Harbutt's 'Plasticine' v Wayne Tank and Pump [1970] 1 QB 447 (CA).
[9] Photo Productions v Securicor Transport [1980] AC 827 (HL).

们属于保守派或是盲目遵循先例者，相反，他们或许属于对规则与灵活性平衡有度的法官。他们否定丹宁创设的某些新的衡平权利，如弃妻衡平或家庭财产等概念与权利，并不表明他们对衡平管辖权的否定。威尔伯福斯勋爵在著名的有关公司清盘的"爱博拉希米案"（*Ebrahimi v Westbourne Galleries Ltd*）中[1]，有着对衡平的精彩论断，并由此奠定了公司法中的两项重要衡平规则［即以"正当且衡平"（just and equitable）为由将公司清盘原则，和以遭受"不合理损害"（unfairly prejudicial conduct）为由要求给予救济的规则］的实施基础。威尔伯福斯勋爵在该案中以衡平法的视野看待公司这一商业实体：

> 这些字眼（即"正当且衡平"）确认了这样一个事实，即有限责任公司不仅是一个具有独立法律地位的法律实体，在这个法律实体的背后或其中，存在着个人实体，他们附带着权利、期许与相互间的责任而存在于公司之中，这一切并不必然被淹没于公司的架构中，而公司法总是留有一定的空间对这些权利、期许与责任作出认可。[2]

正是出于对存在于公司这一独立法人实体中的个人实体之"权利、期许与责任"的认可，当这些"柔性"权利被侵犯或期许被摧毁时，衡平法将给予救济。威尔伯福斯勋爵继续说道：

> 正如衡平法通常所做的那样，"正当且衡平"这一理由

---

［1］ *Ebrahimi v Westbourne Galleries Ltd*［1973］AC 360（HL）.
［2］ *Ebrahimi v Westbourne Galleries Ltd*［1973］AC 360（HL），379.

使得法院可以将法律权利的行使置于衡平考量因素（equitable considerations）之下，这些考量因素产生自组成公司的个人与个人之间的私人关系，在这种特定的个人关系中，某法律权利的行使，或是其行使的特定方式，将引致非正义与非衡平的后果。[1]

因而，衡平法将介入、干预该法律权利的行使，以避免该"非正义与非衡平"的结果。此乃公司法赋予小股东的有力救济方式之一——"不合理损害救济"（unfair prejudice remedy）——的法理基础。[2]

总体而言，与丹宁同时代的、对"战后"普通法及衡平法的发展与走向起着重要影响的雷德勋爵、厄普约翰勋爵、威尔伯福斯勋爵及迪普洛克勋爵等——有人将此时期称为"雷德与威尔伯福斯时代"（The Reid and Wilberforce Era）[3]，他们并不如前辈们那样保守而盲目地因循先例，但在行使衡平管辖权时又不会被标签为"棕树下的正义"，他们为衡平法的主观部分注入了理性的成分，他们对偏离先例

---

[1] *Ebrahimi v Westbourne Galleries Ltd* [1973] AC 360（HL），379.

[2] 威尔伯福斯勋爵的这段有关衡平法在公司法领域中提供救济之原理的判词，在当代许多重要案件中均得到遵循，例如：霍夫曼勋爵（Lord Hoffmann）在有关不合理损害救济的 *O'Neill v Phillips* [1999] 1 WLR 1092（HL）案中对其全文引用（参见该判决第1099页）；香港终审法院最新的有关公司以"正当且衡平"理由清盘的"甘琨胜遗产案"（*Kam Leung Sui Kwan v Kam Kwan Lai* (2015) 18 HKCFAR 501）（即一般所称的"镛记集团清盘案"）中，亦对威尔伯福斯勋爵与霍夫曼勋爵的判词全文引用（参见该判决第45段）。可见，前者对衡平法在公司法领域适用之阐释，获得了司法界的广泛认同。

[3] Louis Blom-Cooper and Gavin Drewry, Towards a System of Administrative Law: The Reid and Wilberforce Era, 1945-82, in Louis Blom-Cooper, Brice Dickson and Gavin Drewry（eds），*The Judicial House of Lords: 1876-2009*, Oxford University Press, 2009, pp. 209-231.

或是创造先例的情形,都处以适度的谨慎,并以渐进、递增的方式(incrementally)发展普通法,从而造就了这一稳定而又富有创造力的法律发展时期。

四、世纪之交:回归衡平法本原与重塑"良心"基石?

20世纪的最后十年,似乎见证了丹宁在1952年有关"新的衡平"的演讲中寄语新生代产生的新思维。这种新的衡平司法风格在信托法领域表现得较为明显,新一代的法官似乎已不再严格地奉传统法律规则为圭臬,他们更愿将信托视为人们可以利用的一种处置财产以达致不同目的的工具。当代衡平法学者哈德森教授形容两代法官对法律的不同态度,就如同两代人对音乐的不同品味一般,新生代(在此主要指1990年代登上法律舞台的法官们)不再为法律本身的缘故而遵循法律,似乎只要人们处理财产的方式不违反根本性原则,将尽可能赋予其法律效力。[1]

在此世纪之交,一个特别的现象是,当法律学者(包括某些法官)在为是否应当将普通法与衡平法完全在实体上融合争论不休时,衡平法最独特和本原的基因———"良心"———一再地现身这个时期的法院判决中。自埃尔登勋爵将衡平法的规则化推至极致以来,当杰赛尔勋爵于1878年宣布衡平法院(这里指法院的衡平管辖权)已不再是"良心法院",而是"法律法院"时[2],一个世纪以来,法官们(不论是保守派、理性派还是开拓派)或多或少已对"良心"一词隐而不提。因而,当20世纪末分别担任上议院首席大法官的戈夫勋爵

---

[1] Alastair Hudson, *Equity and Trusts*, Routledge, 8th ed, 2015, p. 332.
[2] Re National Funds Assurance Co (1878) 10 Ch D 118, 128.

与其继任人布朗尼·威尔金森勋爵[1]，在某些"情"与"理"不得双全的判决中，回归几个世纪前为衡平法勾勒出最初框架的衡平法谚，回到"良心"这一起始点，重述"良心"作为衡平规则与衡平管辖权的基础地位，人们不禁发问：法官们是否是在重塑"良心"的基石呢？衡平司法传统，是否出现了"复古"潮流——即使不是回到埃利斯密尔时代，至少也是回到讲究规则但又备具生产力的诺丁汉勋爵与哈德威克勋爵时代呢？

（一）戈夫勋爵：恢复衡平法本原

先看戈夫勋爵是如何回归衡平法最初之使命的。在戈夫勋爵的若干重要判例中，尤其是他偏离主流观点而作出的异议判词，他似乎意图尽可能地从最广义的程度上实现司法正义，典型的例子可见于他在1994年的"婷斯里诉米莉根案"（*Tinsley v Milligan*)[2]、1995年的"怀特诉琼斯案"（*White v Jones*)[3]及1996年的"艾斯灵顿案"（*Westdeutsche Bank v Islington L. B. C.*）中的判词。[4]

在第一个案件中，戈夫勋爵拒绝认可一方当事人提出的在共同投资之房屋中的衡平产权，理由是她与另一方当事人在购房的安排上出于骗取福利的违法动机，基于衡平法的"净手原则"（Clean Hands Rule）（此亦为通行了二百余年的衡平法谚之一），戈夫勋爵拒绝为其提供衡平法上的救济。而在第二个案件中，戈夫勋爵是出于"提供一

---

[1] 戈夫勋爵于 1986—1998 年间担任上议院常任上诉法官，并于 1996—1998 年间担任上议院首席大法官；布朗尼·威尔金森勋爵则于 1991—2000 年间担任上议院常任上诉法官，并接任戈夫勋爵于 1998—2000 年间担任上议院首席大法官。

[2] *Tinsley v Milligan* [1994] 1 AC 340 (HL). 戈夫勋爵在该案中所作为异议判词。

[3] *White v Jones* [1995] 1 AC 207 (HL).

[4] *Westdeutsche Bank v Islington L. B. C.* [1996] AC 669 (HL). 戈夫勋爵在该案中所作为异议判词。

种实际可行的正义（practical justice）之冲动"[1]，而判决案中存在职业疏忽的事务律师，应当对因其疏忽而未能从遗产中受益的当事人承担责任。他强调，如果法庭对这种损害未能"量身定做"出合适的救济方式（fashion a remedy），以填补法律空缺，则将导致重大的非正义。[2] 而在第三个案件中，戈夫勋爵回到最初的衡平法谚："衡平法不允许无救济之权利"，再次回到衡平法产生之初的使命，即在普通法救济不足够时，补足该救济，以达致正义之解决方式。他为法院依然因诉讼形式的缘由而拒绝提供衡平法上的救济，如此感叹道：

> 我实在难以相信，在 20 世纪末的今天，我们的法律竟然还会因诉讼形式的束缚而裹足不前。[3]

戈夫勋爵在判词的结尾处，呼吁让法律得以实行"完全正义"（full justice）：

> 种子已经埋下了，只是其生长被局限于狭小的空间内。方今，我们应当允许它在这个全新的法律领域（即有关恢复原状的法律）自然地伸展枝丫。并不需要施行基因改造工程，只需司法创新（judicial creativity）那暄暖的阳光，散发出宜人的光芒即可，而不是躲在厚重的历史云层下。[4]

---

[1] *White v Jones* [1995] 1 AC 207 (HL), 259-260.
[2] *White v Jones* [1995] 1 AC 207 (HL), 268-269.
[3] *Westdeutsche Bank v Islington L. B. C.* [1996] AC 669 (HL), 696.
[4] Ibid., 697.

上述例子标示了戈夫勋爵的司法思维与风格，他乐将判决建基于衡平法最根本的原则，如衡平法谚中的原则，并鼓励司法创新，认为法官（尤其是拥有终审权的上议院法官）不应自缚手脚。因而，戈夫勋爵被形容为"老派的衡平法官"（old-fashioned equity lawyer）。[1]

（二）布朗尼·威尔金森勋爵：重申"良心"在衡平规则体系的核心地位

与戈夫勋爵同一时期的布朗尼·威尔金森勋爵，当他在"艾斯灵顿案"案中称"'良心'一直是且依然是整个信托制度最为根本且毫无争议的基础"之时[2]，其效果如同一声响雷，划破自埃尔登勋爵以来长达两个世纪累积的历史云层，再次申言了"良心"在信托法的核心地位。在这个衡平法已几乎被等同于信托法的年代，这样的伸张无疑重又唤醒人们对衡平法与生俱来之道德内核的意识。然而，不能因此就将布朗尼·威尔金森勋爵归为与丹宁及戈夫勋爵同伍的"纯粹的"或"老派的"衡平法官。他的衡平司法风格与戈夫勋爵不尽相同，而这种对比又是显而易见的，因他们二人常在重要的判例中同席，而两人又对衡平法的重要问题持不同意见。

典型示例即为上文引述的三个判例：1994年的"婷斯里诉米莉根案"、1995年的"怀特诉琼斯案"及1996年的"艾斯灵顿案"。在第一个和第三个案件中，布朗尼·威尔金森勋爵与戈夫勋爵持不同意见。前者并未如后者般对衡平法中的道德因素给予过多的垂注，而是从务实的角度判断是否应当认可当事人衡平法上的产权。而在第二个案件，即"怀特诉琼斯案"中，尽管布朗尼·威尔金森勋爵与戈夫勋

---

[1] Alastair Hudson, *Equity and Trusts*, Routledge, 8th ed, 2015, p. 41.
[2] *Westdeutsche Bank v Islington L. B. C.* [1996] AC 669 (HL), 705.

爵在该案中达成了一致判决，但两者却是践行着不同的路径。如前所述，戈夫勋爵是依从传统的"道德高度"，出于施行正义的"冲动"（impulse）[1]，出于为损害提供救济的初衷，而将行为人的责任建立于"正义""救济"等传统衡平法哲学与考量因素的基础上的，采取的是一种"法哲学路径"（jurisprudential approach）；而布朗尼·威尔金森勋爵却恰恰相反，他采取的是判例法中经典而稳妥的"务实路径"（practical approach），在根本法律原则下，通过与已确立责任类别的类比（by analogy），从而演绎出新的责任类别。[2]

在上述经典场境中，布朗尼·威尔金森勋爵展现出更接近威尔伯福斯勋爵的司法风格。哈德森教授对他的评价是：他并非一位"头脑混乱不清的道德主义者"（woolly-minded moralist），而是一位在先例中谨慎游走并适度有为的"务实主义者"（pragmatist）。[3]

五、21 世纪的司法变革："宾汉法庭"与英国最高法院

21 世纪见证了英国司法体制的另一次重大改革。于 2005 年通过的《宪法改革法》（Constitutional Reform Act 2005），取消了上议院作为最高司法机构的职能，并于 2009 年 10 月 1 日设立新的英国最高法院（Supreme Court of the United Kindom）。故此，2009 年犹如 130 年前的 1875 年，成为英国法律史上一个划时代的年份。

上议院历史上最后一任首席大法官（Senior Law Lord），是于 2000 年 6 月接任布朗尼·威尔金森勋爵、并于 2008 年 9 月（即最高法院成立前夕）退休的宾汉勋爵，他在司掌"末代"上议院的九年间，承前

---

[1] *White v Jones* [1995] 1 AC 207 (HL), 259-260.
[2] *White v Jones* [1995] 1 AC 207 (HL), 275.
[3] Alastair Hudson, *Equity and Trusts*, Routledge, 8th ed, 2015, pp. 40-41.

启后，以适度的"谨慎与雄心"塑造法律规则[1]，使得英国司法体制在经历巨大变革的情境中，得以平稳过渡。因而有学者称此九年间的上议院为"宾汉法庭"（The Bingham Court），盛赞其判决"显著地清晰而进取"，并寓意此为法律变革时代的一个重要时期。[2]在"宾汉时代"法律界最热门的话题是司法独立，这也成为最终于2009年设立最高法院、将法律勋爵们从立法机构上议院中分离的导源。宾汉勋爵及其同袍——来自南非的斯汀勋爵（Lord Steyn）成为当时最为活跃的倡导完全司法独立的推手，后者愈发直接将矛头指向已在英国历史上延续1400年的大法官一职。[3]

单论司法风格，"宾汉时代"见证了法官的更新换代。2004年1月，发生了法官人事最大规模的换届，在司法风格上偏向保守路线的三位法律勋爵——哈顿勋爵（Lord Hutton）、霍伯豪斯勋爵（Lord Hobhouse）及米勒勋爵（Lord Millett）——同时退休，其职位由三位新晋法律勋爵取代，其中最为耀眼者，就是英国史上第一位女法律勋爵——黑尔男爵夫人（Baroness Hale, Lady Hale），她亦于2009年成为首批最高法院法官。黑尔男爵夫人执锤于英国的最高审判机构，无疑为英国法律氛围注入一股新鲜的空气，学者们用"新的思维"（new perspective）来刻画她带来的这股新的空气，尤其在涉及女性权利、

---

〔1〕 Brice Dickson, A Hard Act of Follow: The Bingham Court, 2000-2008, in Louis Blom-Cooper, Brice Dickson and Gavin Drewry (eds), *The Judicial House of Lords: 1876-2009*, Oxford University Press, 2009, p. 256.

〔2〕 Ibid.

〔3〕 Johan Steyn, The Case for a Supreme Court, 118 *Law Quarterly Review* 382 (2002).

儿童权益及精神健康等方面[1]，黑尔男爵夫人通过众多异议判词，申明她与其男性同袍不同的见解，而这些见解大多获得法律界的好评。黑尔男爵夫人的衡平司法风格主要体现在有关家庭房产权益的案件中，但一个有趣的现象是，在几个里程碑式的判决中，她均与另一位著名的、且被标签为"衡平法出身"的法官——沃克勋爵（Lord Walker）——作出联席判决。

沃克勋爵于2002年担任上议院常任上诉法官，并与黑尔男爵夫人一道，于2009年成为首批最高法院法官。标示着沃克勋爵衡平思维的典型判例，是他在晋升为法律勋爵前夕在上诉法院审理的"珍宁斯诉莱斯案"（*Jennings v Rice*）[2] 该案涉及财产权益禁反悔原则（doctrine of proprietary estoppel），法官需要确定与损害比例相应的赔偿金额。时任上诉法官的沃克，和布朗尼·威尔金森勋爵在1996年的"艾斯灵顿案"中重申信托制度的"良心"基础一样，亦将财产权益禁反悔原则奠基于"良心"。他如此解释这一衡平原则的机理：

> 该衡平权益并非仅来自申诉人的期待，而是产生自他的期待、因信赖而蒙受的损害以及若允许捐赠人反悔则将导致

---

[1] 例如：*R (Hoxha) v Special Adjucator* [2005] 1 WLR 1063 (HL)，一宗有关以为遭受与性别有关之暴力的阿拉伯妇女寻求庇护的案件。在若干案件中，黑尔男爵夫人作出了与四位男性同袍不同的异议判决，例如：*R (Kehoe) v Secretary of State for Work and Pensions* [2006] 1 AC 42 (HL)，其中涉及母亲向"缺席父亲"在儿童抚养问题上要求金钱资助的权利；*M v Secretary of State for Work and Pensions* [2006] 2 AC 91 (HL)，其中涉及一名女同性恋者是否可减少向其前夫支付儿童抚养费。还有一些有关儿童诱拐的案件，如：*Re J (A Child)* [2006] 1 AC 80 (HL)；*Re D (A Child)* [2007] 1 AC 619 (HL)；*Re M (Children)* [2008] 1 AC 1288 (HL)。参见：Brice Dickson, A Hard Act of Follow: The Bingham Court, 2000-2008, in Louis Blom-Cooper, Brice Dickson and Gavin Drewry (eds), *The Judicial House of Lords: 1876-2009*, Oxford University Press, 2009, pp. 273-275.

[2] *Jennings v Rice* [2003] 1 P&CR 100 (CA).

的"对良心的违背"(unconscionableness)等的结合。[1]

沃克上诉法官重申:"财产权益禁反悔原则之实质,乃采取一切必要措施以避免'违背良心'之结果。"[2] 只是,这样的"良心基准"并没有得到坚持,在较为新近的判决中,"良心"一词已不复见于沃克勋爵所处理的类似的判决。[3]

在家庭财产法领域,沃克勋爵与黑尔男爵夫人在有关婚姻关系(及准婚姻关系)下的房产的衡平产权的案件中的处理方式,亦备受争议甚至是诟病。典型的案件见2007年的"斯达克诉道登案"(*Stack v Dowden*)[4]及2012年的"琼斯诉柯诺案"(*Jones v Kernott*)。[5] 在前案中,涉及一对同居者对共同购置房产的权益,该房产置于女方名下;在后案中,同样涉及一对同居未婚者,但该房产由双方以联名共有(joint tenancy)的方式享有。沃克勋爵与黑尔男爵夫人在两案中悉作出了联合判决,对独有产权与联合产权给予不同处理:对前者,他们视其为推定信托(constructive trust),当事人享有之份额取决于其共同意愿;而对后者,他们视其为归复信托(resulting trust),当事人之份额取决于各自在金钱上的投入。[6] 这种对家庭(及准家庭)财产权益的不同处理方式,遭到了来自学界的批评,有些认为这种处理方

---

[1] *Jennings v Rice* [2003] 1 P&CR 100, [49] (Lord Walker).
[2] *Jennings v Rice* [2003] 1 P&CR 100, [56] (Lord Walker).
[3] 例如:*Cobbe v Yeoman's Row Management Ltd* [2008] 1 WLR 1752 (HL); *Thorner v Major* [2009] 1 WLR 776 (HL).
[4] *Stack v Dowden* [2007] 2 AC 432 (HL).
[5] *Jones v Kernott* [2012] 1 AC 776 (SC).
[6] *Stack v Dowden* [2007] 2 AC 432 (HL), [64]-[65]; *Jones v Kernott* [2012] 1 AC 776 (SC), [8].

式给相关法律领域带来的是"困惑"而非"条理化"[1]；有些则直言要求最高法院能对家庭房产的归属与份额订立一套"统一规则"（a single regime）[2]。总而言之，新一代的最高法院法官们似乎在衡平法的主要领域尚未交出令人称道的答卷。

小结　衡平法的"良心"基因

本章通过探讨衡平司法存在之合理性与必要性的哲学基础，追寻衡平管辖权产生与发展的源头，辨析衡平法和普通法、衡平管辖权和普通法管辖权之间的并行、交融，展现出衡平司法理念与实践之哲学及历史的图景。在此溯源的过程中，笔者归纳出衡平司法的三个特征：

（1）衡平法的实施，是为了实现一个比法律本身更大的"公正"。亚里士多德与黑格尔的论述均表明，衡平法所代表的正义或"公道"的价值，高于作为国家之通行法律的普通法。

（2）衡平管辖权具有与生俱来的高度自由裁量性。这几乎是衡平管辖权最为本质的客观特征，亦给法官创新和发展法律开拓了必要的司法空间。

（3）"良心"是衡平法无可取代的基因，亦是贯穿诸项衡平制度与规则的轴线。

出于对上述衡平司法第三个特征的进一步探讨，笔者展开了从17

---

［1］ Alastair Hudson, *Equity and Trusts*, Routledge, 8th ed, 2015, pp. 41-42.

［2］ Gardner S. and Davidson K., *The Future of Stack v Dowden*, 127 Law Quarterly Review 13, 15 (2011); also quoted in *Jones v Kernott* [2012] 1 AC 776 (SC), [16]-[17] (Lady Hale and Lord Walker).

世纪至 21 世纪的衡平"良心"司法风格与传统巡礼。在这跨越若干世纪的顾昐中,摸索出衡平法呈现出的两条若隐若现的发展脉络:

一为主线,即衡平法在过去的几个世纪中,随着判例汇编体系的日趋稳定与全备,在不同年代法官的手中,走向规则化。该规则化的过程历经至少三代法官,从 17 世纪奠定基石与框架的诺丁汉勋爵,到 18 世纪哈德威克勋爵的完善,再到 19 世纪埃尔登勋爵将该规则体系推至极致。当被推到规则化的顶点后,站在 20 世纪的门槛上,法官与学者依稀开始反省:衡平法是否走进了几个世纪前普通法曾踏入的"死胡同"?因而,在此背景下,20 世纪的衡平司法,在经历了前半叶的僵化惯性后,出现了让衡平法恢复自由、恢复生命力与创造力的呼声。这种在规则以下潜移默化地运行的衡平思维,成为了规则化主线之外的第二条发展脉络。这条脉络,实际上从未偏离主线的走向,只是在不同时期,因着法官司法风格的不同,或明或暗,或强或弱。但不论强弱,它始终客观地存在。

卡多佐在描述判例法的发展道路时说:

> 它一步一步地向前进。衡量它的效果必须以几十年甚至几个世纪为尺度。如果这样衡量,人们就看到其背后是冰川移动(the moving glacier)的那种力量和压力。[1]

那么,是什么背后的"力量和压力"在推动着衡平法这块"冰川"在这两条脉络中游走呢?答案是衡平法产生之源起、历经若干世

---

[1] [美] 本杰明·卡多佐,《司法过程的性质》,苏力译,商务印书馆 2009 年版,第 11 页。Benjamin N. Cardozo, *The Nature of the Judicial Process*, Yale University Press, 1921, p. 25.

纪的若隐若现、却依然贯穿衡平法起讫的"良心"。这适为本章从对衡平、衡平法与衡平司法传统的探研中，笔者获致的结论。

在此衡平理念与衡平司法传统之演变的历史情景下思想丹宁的司法实践，会油然产生一种全新的领会。丹宁于20世纪四五十年代在普通法造法舞台上的崭露头角，至他在60年代至70年代以上诉法院民事庭庭长的身份影响法律的发展，其司法实践将衡平司法传统的第二条发展脉络——即强调规则以外的衡平法之灵活性、创造力与法官自由裁量度——表现得至为明亮，以致他被认定为"纯粹的衡平法官"。[1] 虽然丹宁的衡平司法风格难免招致"棕树下的正义"之批评，但如果放在衡平司法传统的历史长河中衡量，丹宁确乎是在衡平理念和精髓将被湮没在法律的规则化浪潮中力挽狂澜。下文将细察丹宁法律哲学与衡平司法理念的契合程度。

---

[1] Alastair Hudson, *Equity and Trusts*, Routledge, 8th ed, 2015, p. 40.

第二章

丹宁法律哲学与衡平

第一节 丹宁法律哲学的三个维度

在凝视丹宁基于司法实践而提炼出的法律哲学之前,有必要先对法官个人所持法律哲学对司法过程的影响,以及它对司法决定在多大程度上施以作用作一观察。卡多佐曾细致地把司法决定的过程喻指为一个"酿造"(the brew)的过程:

当我决定一个案件时,我到底做了些什么?我用了什么样的信息资源来作为指导?我允许这些信息在多大比重上对结果起了作用?它们又应当在多大比重上发挥作用?如果可以适用某个司法先例,在什么时候我会拒绝遵循这一先例?当没有可以适用的先例时,我又如何获得一个规则而同时又为未来制定一个先例?如果我寻求的是逻辑上的前后一致,寻求法律结构上的对称,这种寻求又应走多远?在哪一点上,这种追求应当在某些与之不一致的习惯的面前、在某些关于社会福利的考虑因素的面前以及在我个人的或共同的关于正义和道德的标准面前止步？日复一日，以不同的比例，所有这些成分被投入法院的锅炉中，酿造成这种奇怪的化合物。[1]

如果说司法决定的过程是对上述种种问题回答的结果，那么又是什么在背后主导着法官们的作答呢？卡多佐将这"深深掩藏在表象之下的力量"归为"下意识"一类，认为是这种"下意识的力量"（subconscious forces），才使法官们在不同的案件中，面对不同的法律问题时，"保持了自己的前后一致，并保持了与他人的不一致"。[2]他进一步解释了这一力量对司法过程的作用：

> 他们的全部生活一直就是在同他们未加辨识也无法命名的一些力量——遗传本能、传统信仰、后天确信——进行较量；而结果就是一种对生活的看法、一种对社会需要的理解、一种——用詹姆斯的话来说——"宇宙的整体逼迫和压力"的感受；在诸多理由得以精细平衡时，所有这些力量就一定会决定他们的选择是什么样子的。[3]

卡多佐描述的这一"下意识的力量"，则适所谓法官的法律哲学，或曰司法理念。它是寓于每一份判决中的力量，"无论它在其中隐藏

---

[1]〔美〕本杰明·N. 卡多佐：《司法过程的性质》，苏力译，商务印书馆2009年版，第1页。Benjaming N. Cardozo, *The Nature of the Judicial Process*, Yale University Press, 1921, pp. 10-11.
[2] Ibid., p. 12.
[3] Ibid.

得多么深，它都是决定裁决的最终力量"。[1] 无独有偶，丹宁在总结自己的法律哲学时，亦认为尽管并非所有的法官均有意识地在表达自己的法律哲学，但他们委实在"下意识地"发展着自己的一套法律哲学。[2] 在判例法体制下的法官，由于具有造法功能，其"精神背景"将决定了案件结果及其中涉及的法律原则的方向。有人会将此批评为主观，视其为"棕树下的正义"，但正像卡多佐所言，这是主观的外表下客观存在的力量。只要不是机器断案，作为人的法官就必然受到这一对其产生"整体逼迫和压力"效果的、他们自己"未加辨识也无法命名"之力量的影响。当我们把法官们依其司法风格分类，如"保守派""开拓派""自由派""激进派""理性务实派"等，何尝不是在对这些力量分类？

丹宁自己概括的法律哲学，即为司法过程中决定其判决走向的"下意识力量"。但卡多佐亦坦承，法官的法律哲学"常常缺少连贯性和体系性，似乎支离破碎，东拼西凑"，但偏巧是这些"或前或后、看似随意"的法律哲学，推动着法官或前、或后，或左、或右。[3] 不管其法律哲学以何种形态呈现、以何种方式概括，唯一的真实是："它的力量客观存在。"[4]

丹宁是在1981年出版的《家庭故事》(The Family Story) 中，总结了这套法律哲学："让正义实现""法律下的自由"及"信靠上

---

[1]〔美〕本杰明·N. 卡多佐：《法律的成长》，李红勃、李璐怡译，北京大学出版社2014年版，第38页。

[2] Alfred T. Denning, *The Family Story*, Butterworths, 1981, p. 172.

[3] 参见〔美〕本杰明·N. 卡多佐：《法律的成长》，李红勃、李璐怡译，北京大学出版社2014年版，第38页。

[4] 同上。

帝"。[1] 一处值得注意的细节是，他在时间上所描述的，是其担任上诉法院法官的九年间（即1948年10月至1957年4月）发展出来并贯穿如一的司法理念。可以认为，丹宁的法律哲学是以其早期的司法实践为脚本的。

一、"让正义实现"（Let justice be done）

丹宁法官袍的肩章上，写着他法律生涯之座右铭："Fiat justicia et pereat mudus"，意思是"让正义实现，即使世界毁灭！""Justice"一词，使用于不同的语境中，可指正义、公正、公平、公义、公道等。但不论含义几何，均指向一种抽象的概念与原则。丹宁在此强调的，并非将一套所谓的"正义原则（或理论）"适用于案件；他所指的正义，是一种"个案正义"，是当每一桩具体案件呈至法官面前时，让案件的结果呈现正义。这也是为什么他建议那些想要了解其法律哲学的读者，去体味判例汇编中他撰写的判词，以及他出版的演讲与演说。因此，可以判断：丹宁的法律哲学并不抽象，尽管他选用了"正义"这一抽象的字眼。

具体而言，丹宁的"让正义实现"的维度，主要着重于两个层次：一是实现正义的主体，二是正义在个案中呈现的形式。

(一) 法官是施行正义的主体

丹宁奉此为自己的"根本信念"（my root belief）：

> 法官的角色，是厕身于当事人之间施行正义。如若任何法律对施行正义的结局是损害，那么，将由法官尽一切合理

---

[1] Alfred T. Denning, *The Family Story*, Butterworths, 1981, p. 172.

的方式回避该法律——甚至是改变它——以对审理的案件施行正义。他无须等待立法机关的介入；因为这对其眼前的案件毫无帮助。[1]

这反映出丹宁所指的让正义实现之主体，乃具体案件中的法官，而不是议会，也不是政府。

丹宁对法官主导地位最集中的阐释，可见于他有关法官在解释制定法中之角色的言论：

> 法官（在解释制定法时）应当反问自己：如果立法者们看到了手中布料的皱褶，他们会怎样将其捋直呢？法官须效法立法者遇到这种情况时所将会做的。法官不应改变织物的材料，但他能够并且应当将"该皱褶抚平"（iron out the creases）。[2]

此即为丹宁的"抚平皱褶论"。在指出议会立法在制定中必然会受到人类行为之不可预见性等客观限制的前提下，丹宁认为法官不应只是旁观，卸怨于立法者。他形容这种法官是将自己置于"字句的仆役"之地位，认为法官不应成为丰富语言宝库中机械反应的"技工"，而应成为掌管该宝库之人。[3] 法官必须对制定法语言作出补充，以赋予其"效力和生命"。[4]

---

[1] Alfred T. Denning, *The Family Story*, Butterworths, 1981, p. 172.
[2] *Seaford Court Estates Ltd v Asher* [1949] 2 KB 481 (CA), 499.
[3] Alfred T. Denning, *The Discipline of Law*, Butterworths, 1979, pp. 56-57.
[4] *Seaford Court Estates Ltd v Asher* [1949] 2 KB 481 (CA), 499.

(二) 正义在个案中的展现形式

既然丹宁所言之正义乃一种"个案正义",那么,一个妥当的做法,便是进入具体判决以刻画正义在不同语境中的不同形态。作为耶鲁大学的科宾(Corhin A. L.)教授所指的那种"勇敢且诚实"、从不"因畏惧风险而裹足不前"的法官[1],丹宁作出了不少改变或意图改变普通法法律原则走向的判决。

如若按照时间顺序,丹宁登上造法舞台后第一个经典判例,是1947年的"高树案"(The High Trees case)[2],丹宁由此创设了允诺禁反悔原则。该案涉及一个"允诺"的执行力问题。依照普通法的对价原则(doctrine of consideration),一份普通合同(即不以盖印合同方式缔结的合同)欲取得法律上的执行力,缔约双方除经要约与承诺达成协议外,还须有对价。[3] 换言之,依该原则,若受诺人未曾对允诺人的允诺提供对价,则不可强制执行该允诺。丹宁将这种允诺定性为一种"意图受约束、意图被依照行事、且在事实上被依照行事的允诺"[4],并认为如果不承认这样一种允诺在法律上的效力,将摧毁信赖利益,由此否定诚信的实际意义,这是一种不正义。丹宁以近乎格言的方式表述了允诺禁反悔原则所代表的正义:"我的言语,乃我的

---

[1] Arthur L. Corbin, The Offer of an Act for a Promise, 29 *Yale Law Journal* 767, 771-772 (1920). 亦参见〔美〕本杰明·卡多佐:《司法过程的性质》,苏力译,商务印书馆2009年版,第81页。

[2] *Central London Property Trust Ltd v High Trees House Ltd* [1947] 1 KB 130 (KB).

[3] 若从源头算起,这项普通法上的对价原则已存在超过5个世纪,至今仍然有效。该原则可见柯克《判例汇编》中之相关记载 [The *Pinnel's* case (1602) 5 Co Rep, para 117a.],英国上议院在19世纪末的一个判例中再次确认该原则 [*Foakes v Beer* (1884) 9 App Cas 605.]。

[4] *Central London Property Trust Ltd v High Trees House Ltd* [1947] 1 KB 130 (KB), 134.

约束。"(My word is my bond.)[1] 要求允诺人信守诺言，保护受诺人之信赖利益，在丹宁看来，是正义的。

第二个最具"丹宁特色"的判例，是他对被丈夫遗弃的妻子可继续在属于丈夫之房产中居住之衡平权利（简称为"弃妻衡平"）的认可。这项权利，与其说是被认可，不如说是被创造，它被视为"英格兰法律近年来孕育出的最为健壮的婴孩"。[2] 在1952年的"本戴尔诉麦克维特案"（Bendall v McWhirter）中，丹宁将妻子在婚姻房产中的权利定性为一种"不可撤销的被许可权"，并构成该房产之上的"一项阻碍或限制"，从而使得妻子足以对抗产权受让人而免遭驱逐。[3] 如若不然，丹宁认为将导致"极大的不公"：

> 这将意味着，负有罪疚的丈夫可以将其房屋转至他新欢的名下，后可将他无辜的合法妻子从婚姻家庭中逐出。没有任何一个文明社会会容忍这样一种对婚姻毫无顾忌的践踏。[4]

对无过错之弱者的怜悯与保护、对婚姻的尊重，在丹宁看来，是正义的。

尚有许多其他场合展现着丹宁让正义实现的努力。例如，在侵权法领域，具备专业知识技能的人士，如若向与其不存在合同关系的人提供专业意见时存在过失，而后者因信赖该过失陈述招致经济损失，

---

[1] Alfred T. Denning, *The Discipline of Law*, Butterworths, 1979, p. 223.

[2] Robert. E. Megarry, The Deserted Wife's Right to Occupy the Matrimonial Home, 68 *Law Quarterly Review* 379, 379 (1952).

[3] *Bendall v McWhirter* [1952] 2 QB 466 (CA), 477.

[4] *Bendall v McWhirter* [1952] 2 QB 466 (CA), 484.

丹宁认为,对该受损的信赖利益提供救济,是正义的。[1] 在行政诉讼领域,如果法院对行政裁判庭在裁决中所犯的法律上的错误不具备纠正的管辖权,丹宁认为是一种绝对不应让其继续存在的非正义。[2] 在合同法领域,丹宁始终对自己作为初级出庭律师时参与辩护的一桩涉及免责条款的案件念念不忘,因他在该案中说服当时的上诉法院判决该不合理的免责条款有效。[3] 在丹宁身为法官的悠悠岁月里,他用近30年的时间,试图将免责条款(尤其是格式合同中的此类条款)的适用范围局限在"公平而合理"(fair and reasonable)的限度内。[4] 丹宁认为在缔约双方基于不平等议价能力而缔结合同的情况下,对议价能力处于弱势的一方(如消费者)给予额外保护,是正义的。

综上所述,这种个案中的正义似乎确如卡多佐所描述的"就像一张错乱编织的网,线束色彩缤纷却凌乱不堪,残破不一"。[5] 但这似乎也是体现在司法中的正义的最为真实的一面。正是案件的独特案情,构成了正义得以展现的舞台,而每个舞台刻画的是正义的不同朝向,从而使得"正义比任何遵循规则产生的其他概念都微妙和不确定"。[6] 或许这种刻画因人类行为表现方式的变化而无穷尽,但让正义在每个案件中实现这一司法理念,却一如既往。

---

[1] *Candler v Crane, Christmas & Co* [1951] 2 KB 164 (CA).

[2] *R v Northumberland Compensation Appeal tribunal, ex parte Shaw* [1952] 1 KB 338 (CA); *Barnard v National Dock Labour Board* [1953] 2 QB 18 (CA).

[3] *L'Estrange v Graucob* [1934] 2 KB 394 (CA).

[4] *Karsales (Harrow) v Wallis* [1956] 1 WLR 936 (CA); *Geo Mitchell Ltd v Finney Lock Seeds* [1983] 1 QB 285 (CA).

[5] [美] 本杰明·N. 卡多佐:《法律的成长》,李红勃、李璐怡译,北京大学出版社2014年版,第97页。

[6] 同上书,第98页。

二、"法律下的自由"(Freedom under the law)

这一著名语词出自丹宁的同名演讲。作为哈姆林演讲(The Hamlyn Lectures)的首位演讲者,丹宁以《法律下的自由》为题,阐释他的法律哲学。[1] 从主题与结构上看,丹宁似乎是在谈论公民自由、个人自由与社会秩序之间的平衡、防止权力滥用与误用等问题,但若细观全篇演讲,结合丹宁在这个领域的判决,又会发现丹宁实质要说明的主题,依然是法官乃正义的最佳实施与守护者。

(一)"法律下的自由",重点在于法官对自由的捍卫

丹宁谈论法律下的自由,其要旨并非自由本身,而是法官在捍卫自由方面的角色。

首先,丹宁认为,自由权利中最重要的人身自由,乃建立在法官颁发之人身保护令(writ of hebeas corpus)的基础上。[2] 他从法院令状对人身自由之保护的角度,阐释公民在法律下享有的自由。丹宁历数法官在保护公民自由方面的辉煌实例,例如曼斯菲尔德勋爵(Lord Mansfield),他在1771年以一句"英格兰的空气过于纯净,以致不应容许任何人以奴隶的身份在此呼吸",还那个名叫"森麻实"(Sommersett)的黑人奴隶以人身自由[3];再如埃特金勋爵(Lord Atkin),即使是对待被俘获的战俘,他依然执著于若非依照法律的正当程序,则不得剥夺其人身自由。[4] 从这个意义上看,是这些来自普通人群

---

〔1〕 Alfred T. Denning, *The Family Story*, Butterworths, 1981, p. 178. 丹宁说自己乃这一有力词汇(a telling phrase)的首创者,他形容自己想到这个词的时候,如同阿基米德从浴缸中跳出来大喊"我发现了!"一般。

〔2〕 Alfred T. Denning, *Freedom under the Law*, Stevens & Sons, 1949, p. 6.

〔3〕 *R v Sommersett* (1772) 20 St Tr I; (1772) 98 ER 499.

〔4〕 *Liversidge v Sir John Anderson* [1942] AC 206 (HL), 244.

的法官，以法律原则的方式，表达着普通人所共同拥护的精髓——"自由的精神"（the spirit of freedom）[1]，并通过法律的正当程序，为这自由提供最为稳固的保障。因而，丹宁所言之法律下的自由，乃法官保护下的自由。

其次，在述及权力的滥用与误用时，丹宁强调的并非在体制上如何监控公权力，而是将监控的使命放在法官的身上，强调法官的职分乃是为任何因权力滥用与误用导致的自由受损害提供救济。在著名的1952年"托马斯·肖案"（The Thomas Shaw case）中[2]，丹宁追溯了调卷令（certiorari）的历史，并确立了法院纠正行政裁判庭所犯法律上之错误的权力。紧随其后的还有同年的"李诉大不列颠艺人行会案"（Lee v The Showmen's Guild of Great Britain）与1953年的"巴纳德诉国家码头工会案"（Barnard v National Dock Labour Board）。[3] 丹宁通过这些判例，扩大或是厘清了法院相对于政府及其他权力机构（如工会组织）的"地界"，增强了法院对权力行使的监督权。丹宁认为，提供救济，乃法院最为本质的管辖权，如果人们未能从法院处获得救济，他们亦无法在任何其他地方获得。[4] 因而，丹宁被视为现代司法复核制度的引领者。丹宁认为法官的使命是当尽其所能为被侵害的自由提供法律救济，以为公民"赢得自由"（winning of freedom）。[5]

---

[1] Alfred T. Denning, *Freedom under the Law*, Stevens & Sons, 1949, p. 32.

[2] *R v Northumberland Compensation Appeal tribunal, ex parte Shaw* [1952] 1 KB 338 (CA), 338.

[3] *Barnard v National Dock Labour Board* [1953] 2 QB 18 (CA), 18; *Lee v The Showmen's Guild of Great Britain* [1952] 2 QB 329 (CA).

[4] *Barnard v National Dock Labour Board* [1953] 2 QB 18 (CA), 43.

[5] Alfred T. Denning, *Freedom under the Law*, Stevens & Sons, 1949, p. 126.

(二) 法官捍卫自由的方式应当与时俱进

丹宁强调法官保护公民自由的方式,也即法官给予的救济形式,亦应当适应时代的需求,并视此为摆在法官面前的所有任务中的"重中之重":

> 正如凿与铲已经不适用于开掘煤矿一般,执行职务令(mandamus)、调卷令以及类案诉讼等古老程序,均已不足以在新时代赢得自由。他们当被与时俱进的新救济方式取代,如权利宣告、禁令以及过失诉讼,就司法事务而言,还包括命令陈述案件的强制性权力。[1]

在前述"巴纳德诉国家码头工会案"中,丹宁就提醒案中的辩护律师关注新近的判例。该案中申诉人意图获得的"权利宣告"(declaration)救济,乃是一种现代的衡平救济方式。[2]

丹宁所明言之新时代,是指"战后"福利国家中政府拥有强大行政权的时代。当政府的权力强大,就必须有同样强大的约束力来监管,以保证免于陷入专制之泥沼。在三权分立、权力制衡之体制下,丹宁不认为应当由议会监管政府。他认为议会代表们根本控制不了政府日常事务中如此繁琐的各项行为,而且即使确认有滥用权力,议会也无法为当事人提供救济。因而,丹宁的中心思想是,司法权应当具备足够的力量与政府权力抗衡,并将其宪政意义与17世纪40年代推翻绝对君主制的"清教徒革命"相比拟。[3]

---

[1] Alfred T. Denning, *Freedom under the Law*, Stevens & Sons, 1949, p. 126.
[2] *Barnard v National Dock Labour Board* [1953] 2 QB 18 (CA), 31.
[3] Alfred T. Denning, *Freedom under the Law*, Stevens & Sons, 1949, p. 126.

三、"信靠上帝"(Put your trust in God)

信仰毫无疑问是丹宁法律哲学的重要层面,甚至可以说是其法律哲学之根基所在。在其判词中,丹宁甚少以基督教的语言直接表述其信仰,他多用"正义""根本原则""自然正义""常理"等来传达信仰赋予他的法律思想。国立新加坡大学的安德鲁(Andrew Phang)教授将丹宁建基于个人信仰的司法风格描绘为一种"自然法的路径"(a natural law approach),视自然法为其法学思想与司法实践之基础。[1] 丹宁的信仰,具体指向的显然是英国国教信仰,即新教信仰中的安立甘宗(Anglicanism),亦称圣公会(Anglican Church)。尽管新教信仰各宗派间在教义、礼仪方面千差万别,但从丹宁的表述中,展现出的是彼此间基于《圣经》的共性,尤其是对福音书中"爱"之教导的认同与持守。

"信靠上帝"这句话取自奥利弗·克伦威尔(Oliver Cromwell)用以勉励其即将过河击敌的士兵的话:"信靠上帝,保持你的弹药是干的。"丹宁借此演绎道:"如遇法律上的难题,保持法律书卷是干的当然是不够的,还应当有一本圣经在手边。"[2] 尽管在其判词中并没有出现如同阿特金勋爵在宣示"邻舍原则"时那样直白的圣经原文引用[3],但丹宁在不同场合——宗教的与非宗教的——均对其信仰作

---

[1] Andrew Phang, The Natural Law Foundations of Lord Denning's Thought and Work, 14 *Denning Law Journal* 159, 160 (1999).

[2] Alfred T. Denning, *The Family Story*, Butterworths, 1981, p. 181.

[3] 即埃特金勋爵在"唐纳修诉史蒂芬森案"(Donoghue v Stephenson [1932] AC 562)中,对《新约·路加福音》中记载的"好撒玛利亚人"之比喻的直接引用(见该判例第580页),从而将《圣经》中的道德律,引入法律,成为侵权法中过失原则的基础。

出了虔诚而充分的表白,尤其着重于信仰与法律、道德与法律的关系。与此相关的较为瞩目的演说有两次:一次是在学术场合,丹宁在1953年5月于杜伦大学国王学院作题为《宗教对法律的影响》(The Influence of Religion on Law)的演讲[1];另一次乃于宗教场合,是次年11月,以"律师基督徒团契"(Lawyers' Christian Fellowship)主席的身份在律师协会作的演讲,题目为《言行一致》(Putting Principles into Practice)。这两次演讲尽管对象有所不同,但主题与内容大致同一。[2] 其主题可用两个词概括——"溯源"与"回归":法律的精神与根本原则源于宗教信念,若要在法律上实现正义,我们应当回归宗教之基本信念。下文以丹宁1953年于杜伦大学的演讲为例,解读丹宁"信靠上帝"的具体涵义。

丹宁开篇即展现了演讲之要旨,即宗教、道德与法律三者的关系:三者尽管有着各自不同的领域,其内在却相互依存。"没有了宗教,也就无道德可言;而没有了道德,法律也无迹可寻。"[3] 在其演讲的主体部分,丹宁通过22个小标题,盘点了宗教对具体法律原则的影响,以示英格兰普通法的宗教渊源。这22个小标题可概括为宗教与法律之间的四方面联结:

第一个方面有关"真理"(Truth)。《圣经》中强调真理与诚实,

---

[1] 其为第33届"格雷伯爵演讲"(Earl Gray Lecture)。该演讲词后收录于Alfred T. Denning, *The Changing Law*, Stevens & Sons, 1953, ch 5.

[2] 丹宁1954年在律师协会所作之演讲,内容与他1953年在杜伦大学的演讲基本相同,只是更为简略。在《家庭故事》中,丹宁作为对其"信靠上帝"法律哲学层面的阐释,引用的是1954年之演讲内容,而非1953年演讲。参见Alfred T. Denning, *The Family Story*, Butterworths, 1981, pp. 181-183. 原因或许是前者更鲜为人知,而后者已公开出版。此处对丹宁"信靠上帝"理念的解读,以内容更为翔实的1953年演讲为基础。

[3] Alfred T. Denning, *The Changing Law*, Stevens & Sons, 1953, p. 99.

弃绝乖谬。[1] 这一信仰要求亦清晰地体现在法律中,如刑事诉讼中证人的宣誓程序,其证词唯一强调的就是真实:"我以全能的上帝之名宣誓,我所提供的证据当为真实、全然真实且唯独真实。"[2] 在民事法律中,法律对欺诈、虚假陈述等提供的救济,均反映了真理与真实陈述乃法律原则运作的基础。

真理的另一个层面,可见于"善意",或曰"诚实信用"(good faith)。丹宁在此用三类情形说明了宗教上的善意与诚信要求在法律中的体现。首先是禁止反悔原则,即要求人应当对其邻舍信守诺言。丹宁在晋升为上诉法官前最骄人的成就,就是允诺禁反悔原则的创建,而要求对邻舍信守诺言,即为该原则宗教上的渊源。其次是对格式合同的解释应当符合善意与诚信原则,主要原因是合同双方处于不平等地位,议价能力一强一弱,甚至强势方处于压倒性优势,从而导致该合同并非真正是双方"合意"的真实反映。因而,基于人应当对其邻舍善意的原则,在出现双方未能预见的情形时,不可机械地依照合同的约定,强行要求弱势方承担损失。第三类表现善意与诚信的法律情形,涉及丹宁司法实践中的一个主要领域,即对制定法的解释方式,在此他明确地表达了对文意解释规则的批评。丹宁用福音书记载的耶稣与法利赛人有关安息日的争议,来比喻坚执拘泥于立法字句之文意的法官的做法,认为这些法官被文字所困,甘为文字之仆,而非文字

---

[1] 丹宁在此列举了《旧约·诗篇》第15篇第2节"心里说实话的人"以及《新约·以弗所书》第4章第25节"所以你们要弃绝谎言,各人与邻舍说实话,因为我们是互相为肢体"为例,表明《圣经》对真理的要求。Alfred T. Denning, *The Changing Law*, Stevens & Sons, 1953, p. 100.

[2] Alfred T. Denning, *The Changing Law*, Stevens & Sons, 1953, p. 102.

之主。[1] 他引用使徒保罗的话表达自己对文意解释规则的观点："那字句是叫人死，精意是叫人活。"[2] 丹宁在《法律的训诫》中的第一部分，谈论的就是法律文件的解释，包括对制定法的解释、对遗嘱的解释与对合同的解释，该部分与丹宁此处表达的观点遥相呼应：法官应成为文字的主人，将其模造以适应现时之需。[3]

第二个方面应当属于基督教信仰在普通法中殊为直白的表达，即"爱你的邻舍"（Love thy neighbour）。如果说真理的信念有关人与上帝的关系，那么善意或诚实信用则是有关人与人、即人与邻舍的关系。在基督教信仰中，这是"最大的诫命"，也是人承受"永生"之道。将此金科玉律引入法律的并非丹宁，而是丹宁的前辈埃特金勋爵。[4]但丹宁在该演讲中除了引用埃特金勋爵外，还引用了时任坎特伯雷大主教威廉·汤普（William Temple）对这一诫命在法律上的阐发：

> 爱，事实上，在正义中发现了自己最充分的表达。在工商争议中，爱你的邻舍，意味着争议双方均有机会在公正的裁判前尽情地陈述，并定意接受该裁判的裁决。至少将双方

---

[1]《旧约》记载的圣经"十诫"中的第四诫写道："但第七日是向耶和华你神当守的安息日。这一日，……无论何工都不可做。"（见《旧约·申命记》第5章第12节。）丹宁引用的耶稣与法利赛人的争议出自《新约·马可福音》第2章第23—28节，事出耶稣的门徒在行路途中掐了麦穗，被法利赛人指责，因在他们的理解中，掐麦穗属于"做工"的一种。另外，更为经典的有关安息日的争议见于《新约·马可福音》第3章第1—6节，有关安息日治病的故事。丹宁引用前者，希望表达的中心意思在于耶稣对此问题的回答："安息日是为人设立的，人不是为安息日设立的。"（见《新约·马可福音》第2章第27节。）Alfred T. Denning, *The Changing Law*, Stevens & Sons, 1953, pp. 105-106.

[2] 引用自《新约·哥林多后书》第三章6节。Alfred T. Denning, *The Changing Law*, Stevens & Sons, 1953, p. 106.

[3] Alfred T. Denning, *The Discipline of Law*, Butterworths, 1979, p. 57.

[4] Donoghue v Stevenson [1932] AC 562 (HL), 580.

列于平等地位，以此实践"你当爱你的邻舍如同爱自己"这一诫命。[1]

丹宁在两位前辈对"最大的诫命"之阐释的基础上，表达了他对信仰与法律、法官与信仰的根本观点：

> 我建议你们，最有意义的事情是，一位伟大的法官应当从基督教爱的诫命中演绎他的法律原则，甚或是他的正义原则。我不知道除此以外他还可从何处演绎。有人代之以自然正义，似乎这个词广为接受，而不论其教育及成长背景。但我十分确信的是，我们所谓的自然正义观念，完全源自我们一代又一代的思维习惯。英格兰普通法漫延数百年，历经一代又一代的法官锻造，而法官们都是在基督教信仰中长成。宗教中的诫命，不论有意识或无意识地，早已成为他们施行正义之指路明灯。[2]

这段小结性的话语，虽写在有关"爱你的邻舍"的阐释中，但完全可以作为丹宁关于宗教信仰对法律之影响，以及信仰对法官的影响的基本观点。在此亦可以看出丹宁法律哲学中"让正义实现"与"信靠上帝"之间的桥梁——在基督信仰中成长、按基督信仰之教导理解并施行正义的法官。埃德蒙·戴维斯上诉法官（Edmund-Davies L. J.）一语破的：丹宁60年的司法生涯，"毫无疑问一直处于其基督信

---

[1] William Temple, *Christianity and Social Order*, Shepheard-Walwyn Publishers, 1976, p. 54.

[2] Alfred T. Denning, *The Changing Law*, Stevens & Sons, 1953, pp. 108-109.

仰的指引与启发下",他为自己所描述的法官形象作了最佳见证。[1]

宗教与法律的第三个方面的联结,见于人与政府之间的关系。当将这个问题置于宗教的语境中,实际上涉及的是上帝、人、国家三方的关系。在《圣经》的创造论中,上帝造的每一个人都是平等的,平等的人组成了社会,而社会的管理机构演变成了国家。与洛克和卢梭的社会契约论不同,基督信仰中的政府地位乃源自上帝的授权,管理者的权力来自上帝。[2] 丹宁引用威廉·汤普的话:"人是主要的,而非社会;国家为其国民而存在,而非相反。"[3] 因而,国家的代表(如国王)或管理者(如政府)均不可凌驾于该权柄之上。在著名的詹姆士一世与时任王座法院首席法官柯克勋爵的对话中,柯克的回答即清楚表明了国王、臣民、上帝与法律的关系。他答道:"正如布拉克顿所言,'国王位列臣民之上,但在上帝与法律之下'。"[4] 丹宁在不同场合不止一次地引用柯克这一经典回答,用意明显在于彰显法律的地位。他借用先贤布拉克顿与柯克的话,将法律的地位悄然抬升至国家(包括国王与政府)权力之上,而他所指的法律,应当是指由历代法官塑造的普通法,而非议会之制定法。换言之,国王及政府管理人民的权柄来自上帝,亦应当依照上帝的话语——即《圣经》的教导——管理臣民,而法官有权监督管理者是否依教导而行,因为法官是法律的阐释者。这就呼应了丹宁法律哲学的第二个层面"法律下的

---

[1] Edmund-Davies, Lord Denning: Christian Advocate and Judge, 1 *Denning Law Journal* 41, 47 (1986).

[2] 丹宁在此引用了《新约·罗马书》第13章第1节:"在上有权柄的,人人当顺服他,因为没有权柄不是出于神的,凡掌权的都是神所命的。"

[3] William Temple, *Christianity and Social Order*, Shepherd-Walwyn Publishers, 1976, in Alfred T. Denning, *The Changing Law*, Stevens & Sons, 1953, pp. 116-117.

[4] Alfred T. Denning, *The Changing Law*, Stevens & Sons, 1953, p. 118.

自由"中的观点。自由乃上帝所赐,而自由的保护者即为上帝正义之施行者——法官。

第四方面的联结,见诸于婚姻家庭领域。丹宁对婚姻家庭法律原则的较为全面的阐述,散见于他的主要判例及《法律的正当程序》一书中的相关总结。但无论是在相关判例还是在著述中,他均主要从法律角度阐释,甚少提及婚姻家庭法的宗教维度。但在丹宁看来,婚姻制度显然渊源于宗教。依照基督信仰,婚姻乃一男一女之永久联合,婚姻制度乃上帝的设计。[1] 在英格兰,自依照基督信仰设立婚姻制度以降,离婚是不被允许的,或是根本不存在离婚这一做法。丹宁为这一终身婚姻制度的重要意义(或反言之是反对离婚的重要理由)提供了非常合理的解释:

> 几个世纪以来,婚姻的不可拆散原则在英格兰不仅是国教会宣扬的法律,亦是整个国家的法律。此不可拆散性,对这个国家的社会生活产生了深远的影响。家庭是社会的主要单位。社会的福祉要求孩子应当尽可能由他们的亲生父母抚养长大,他们被视为家庭的成员,在家庭生活的施与受中,以及在家庭提供的安全保障中成长。而婚姻制度则为家庭生活的法律基石。[2]

丹宁处理过大量离婚案件或者与离婚相关的案件,也在诸多旨在促进家庭和睦之社会团体中担任重要角色。从其论述中,显见他反对

---

[1] 详见《旧约·创世记》第 2 章第 18—24 节。
[2] Alfred T. Denning, *The Changing Law*, Stevens & Sons, 1953, p. 121.

离婚，认为允许离婚乃无奈之举，且造成了不可弥补的社会问题。他认为离婚并非纯粹的个人事务，它是以后代的福祉为代价而达至成年人的私人利益，不仅破坏家庭的合一，还对民族个性造成无法估量的负面影响，并认为离婚应受道德的谴责。[1] 这样传统或曰正统的婚姻观念显然难免不受诘难，因为这被认为是与个人主义、与世界发展的潮流相背离。但从宗教与法律联结的角度上看，婚姻家庭法律的确是一个典型领域。

上文提到，丹宁有关法律与宗教之演讲着重于"溯源"与"回归"；在其演讲的主体部分，阐释法律的宗教之源；而其结论，则呼吁法律回归宗教：

> 那么，我们得出的结论是什么呢？结论理当如此：如果我们追寻真理与正义，我们无法在争论与激辩中寻获，亦无从由阅读与思索中得着，我们唯有在对真正的信仰与美德的维护中寻得。宗教关乎人的精神，人由此得以认识何为真理、何为正义；而法律只是真理与正义在我们日常生活中的应用，纵然是不完美的应用。如果宗教在这片土地上不复存在，真理与正义亦将随之消亡。我们已偏离先辈们所持守的信仰太远了。让我们回归这信仰，因这是唯一能拯救我们的。[2]

丹宁这一"回归信仰"的强烈呼吁，让人联想起伯尔曼（Berman

---

〔1〕 Alfred T. Denning, *The Changing Law*, Stevens & Sons, 1953, p. 121.
〔2〕 Ibid., p. 122.

H.J.)那句熟悉的名言:"法律必须被信仰,否则它将形同虚设。"[1]伯尔曼除充分认同西方法律制度的基督教起源,还同样呼吁法律向宗教的回归,并认为:"没有对法律中的宗教要素予以充分的注意,我们就消除了它施行正义的能力,可能甚至夺去了它生存的能力。"[2] 这与丹宁的思想不谋而合:是宗教让人们懂得何为正义,而正义正是法律孜孜以求的最高目标;没有了宗教的指引,法律不懂何为正义,从而将丧失其精神、丧失其生命力。

丹宁法律哲学之三个维度——"让正义实现""法律下的自由"与"信靠上帝"——三者之间是相互交叉的,信靠上帝的理念贯穿始终,基督教信仰亦为正义与自由之源。而在这貌似虚无缥缈的"软性"理念下,丹宁将重点转向了法官的角色。普通法的法官,应当是在《圣经》教养下成长的法官,这是他司法理念的源泉与基础。丹宁认为,法官应当信靠上帝,否则将不知真理与正义为何;惟有这样的法官,方有能力与资格在具体案件中施行正义,并保护公民的自由及其他根本权利。

第二节 丹宁法律哲学中的衡平

在丹宁法律哲学中展现出的一幅以司法过程中的法官为轴心的图景里,不难发现它与作为司法理念的衡平之间具有惊人的契合性。"衡平"如同一个"棱镜",不同的侧面透露着不同维度:

(1)在哲学维度上,衡平代表着亚里士多德所言之"公道",这

---

[1]〔美〕伯尔曼:《法律与宗教》,梁治平译,中国政法大学出版社2003年版,第14页。
[2]同上注。

是一种优越于公正的善。[1] 当代衡平法学者哈德森教授也由此将衡平法定义为"法律体制中用以平衡规则之确定性的需要与在个案中获得公平结果之需要的一种方式"。[2]

(2) 在历史维度上,实施衡平的衡平法是英格兰法律发展史的产物,一如英格兰法律史与衡平法学家梅特兰(Maitland F. W.)教授所述:

> 因而我们不得不这样讲,如今的衡平法,是指由我们英格兰法院施行的一套规则,而这套规则,如果不是因为《司法组织法》的实施(而将普通法法院与衡平法院合并),则独由衡平法院施行。[3]

(3) 在道德与宗教维度上,衡平管辖权针对的是被告人的"良心",衡平法不容许权利人违背良心行使其法律上的权利,衡平法院亦由之被称为"良心法院"。[4]

以下将依循衡平之基本特征这一逻辑,再度审视丹宁法律哲学,并观察两者间存在何种程度上的契合。

一、丹宁致力实现的正义,乃一种"新的衡平"

丹宁法律哲学中所言之正义,与衡平意图实现的公正之间有何关

---

[1] 参见〔古希腊〕亚里士多德:《尼各马可伦理学》,廖申白译,商务印书馆2013年版,第160页。

[2] Alastair Hudson, *Equity and Trusts*, Routledge, 8th ed, 2015, p. 1.

[3] Frederic W. Maitland, *Equity: A Course of Lectures*, Cambridge University Press, 2nd ed, 1936, p. 1.

[4] 详见前文第1章第2节。

联呢？丹宁在 1952 年于伦敦大学学院以《时代呼唤新的衡平》（The Need for a New Equity）为题的演讲中[1]，道出了两者的渊源：丹宁致力于在判决中促成其实现的正义，乃一种能够与时代同行、赋予法律旺盛生命力的"新的衡平"。

为理解丹宁所"呼唤"的这种新的衡平，需对当时整体的司法风格作一回顾。在丹宁初涉英格兰法律舞台的 20 世纪中期，司法界多为保守型法官，如于 1940 年至 1945 年担任大法官的西蒙子爵（Viscount Simon），以及于 1951 年至 1954 年任该职的西蒙斯勋爵（Lord Simonds）。丹宁与两位大法官（以及同时代的某些同袍）在司法风格上以及对某些法律问题的认识上，相差甚远，分别代表了 20 世纪中期的两股塑造法律的力量。再如丹宁的两位前任：于 1937 年至 1949 年担任上诉法院民事庭庭长的格林勋爵（Lord Greene M. R.）与于 1949 年至 1962 年担任此职的埃瓦舍勋爵（Lord Evershed M. R.），他们在面对法律的确定性与灵活性之困境时，倾向于实现前者。

丹宁则发出了与上述主流观点不同的声音。丹宁所言之新的时代，既指"二战"之后的时代，亦指自 1952 年开启的新的伊丽莎白时代。他如此描述这种时代对法律的要求与期待：

> 新的时代为人们带来新的生活方式，亦赋予他们新的眼界。随着这些变化，产生了对新的法律规则的需求，以维持新的秩序，回应新的思维。[2]

---

〔1〕 Alfred T. Denning, The Need for a New Equity, 5 *Current Legal Problems* 1 (1952).

〔2〕 Alfred T. Denning, The Need for a New Equity, 5 *Current Legal Problems* 1, 1 (1952).

丹宁毫不隐晦地表达了对当时司法之僵化的极度失望[1]，批评法官们将衡平法推至无以复加的僵化境地，并感叹现代的法官与200年前那些伟大的衡平法官是如此的不同。丹宁借用汉伯雷（Hanbury）教授的话，认为采用这样"狭小的视野"（narrowness of outlook），衡平法无疑是丢弃了"自己亲手锻造的武器"[2]。如果法律不能自我调节以适应现代发展的需要，最终将导致不正义。

丹宁自己却从未丢弃这一衡平利器。在创制允诺禁反悔原则时，丹宁立基于"法律在过去五十年来的最新发展"[3]，并在此基础上意图绕过过时的先例，以同法律的发展趋势合拍。他还援引法律修订委员会（Law Revision Committee）的报告，以"预示"立法的走向[4]。在有关弃妻衡平的案件中，代表主流意见的法官们，如洛克斯伯格（Roxburgh J.）法官，"拒绝宣告这一史无前例地被提出的衡平权益的存在，因为没有任何先例显示它的存在"[5]。而先例的阙如在丹宁却不是理由，他所创设的衡平权利，被牛津大学瓦伊纳讲座（Vinerian Chair）教授切舍尔（Cheshire）形容为"一种新的衡平产权"[6]。在

---

[1] 丹宁列举了当代三个较为瞩目的判例：1944年上议院的"迪普洛克案"：Re Diplock [1941] 1 Ch 267 (CA)；[1944] AC 341 (HL)；1951年高等法院王座分庭的"汤普森诉尔斐案"：Thompson v Earthy [1951] 2 KB 596 (CA)；1952年上诉法院的"阿姆斯德朗诉斯德恩案"：Armstrong v Strain [1952] 1 TLR 82 (CA)。

[2] Alfred T. Denning, The Need for a New Equity, 5 *Current Legal Problems* 1, 5 (1952).

[3] *Central London Property Trust Ltd v High Trees House Ltd* [1947] 1 KB 130 (KB), 133.

[4] Law Reform Committee, *The Statute of Frauds and the Doctrine of Consideration* (*sixth report*) (Cm 5449, 1937) paras 35, 40, in *Central London Property Trust Ltd v High Trees House Ltd* [1947] 1 KB 130 (KB), 135.

[5] *Thompson v Earthy* [1951] 2 KB 596 (CA), 600.

[6] Geoffrey C. Cheshire, A New Equitable Interest in Land, 16 *Modern Law Review* 1, 9 (1953).

他广为传颂的一本著述《法律的训诫》(The Discipline of Law) 之扉页，他选择了判决中的一段内容作为题记：

> 如果我们从来不做之前没有做过的事，我们就任何事情都做不成。法律将停滞不前，而法律外的世界一刻没有止步，这对双方咸无裨益。[1]

在丹宁的司法理念中，让法律的发展跟上时代的步伐，不仅是衡平法的使命，也是"让正义实现"的重要途径。

二、丹宁对法官主导性角色的强调，凸显了衡平司法传统中的法官自由裁量权

如果我们将前述丹宁法律哲学中有关法官在司法过程中之角色的言辞归结于一处，便能清晰地看到丹宁眼中法官的应然角色：

首先，"让正义实现"之主体，是法官。丹宁认为，现代社会奉为圭臬的"法治"(rule of law)，其地位应当在"施行正义"(doing of justice) 之下，而法官则在其中扮演关键性角色。[2] 丹宁在不同场合多次表达"法官不应只是站在一旁等待"这样的观点，因为法官如果寄望于议会未来对立法的改变再去施行正义，将会牺牲无数次可以对涉案当事人伸出援手的机会。这种司法中的"袖手旁观"者，丹宁称是辜负了社会对法官的期待与托付。[3]

其次，捍卫公民在"法律下的自由"，乃法官的天职。一如前述，

---

[1] *Packer v Packer* [1954] P 22, in Alfred T. Denning, *The Discipline of Law*, Butterworths, 1979, p. ii.

[2] Alfred T. Denning, *The Family Story*, Butterworths, 1981, p. 174.

[3] Alfred T. Denning, *The Road to Justice*, Stevens & Sons, 1955, p. 4.

丹宁所言之法律下的自由，着重点并非自由，而是法官对自由的保护，是法官当尽其所能，向对自由的侵害提供救济。丹宁在对有关专业人士过失陈述的"坎德尔诉克恩·克里斯玛斯公司案"（*Candler v Crane, Christmas & Co*）所作的著名异议判决中，借用布鲁斯爵士（Knight Bruce）的说法，"一个在司法中无法提供救济的国度，实在不能被称为文明国家"，将能否提供救济，抬升至是否配为文明社会的高度。[1]

最后，"信靠上帝"，乃法官司法理念的源泉与基础。丹宁认为，一位英格兰普通法体制下的法官，其法律哲学中有关真理与正义的司法理念，来自信仰，这是能帮助法官在混乱而缤纷之现实的迷雾中，依然能看清路标、辨明界限的"指路明灯"。[2] 此即为丹宁在阐释其法律哲学之先即表明的根本信念："法官的角色，定然是要在站在他面前的当事人之间施行正义。"[3]

提供救济，是法官施行正义的主要方式。丹宁有一句与曼斯菲尔德勋爵遥相呼应的嘉言："哪里有权利，哪里就应当有救济。"[4] 这种救济，是由处理案件的法官提供的，是针对"站在他面前的"当事人的，这是源自衡平司法传统中大法官那"与生俱来"的司法自由裁量权，以及"衡平法对人行事"的原则。丹宁亦用"先天的"（inherent）一词来形容法官这种纠正错误、提供救济的自由裁量权，并认为

---

[1] *Slim v Croucher*（1860）1 De GF&J 527, in *Candler v Crane, Christmas & Co* [1951] 2 K B 164（CA）, 176.
[2] Alfred T. Denning, *The Changing Law*, Stevens & Sons, 1953, p. 109.
[3] Alfred T. Denning, *The Family Story*, Butterworths, 1981, p. 174.
[4] *Abbott v Sullivan* [1952] 1 KB 189（CA）, 200.

如果法官不具备该权力断是"无可容忍的"（intolerable）。[1]

当然，法官行使司法自由裁量权，是自由的，亦是不自由的：言其自由，在于具体的案件事实，从来不会因为法律无规定而渊默和销声匿迹，当议会立法与法院先例未能对应于具体个案时，这一空间便成为"司法职权获取其最大机遇和最大能量之所"[2]；言其不自由，在于法官"不是一位随意漫游、追逐他自己的美善理想的游侠"，他应当"从一些经过考验并受到尊重的原则中汲取他的启示"，并"不得屈从于容易激动的情感、屈从于含混不清且未加规制的仁爱之心"。[3] 一位优秀的法官，总是能够在"这一行当的集体判断"以及遵从一般法律精神之义务建立起来的限度内，找到平衡点。[4] 而这一在自由裁量中的平衡过程，即为衡平的司法过程。[5]

三、作为衡平之基因的良心，浓缩了丹宁法律哲学中的信仰因素

丹宁是一位有名的"异议法官"，他将作异议判决的理由，归于"良心之故"（for conscience sake）[6]，且坦言：

> 我并不情愿作异议判决。但最后关头我会这样做。这纯粹是为了自己内心的平安（for my own peace of mind）。只要

---

[1] *R v Northumberland Compensation Appeal tribunal, ex parte Shaw* [1952] 1 KB 338 (CA), 347, 354.
[2] 〔美〕本杰明·N.卡多佐：《法律的成长》，李红勃、李璐怡译，北京大学出版社 2014 年版，第 74 页。
[3] 〔美〕本杰明·卡多佐：《司法过程的性质》，苏力译，商务印书馆 2009 年版，第 85 页。
[4] 同上书，第 68 页。
[5] *Cukurova Finance Ltd v Alfa Telecom Ltd (No 4)* [2015] 2 WLR 875 (UKPC), [22]-[24].
[6] Alfred T. Denning, *The Family Story*, Butterworths, 1981, p. 183.

认为所做是正义的,我顿感心满意足。我夜晚得以安睡。但如果所做是非正义的,我将彻夜难眠。[1]

丹宁对正义与非正义的判断,是基于是否违背良心的判断,此亦为在司法过程中决定判决走向、构成法官那"下意识力量"的传统信仰与后天确信。如果说丹宁意图在个案中实现的正义是"色彩缤纷却凌乱不堪"的,那么其个人信仰则恰是在纷杂情形中折射出的五彩光线的光源。

良心,乃信仰之所居。宛似看不见、摸不着,但又切实地以一种"底线"的方式存在。在前文对丹宁在个案中实现正义的论述中,从良心的角度上不难看出,丹宁在个案中高举的"良心尺度"。例如,限制对价原则中实施的允诺禁反悔原则,针对的是允诺人出尔反尔、丧失诚信之违背良心之行为[2];赋予被遗弃妻子在丈夫房产中继续居住之衡平权利,是对身为产权人的丈夫所作出的违背良心之财产处置施加限制[3];将免责条款的适用范围囿于"公平而合理"的限度内,是为了抑制违背良心之合同条款的强制接受与实施[4];而当由某种职业者组成的行会错误地开除其成员,进而使得以此业为生的小市民丧失生计时,法院亦当出于良心之故伸出援手。[5] 从某种意义上说,丹宁在这些场合所行使的是衡平司法中基于良心的管辖权。当刚硬的法律原则此刻踩上他的良心底线时,丹宁唯一能做的反应,便

---

[1] Alfred T. Denning, *The Family Story*, Butterworths, 1981, p. 183.
[2] *Central London Property Trust Ltd v High Trees House Ltd* [1947] 1 KB 130 (CA).
[3] *Bendall v McWhirter* [1952] 2 QB 466 (CA).
[4] *Karsales (Harrow) v Wallis* [1956] 1 WLR 936 (CA); *Geo Mitchell Ltd v Finney Lock Seeds* [1983] 1 QB 285 (CA).
[5] *Lee v The Showmen's Guild of Great Britain* [1952] 2 QB 329 (CA).

是让被申诉人的法律权利的实施,退回到该底线之内。

如果说丹宁的法律哲学实质上是一种衡平的司法理念,实不为过。丹宁法律哲学不论从实体上还是从实践的方式上,与衡平司法理念有着高度的契合性:他力图在案件中实现的正义,实质上是一种能够赋予法律生命力与活力的衡平;他对法官管辖权与裁量空间的看重,与衡平司法传统中法官的自由裁量权一脉相承;作为其司法理念之源泉与基础的信仰,为他在判决中的作为划下了良心的底线,而良心,确为衡平的基因。

小结　与衡平理念高度契合的丹宁法律哲学

本章通过解读、剖析丹宁法律哲学三个层面的内在机理,论证丹宁法律哲学实质上是一种衡平司法理念,其主要展现在:

(1)丹宁致力实现的正义,乃一种"新的衡平";

(2)丹宁对法官主导性角色的强调,凸显了衡平司法传统中的法官自由裁量权;

(3)作为衡平之基因的良心,浓缩了丹宁法律哲学中的信仰因素。

丹宁致力实现的正义,是他蕲求的一种新的衡平。这种衡平,与其说是"新的",毋宁说是——如同文艺复兴般——"回到本源"(ad fontes)、回到诺丁汉勋爵(Lord Nottingham)与哈德威克勋爵(Lord Hardwicke)司掌下的高度灵活与柔韧的衡平法之黄金时代。丹宁认为,这种衡平,立基于自然正义,优先于现存法律,当法律的严格适用将导致与自然正义相悖的结果时,衡平则可缓和或柔化这种法律适用的严苛与僵化;这种衡平,亦能够带动法律与时俱进,能够适应新的形势,满足人们新的要求,实现社会新的愿景;这种衡平,亦能够为权利受损之人提供及时而适切的救济，正义并不因制定法无规定或先例阙如而留白。丹宁要实现的，无疑是这一具有超越性、适应时代需求与救济性的正义。这也是丹宁所谓"我的法律哲学，近乎那衡平原则赖以建立之哲学"之缘由。[1]

丹宁法律哲学常被诟病为过于抽象、主观等，但本章通过解读其不同层面，发现那贯穿其中的、可触且可视的主线——衡平司法理念、思维及路径，无疑为下文进入丹宁具体而细致的司法实践、判决理由的铺陈提供了一把钥匙：从衡平最终要实现的目的看去，不难理解丹宁为何强调个案正义、为何着重衡平在个案中的实现；从衡平管辖权的行使看去，不难理解丹宁为何秉持法官"天生"具有司法自由裁量权这一根深蒂固的司法理念，以致他在司法解释中坚持法官可以填补立法空隙，在对家庭财产法作出裁断时认为法官享有"不受束缚的"裁量权；从衡平的渊源与理念看去，亦不难理解丹宁为何会将判决视为其良心的载体——该良心，代表着他的司法良心，也是他源于信仰的良心。

丹宁的衡平司法实践，亦回应了庞德在衡平法已发展至僵化境地的 1905 年发出的呼吁："我们必须警醒。"他引耶林（Ihering）"我们必须捍卫法律"之告诫，呼吁"我们须以同样的努力捍卫衡平（fight for equity）"。[2] 庞德认为，如果不警惕，衡平的理念与精髓将湮没在法律的规则化进程与浪潮中。若然面对案件中的一个个寻求救济者的法官们，如果只专注于对规则与先例的顶礼膜拜，那么，成为祭品的，便只会是那些权利受损者的利益。如此，法律将逐渐地丧失生命力与创造力，而这正是其赖以生存与发展的根基所在。

---

[1] Alfred T. Denning, *The Family Story*, Butterworths, 1981, p. 175.
[2] Roscoe Pound, The Decadence of Equity, 5 *Columbia Law Review* 20, 35 (1905).

第三章

丹宁眼中的衡平司法空间

第一节　司法自由裁量权与衡平司法空间

司法过程中存在着由接触案件事实的法官对要件进行自由裁量的空间，是一个不争的事实。人类行为与社会发展的不可预见性及人类立法先见的局限性，决定了这一空间的客观存在。因而，司法自由裁量权是现代法律制度中（不论是大陆法系还是普通法系）普遍存在且必要的一种司法权力。但其程度因案件涉及的不同法律关系而有所区别。例如，在财产法领域，鉴于产权的认可与确定对交易安全至关重要，并涉及公共利益，故法官在制定法外的自由裁量空间较小，通常不具备创设或认可法律之外财产权益的自由裁量权；而在法律原则较为宽松的合同法领域，在有关合同订立、履行、解除等基本规则下，存在着多变的情形，且合同法律关系通常只涉及缔约当事人的利益（在某些情况下延及第三人利益），因而法官在判定合同效力、决定救济方式的种类或数额方面，存在着较宽的裁量空间。显然，法官权限与议会权限之间的界线，因着所涉法律关系的不同而落脚点不同。

在英格兰法律语境下谈论法官的自由裁量权，必然涉及法官的衡平管辖权，亦即法官的衡平司法空间。出于历史原因，衡平管辖权的行使有着独特的标志。在 1875 年《司法组织法》生效前，衡平管辖权由衡平法院专属行使，因行使该管辖权而产生的原则、规则、权利、救济等，均出于"衡平"。而在普通法法院与衡平法法院合并后，衡平管辖权并未因衡平法院并入高等法院而消失，法官们依旧延续着衡平管辖权的行使。大多数时候，法官只是在遵循先例的框架内，适用业已确立的衡平原则。但亦有许多场合，当某个先例明显过时、不再适用于新的社会发展状况，或是新的状况出现而没有先例可循时，法官通过行使衡平管辖权，赋予先例与时俱进的意义，或是直接创造先例。类似的情形也见于法官面对不尽如人意或是概念模糊的制定法之时。

综上，法官的衡平司法空间实质上可划分为两种情况：

一是法官在遵循先例体制内，延续着业已确定之衡平法原则与规则的适用，如信托制度的适用，特定履行、禁制令等衡平救济方式的施行等，这是一种相对稳定的衡平司法空间，并可视其为衡平法的适用空间。

二是法官从既有法律中（包括判例和制定法）未能得出公平而公道的解决方式［用衡平法的语言可描述为"不衡平的"（inequitable）判决］时，在案件事实与先例之间、在案件事实与制定法之间寻找的适当的［亦即"衡平的"（equitable）］解决之道。这一寻找衡平解决之道进而达致衡平判决的过程，又将产生两种效应：一种是在既有原则框架内，基于案件事实的特殊性作出的细微调适，其效力不触及该既有原则之本体，例如，依照法律原则，当事人应当有权撤销合同，然而由于在该案件中，申诉人自身有过错，或是在撤销权的行使上拖延时间过长，法官则行使衡平管辖权判决该案中的申诉人不得撤销合同，但该判决并不影响合同撤销权在通常情境下的行使；另一种效应，则对既有法律原则产生不同程度的影响，或是因衡平管辖权的行使在普通法权益外创设了一种新的衡平权益（例如家庭中不享有法律上产权的配偶被赋予财产的受益权益），或是出于衡平的原因对不在普通法保护范围内的利益提供保护，进而赋予申诉人得以对抗权利人的抗辩权（如为保护信赖利益而禁止合同权利人反悔的允诺禁反悔原则），或是通过对合同条款的重新解读而为缔约中的弱势方提供特别的救济。上述第二种效应，实质上是法律的发展与创新，其结果丰富了衡平法的阵容。

一位优秀的法官，除懂得遵循先例外，益加重要的是能够驾驭衡平这辆"马车"，使它既得以稳步前行，又能够因应时代的需要，突破旧的平衡而保持新的平衡。英格兰法律史上能够称为"造法者"（law-makers）的，必是这样的法官，如17世纪分别对普通法与衡平法的塑造产生重大影响的黑尔爵士（Sir Matthew Hale）和诺丁汉勋爵（Lord Nottingham）；再如18世纪被誉为"商法之父"的曼斯菲尔德勋爵（Lord Mansfield）、19世纪的埃尔登勋爵（Lord Eldon）、20世纪的埃特金勋爵（Lord Atkin）等。丹宁在普通法"造法者"的星空中，属于众星拱辰，之所以如此的原因，即是他极为积极地行使他在衡平司法空间中的自由裁量权，甚至在许多时候，他对该权力的行使或许超出了法律允许的界限，例如，他对家庭法中有关判定夫妻各自产权归属的"第17条管辖权"的解读与行使。[1] 如是也构成了丹宁的司

---

〔1〕"第17条管辖权"出自1882年《已婚妇女财产法》第17条，其中赋予法官以"他认为恰当的"方式处理夫妻产权争议。详见第4章第2节、第3节。

法（尤其是衡平司法）极具争议的首要因由。

当然，司法创新并非漫无边界，法官不得如游侠般恣意。借用卡多佐之言：

> 他应从一些经过考验并受到尊重的原则中汲取他的启示。他不得屈从于容易激动的情感，屈从于含混不清且未加规制的仁爱之心。他应当运用一种以传统为知识根据的裁量，以类比为方法，受到制度的纪律约束，并服从"社会生活中对秩序的基本需要"。[1]

简言之，法官的衡平司法空间，是以基本法律精神与"这一行当的集体判断"（即若干世纪法律前辈建立起来的传统与先例）为边界的。[2] 除来自法律基本原则与先例及传统的限制，从法律程序上，法官还受到其同辈、同袍的限制，如上诉法院法官，当他需要司法创新时，仅凭他个人之力是无法突破既有规则、创造先例的，他还需要说服另外两位同席法官中的至少一位。上议院更是如此，至少要有三位当席法官愿意迈出创新的一步，方可缔造新先例。所引"唐纳修案"即为典型的例子。

丹宁认为的法官衡平司法空间，主要指的是上述第二种衡平管辖权的行使空间，即创新与发展法律的空间。他曾用"不受束缚的"（unfettered）、"完全的"（entirely）等字眼来形容这一司法自由裁量

---

[1]〔美〕本杰明·卡多佐：《司法过程的性质》，苏力译，商务印书馆2015年版，第85页。
[2] 同上书，第68页。

权。[1] 这种"极端的司法能动主义"观念,显然源自他对司法的根本信念。丹宁在《家庭故事》(The Family Story)中曾这样述说自己的"根本信念":

> 我的根本信念是,法官的角色,就是要在站在他面前的当事人之间施行正义。如若任何法律对施行正义带来损害,那么,将由法官尽所有合理的方式来回避该法律——甚至是改变该法律——以对目前正在他面前受审的案件施行正义。他无须等待立法机关的介入;因为这对其眼前的案件毫无帮助。然而我要强调,"合理"一词指的是:该法官自身在法律之下,并必须遵守法律。[2]

这是一种法官主导的理念,它贯穿丹宁整个司法生涯,亦决定着他面对先例、面对制定法等法律权威时的态度——如其所言:他将"尽所有合理的方式来回避该法律",甚至是"改变该法律"。他的正义观念,产生并实现于个案。个案所应得的正义,丹宁不认为应被吞噬于法律原则这一机器的锯齿中。这正是衡平司法的核心观念。

下文第二节、第三节,将分别解析丹宁在面对先例与面对制定法之时,如何把握法官的司法自由裁量空间,包括如何回避法律,甚至改变法律。

---

[1] *Hine v Hine* [1962] 1 WLR 1124(CA), 1126, 1127(Denning L. J.).
[2] Alfred T. Denning, *The Family Story*, Butterworths, 1981, p. 174.

第二节　在事实与先例之间：面对先例的进与退

在丹宁最广为传颂的一本著述《法律的训诫》(The Discipline of Law) 之扉页题记，他一再重申创设先例的意义："如果我们从来不做之前没有做过的事，我们就任何事情都做不成。法律将停滞不前，而法律外的世界却没有停止脚步，这对双方都不是好事。"[1] 丹宁认为法律的发展决定了普通法是否尚具有持久的生命力。在普通法遵循先例的体制下，如若因为没有先例而拒绝创造先例，如前引题记所言，法律将止步于此，而社会却不因此而停步，从而使得法律与社会需要脱节；另一方面，如若因为有先例可循，但该先例已落后于现时社会，盲目遵从将导致不公，此时，法官须于确保法律的稳定与捍卫公平正义这两种司法价值观中作出抉择。作为法律职业者的丹宁，在其60年的法律生涯中，不论以出庭律师还是以各级法官的身份，均时时面对这一抉择。

熟悉丹宁判决与司法风格的人不难发现，其最为世人瞩目之处，即在于他面对权威之时展现出的挑战的勇气：不论是面对先例的权威，还是上级法院（如上议院）的权威。然而，该过程总是布满了非议、批评、甚至谴责。突破先例之"禁锢"的努力，在丹宁的法律生涯中从来没有中止过。

---

[1] *Packer v Packer* [1954] P 15 (CA), 22 (Denning L. J.), in Alfred T. Denning, *The Discipline of Law*, Butterworths, 1979, p. ii.

一、律师丹宁：赢得官司，还是伸张正义？

当丹宁还是初级出庭律师（Junior Counsel）时，其突破先例的观念或许尚不强烈，对先例的态度多取决于是否有利于所代表的当事人之利益。[1] 但在1938年荣膺为御用大律师（King's Counsel）后，在其辩护的某些案件的性质与辩护词中，先例于丹宁的意义已在案件结果之上。面对"不良"先例，其态度鲜明地建议法庭不予遵循。如在"联合澳大利亚公司诉巴克莱斯银行案"（United Australia Ltd v Barclays Bank Ltd）及"戈德诉埃克萨斯郡委员会案"（Gold v Essex County Council）中[2]，丹宁不收分文为当事人辩护，因他确信涉案的先例为谬。

（一）初级出庭律师：致力赢得官司

在著名的访谈录《人物个性》（In Character）中，丹宁勋爵对自己从律师到法官的角色转换有一独到而精要的论述：

> 如果你是律师，你希望为客户赢得官司，你希望自己可以为其出色表现。而当你成为法官，你并不太在意哪一方会赢。你所关心的，唯有正义。[3]

不同的身份，关注点不同。当丹宁于1923年6月成为林肯出庭律师公会（Lincoln's Inn）之一员，开始法律执业生涯时，竭力打赢官

---

[1] L'Estrange v Graucob Ltd [1934] 2 KB 399.
[2] United Australia Ltd v Barclays Bank Ltd [1941] AC 1; Gold v Essex County Council [1942] 2 KB 293.
[3] John Mortimer, In Character, Penguin Books, 1984, p. 17.

司、成为成功的律师属第一位考虑因素，而法律或先例是否合理、是否符合正义，则居次位。

丹宁身为初级出庭律师时，于1934年2月在"里斯特朗治诉格老克勃案"（*L'Estrange v Graucob Ltd*）中为其当事人所作的辩护堪为典型示例。〔1〕这是丹宁接触的第一宗有关免责条款的案件。该案涉及一宗买卖，原告以分期付款的方式从被告处购买了一台自动打孔机，但发现该机器完全不能使用，故终止支付余下款项并要求卖方赔偿损失。卖方援引合同中以细小字号载明的免责条款以图免责，并声称，买方在缔结合约之时已知晓该免责条款的存在，因买方已在合约中签字。郡法院判决买方胜诉，卖方上诉至高等法院，丹宁为其辩护人之一。该案的辩护理由直接而清晰：这是一份书面合同、当事人已签字、不存在欺诈与虚假陈述。买方在合同中签字，即代表同意卖方的免责条款，因而卖方得以免责。在"合同自由"思潮盛行的年代，丹宁毫无悬念地为其当事人赢得了官司。

在1981年出版的《家庭故事》中，丹宁直率地承认："在那些日子，我并不十分关注诉由的正当与否。作为律师公会之一员，我唯一关心的，是尽可能打赢官司。"〔2〕但当丹宁成为法官后，他不遗余力地站在"弱者"——即免责条款所针对的一方——的角度，将免责条款之适用局限在合理范围内。〔3〕丹宁后来给人以"扶助弱者"的印

---

〔1〕 *L'Estrange v Graucob Ltd*［1934］2 KB 394.
〔2〕 Alfred T. Denning, *The Family Story*, Butterworths, 1981, p. 99.
〔3〕 *Olley v Marlborough Court Ltd*［1948］1 KB 532；*Adler v Dickson*［1955］1 KB 158. 在前案中，丹宁为高等法院王座分庭法官，该案涉及一个家庭旅馆的合约中声明的对住客因盗窃而遭受的财物损失概不负责的免责条款。在后案中，丹宁为上诉法院法官。该案涉及一艘地中海邮轮的船票之背面所载的"乘客风险自负"的免责条款。在这两起案件中，丹宁均判决该免责条款无效。

象，很大程度上亦归功于他对免责条款之适用的严格"把关"。他把这种双方议价能力不对等的状况形容为"要么拿走，要么走开"(Take it or leave it) 的情形[1]，即处于弱势的消费者面对处于强势的货品或服务提供者，对后者在合约中加入的免责条款几乎不具备议价能力。近乎出自伸张正义之本能，丹宁认为法官的角色在于把原本失衡的双方地位平衡过来，那就是向弱者倾斜。

  巧合的是，为丹宁勋爵的法官生涯画上句号的，也是一宗涉及免责条款的案件，那就是丹宁勋爵在退休前夕听审的"乔治·米歇尔公司诉芬妮种子公司案"（*Geo. Mitchell Ltd v Finney Seeds Ltd*），亦称"卷心菜种子案"[2]。在其判词中，丹宁勋爵以其独有的诗意般且诙谐的笔调，将与免责条款相关的法律演变娓娓道来。其中，他提到了半个世纪前他作为初级出庭律师代理的前述"里斯特朗治诉格老克勃案"[3]。他并没有为自己在那场官司中的胜诉而津津乐道，相反，他认为，该案是在合同自由原则之鼎盛时期，令合同法的发展处于"黯淡之寒冬"（a bleak winter）的代表性判例[4]。

  彰显丹宁对待法律原则的态度随身份转变的，还有一个经典例子。那是丹宁以初级出庭律师身份代理的最后一宗案件，即"贝利斯弗得诉皇家保险公司案"（*Beresford v Royal Insurance Co Ltd*）[5]。该案的情节可媲美剧本，丹宁在《家庭故事》中有着生动的记述，而该记

---

  [1] *Geo Mitchell Ltd v Finney Seeds Ltd* [1983] QB 284, 297 (Lord Denning M. R.).
  [2] *Geo Mitchell Ltd v Finney Seeds Ltd* [1983] QB 284. 该案之判决日期为 1982 年 9 月 29 日，丹宁于同年 10 月从上诉法院民事庭庭长职位退休，此亦为其司法生涯之终结。
  [3] *L'Estrange v Graucob Ltd* [1934] 2 KB 394.
  [4] *Geo Mitchell Ltd v Finney Seeds Ltd* [1983] QB 284, 297.
  [5] *Beresford v Royal Insurance Co Ltd* [1938] AC 586.

述远比判例汇编中的记载更为引人入胜。[1] 现将案情简述如下：一名陆军少校购买了一份人寿保险，保单将于6月某一天的下午3点到期，但该少校已没有足够的钱支付最后一期保费。依据该保险合同，若未能在下午3点前支付保费，保险利益将归于无有；若他在保险期限内离开人世，他的继承人将可获得保险利益。少校百般无奈之下，选择了后者。丹宁写道：

> 两点四十五分，他出来了，叫了辆出租车。他对司机说："载我到我在艾尔伯马利街的寓所，"并加上一句，"当经过圣雅各广场钟楼的时候，你看一下时间并记录下来。"……当经过圣雅各广场钟楼时，司机看了看时间：差三分钟三点。当出租车正顺着圣雅各街行驶时，司机听到"嘭！"的一声，停车，随即跑出车外。留在车内的，是少校，已死亡。差两分钟三点——时间恰好！[2]

如此富有戏剧性的案情，在法律上实际是关于合同的解释。若依照保险合同的字句，少校的遗产执行人是应当获得保险公司赔付的，因为死亡发生于保险合同期内。代表少校一方的丹宁如此主张。但保险公司的辩护理由是，自杀属于犯罪，而依据公共政策，任何人不得因其犯罪行为获益。此时，丹宁持合同自由的立场，认为这完全是当事人之间的安排，合同的解释应当依照当事人选择的字句，公共政策

---

〔1〕 Alfred T. Denning, *The Family Story*, Butterworths, 1981, p. 100. 亦参见：Iris Freeman, *Lord Denning: A Life*, Hutchinson, 1993, pp. 122-124.
〔2〕 Alfred T. Denning, *The Family Story*, Butterworths, 1981, p. 100.

不应插手。[1]

　　这样的主张,这样解释合同的方式,与丹宁后来在作为法官颁布的判词,以及他在所有著述中表达的观点,格格不入。相反,丹宁法官以反对严格依照字句解释制定法、合同及任何其他法律文书闻名,他曾在《变迁中的法律》(The Changing Law)一书中引用《圣经》的话,批评这种拘泥于文字的做法:"那字句是叫人死,精意是叫人活。"[2]超越合同字句而给公共政策让路的例子,在其判例中俯拾皆是。对这样矛盾的做法与观点,唯一的解释似乎只能是,因为角色不同,从而立场与关注不同。作为辩护人,自然要从最有利于所代理当事人的理据辩护。但这样的理由并未获得上议院法官的支持。埃特金勋爵(Lord Atkin)明确表示,既然自杀是犯罪,如果犯罪人或其后人因此获益,将违反公共政策,此时,公共政策优先于合同之字面约定。[3]

　　而丹宁以这样的方式结束他对该案的描述:

　　　　上议院认为,自杀(felo de se),是我们英格兰法律所知的最十恶不赦的罪行。人在未获准允的情况下,冒然跑去见造物主。所以我们输了。[4]

　　但英国议会于1961年颁布了《自杀法》(Suicide Act 1961),从此,自杀或意图自杀均不再被视为犯罪。丹宁说,若该案发生在新法

---

　　[1] *Beresford v Royal Insurance Co Ltd* [1938] AC 586, 589 (Denning K. C.).
　　[2] Alfred T. Denning, *The Changing Law*, Stevens & Sons, 1949, p. 106. 该段经文引自《新约·哥林多后书》第3章第6节。
　　[3] *Beresford v Royal Insurance Co Ltd* [1938] AC 586, 599 (Lord Atkin).
　　[4] Alfred T. Denning, *The Family Story*, Butterworths, 1981, p. 100.

颁布之后,"我们应该是赢的"。[1] 但丹宁在该案辩护理由中的立足点,是合同应依照当事人之约定解读,拒绝适用公共政策。其立足点并非自杀是否应当属于犯罪。故而,我们不能就此推论丹宁当年的辩护理由是正确的。

(二) 御用大律师:"更高的事业"

丹宁于1938年4月1日由国王乔治六世(George VI)授予"御用大律师"(King's Counsel)称号,成为高级出庭律师,直至其于1944年3月7日晋升为高等法院法官。这六年,恰巧为英国历经第二次世界大战的时间(从1939年战争爆发到1944年诺曼底登陆,盟军扭转战局并于次年取得决定性胜利)。战争时期的社会环境、人民生活显然与和平年代截然不同。但普通法的适用与发展,似乎并未因战争而停滞。形容战时的生活,丹宁说:"我们养蜂,以得蜂蜜。我们养鸡,以得鸡蛋。我们没有车。我们徒步。我们最终走了过来。"[2] 而回顾战时的法律运作,他说:"法律勋爵们依然谨慎而有效地作出理由充分的判决,就如同在和平时期他们所做的那样。"[3]

丹宁在"朗德尔诉沃斯利案"(*Rondel v Worsley*)中,将出庭律师之角色描述为"与法官等同的正义施行者","他效忠于一个更高的事业,捍卫真理与正义的事业"。[4] 如果说在作为初级出庭律师的年代,丹宁关注的是打赢官司、赢得"常胜将军"的荣誉以及维持生计,那么,在他成为御用大律师后,在依然履行辩护人职责

---

[1] Alfred T. Denning, *The Family Story*, Butterworths, 1981, p. 100.
[2] Alfred T. Denning, *The Family Story*, Butterworths, 1981, p. 134. 丹宁的原文非常押韵:"We kept bees for honey. We kept chickens for eggs. We had no car. We went without. We won through."
[3] Alfred T. Denning, *The Family Story*, Butterworths, 1981, p. 131.
[4] *Rondel v Worsley* [1967] 1 QB 443, 502 (Lord Denning M. R.).

之同时，丹宁对其所向往之"更高的事业"，有着切身的感应与行动上的响应。最能展现这一细微但却是实质性转变的，以及见证丹宁从"律师思维"向"法官思维"过渡的，是1940年夏天在上议院审理的有关诉讼程序的"联合澳大利亚公司诉巴克莱斯银行案"（*United Australia Ltd v Barclays Bank Ltd*）（以下简称"巴克莱斯银行案"）[1]，以及1942年夏天在上诉法院审理的有关医疗疏忽行为的"戈德诉埃克萨斯郡委员会案"（*Gold v Essex County Council*）（以下简称"戈德案"）[2]。

"巴克莱斯银行案"涉及财产侵占。原告人为某支票之受票人，但M公司却成功从被告银行兑现了该支票。原告人首先起诉的是M公司，但该侵占之诉尚未完结且原告人未取得任何赔偿时，原告人即放弃该诉讼，转而向错误提供支票兑现的被告银行提起侵占诉讼。此案的争点不在是否存在侵占，而是当原告人放弃针对M公司的诉讼时，是否亦丧失了从被告银行获得侵权法上之救济的权利？初审法院与上诉法院均判决原告人败诉，认为原告人在起诉M公司时已作出了"不可逆转的选择"（an unequivocal choice）[3]。

在那个没有法律援助的年代，丹宁代理原告人无偿上诉至上议院，因为他确信上诉法院的判决是"如此的错误"[4]。丹宁在陈词中强调，法律的实质在于保护当事人的权利，诉讼形式上的缺陷不应成为实现权利之障碍。他开宗明义地宣告上诉法院所遵循的"重诉讼形

---

[1] *United Australia Ltd v Barclays Bank Ltd* [1941] AC 1. 该案听审于1940年5月28日、29日及同年6月3日，判决颁布于同年8月20日。

[2] *Gold v Essex County Council* [1942] 2 KB 293. 该案听审于1942年6月23日至25日，判决颁布于同年7月15日。

[3] *United Australia Ltd v Barclays Bank Ltd* [1941] AC 1, 6.

[4] Alfred T. Denning, *The Family Story*, Butterworths, 1981, p. 131.

式而轻实体权利"的系列判例"是错的"。[1] 在其辩护词的末尾,他援引金纳(Keener)教授的话:"实质乃所有,形式乃无有。"[2] 丹宁的辩护理由获得了上议院一众法律勋爵的赞同,尤其是埃特金勋爵,他判词中的一段亦成为被后世引用的经典名句:

> 这些无中生有的貌似合约的东西,是过去为达到法律上诉讼形式的要求而创制的,它们早已消逝殆尽。在如今的世代,我们不应允许它们对实际权利产生影响。当过去的幽灵举着它们设置的锁链当啷作响,抵挡着通往正义之路,法官当做的,是昂然前行。[3]

相信埃特金勋爵是丹宁所仰慕的法律前辈,除上文引用的"莫让过去的幽灵阻挡通往正义之路"的名言外,丹宁还在不同场合援引埃特金勋爵对法律原则的经典陈述,如在"利瓦斯治诉安德森案"(Liversidge v Anderson)中的"法律在战时与在和平时说的都是相同的语言"[4],以及在"唐纳修诉史蒂芬森案"(Donoghue v Stephenson)中的借用《圣经·新约》"好撒玛利亚人"的比喻,而将"要爱你的邻舍"这一道德诫命引入侵权法。[5] 无疑,埃特金勋爵这种莫让过去成为法律发展的阻力的观点,与丹宁的法律发展观念相契合。在其往后漫长的司法生涯中,当他欲突破过去的束缚,欲离弃先例将法律原

---

[1] *United Australia Ltd v Barclays Bank Ltd* [1941] AC 1, 4-5.
[2] *United Australia Ltd v Barclays Bank Ltd* [1941] AC 1, 7. 原文的表达为:"the substance being everything and the form nothing."
[3] *United Australia Ltd v Barclays Bank Ltd* [1941] AC 1, 29.
[4] *Liversidge v Anderson* [1942] AC 206, 244 (Lord Atkin).
[5] *Donoghue v Stevenson* [1932] AC 562, 580 (Lord Atkin).

则向前推进之时，他仍然不时援引埃特金勋爵的这句话为后盾。

如果说在 1940 年"巴克莱斯银行案"中，丹宁获得的是肯定与激励，那么在 1942 年的"戈德案"中[1]，丹宁成功挑战了上诉法院 1909 年的一个先例，改写了医疗疏忽行为中有关医院之责任的法律。这是丹宁以出庭律师身份成功改变既有法律原则的范本，他本人亦称其为相关法律原则发展中的"转折点"（turning-point）。[2]

"戈德案"中的当事人是个五岁的小女孩，她脸上长了疣，在埃克萨斯郡医院接受放射性治疗。为其施治的是一个叫米德的合资格的放射性治疗技师，他以合约方式受雇于郡医院。在为戈德的一次放射性治疗中，出于疏忽，米德没有用所要求使用的橡胶布覆盖疣以外的脸部，而是用了不足以阻挡射线的普通棉纱布，从而造成小女孩的脸部永久性变形。该案的争点在于，郡医院作为公立医院，是否须为其雇用的专业技师之疏忽行为负赔偿责任。该案的焦点，集中于上诉法院于 1909 年所作的一个先例，即"希利尔判例" [*Hillyer v St. Bartholomew's Hospital*（*Governors*）]。[3] 该判例确立了当时对待医疗责任的基本法律，即提供无偿医疗服务的公立医院，出于公共政策的考虑，对其雇员之疏忽所承担的雇主责任，应当与以盈利为目的的私营医院相区别；同时，该公立医院对其专业雇员（如医生、专业治疗师等）之疏忽不承担责任，因该类雇员往往凭借自身专业知识与经验为病人提供治疗服务，作为雇主的医院无法指示与控制此类雇员专业技能的实施。

由于受"希利尔判例"之约束，负责初审的塔克法官（Tucker

---

[1] *Gold v Essex County Council* [1942] 2 KB 293.
[2] Alfred T. Denning, *The Family Story*, Butterworths, 1981, p. 131.
[3] *Hillyer v St. Bartholomew's Hospital*（*Governors*）[1909] 2 KB 820.

J.）判决郡医院胜诉。因郡医院乃公立医院，米德乃其专业雇员，因而郡医院对米德的专业疏忽行为不负责任。但塔克法官在其判决中声明："若非受该先例之约束，他将作出与此相反的结论。"[1] 而丹宁挑战的，正是这"捆绑"了塔克法官的"希利尔判例"。"戈德案"要回答的主问题——即郡医院是否应当为米德的专业疏忽行为负责，演变成了两个次问题：其一，"希利尔判例"是否正确？其二，如果不正确，上诉法院是否可以不遵从？

丹宁在辩护词中直接指出，"希利尔判例"错在两个地方。首先，该先例错在判定医院对病人负有的合理注意义务来自合同。丹宁认为，医院对病人的义务产生自医院与病人的关系，即只要存在医患关系，医院即负有合理注意义务。该先例的第二处错误在于，认为医院无法控制其专业雇员，因而无需为此专业失责承担责任。[2] 为支持其论点，丹宁引用了古德哈特（Goodhard）教授在《法律季评》中的一篇专论医院对其雇员之疏忽所应承担之责任的文章，其中有对"希利尔判例"的详细评论，指明了作出主判决的两位上诉法院法官的自相矛盾之处，其结论是，该先例在断定医院责任方面有误。[3] 因而，丹宁主张，"希利尔判例"是错的。既然是错的，就不应当让此谬误继续。丹宁在对方辩护律师陈词后，作出简短而清晰的回应："对在前案中未曾争论过的问题，上诉法院可以拒绝遵循该前案之结论，即使该判决乃其自身所作。"[4]

从判例汇编对辩护词的记载看，与十年后在丹宁面前同样为专业

---

[1] *Gold v Essex County Council* [1942] 2 KB 293, 294-295.

[2] *Gold v Essex County Council* [1942] 2 KB 293, 295.

[3] *Gold v Essex County Council* [1942] 2 KB 293, 295. 详见：Goodhart A. L., Hospital and Trained Nurses, 54 *Law Quarterly Review* 553 (1938).

[4] *Gold v Essex County Council* [1942] 2 KB 293, 297.

疏忽之责任辩护的劳森（Lawson N.）相比[1]，丹宁在"戈德案"中的辩护算不上雄壮有力、精彩绝伦。但其简洁而清晰的论点，尤其是对古德哈特教授之评论文章的引用，赢得了上诉法院三位法官的一致赞同，从而改写了医疗责任方面的法律。三位上诉法官对"希利尔判例"中的两位法官之判词的矛盾之处均表示出不满，民事庭庭长格林勋爵（Lord Greene M. R.）称这样的自相矛盾实为"不幸"（unfortunate）[2]，古达德上诉法官（Goddard L. J.）用"困难"（difficult）来形容两位作出矛盾判词的法官为后来者所造成之困境。[3] 三位上诉法官一致判定郡医院败诉，即郡医院须对其专业雇员——包括作为专业放射性治疗师的米德——之疏忽负责任。

"戈德案"可谓体现了丹宁所持的普通法在必要时当勇于突破先例这一观念之雏形，从其中的律师丹宁，可以看到后来的法官丹宁的影子。作为法官的丹宁，对侵权法上的过失原则，尤其是对与专业人士之过失责任（包括医疗过失责任）相关的法律原则，有着强烈的突破传统、将法律向前推进的倾向。例如，在成为高等法院法官的时候，他认为专业人士应当对其过失陈述负责，即使因信赖其专业意见而受经济损失之申诉人与该专业人士间不存在合同关系[4]；在一桩医疗过失责任认定案件中，他认为只要证明了过失行为的存在，即使未能证明是哪一位医护人员的过失，医院亦不能推卸其对患者的责任[5]；在丹宁担任上诉法院民事庭庭长时，在许多涉及专业人士之过失行为的案件中，均倾向于判定专业人士负过失责任，尽管亦存在

---

[1] *Candler v Crane, Christmas & Co* [1951] 2 KB 164.
[2] *Gold v Essex County Council* [1942] 2 KB 293, 298.
[3] *Gold v Essex County Council* [1942] 2 KB 293, 312.
[4] *Candler v Crane, Christmas & Co* [1951] 2 KB 164.
[5] *Cassidy v Minister of Health* [1951] 2 KB 343.

基于公共政策考虑的少许例外。[1] 这一系列法律观点呈现出高度的一致性,即体现了"哪里有损害,哪里就应当有救济"。而该基本观点的源头,可追溯至当丹宁还是御用大律师时的"戈德案"。

二、法官丹宁:"单枪匹马的改革运动"

当丹宁晋升为法官后,在其"让正义实现"之法律哲学的导引下,展开了与不良先例的正面交锋。这一过程,被迪普洛克勋爵(Lord Diplock)形容是"丹宁单枪匹马的改革运动"(Denning's one man crusade)。[2] 现依照丹宁担任高等法院法官、上诉法院上诉法官、上议院常任上诉法官及上诉法院民事庭庭长之顺序,概述这一过程,并选取其中一经典判例予以端视。

丹宁在高等法院任职时间不长,而作为参与塑造与发展普通法的王座法院(King's Bench)法官亦仅有3年(从1945年10月至1948年9月)。但在这短短的3年中,丹宁法官却在1946年7月的一个初审即终审的案件中语惊四座,奇迹般地成功挑战了存在近三百年历史的合同法上的"对价原则"之先例,并建立了允诺禁反悔原则,它就是著名的"高树案"(The High Trees case)。[3] 尽管该原则的建立并非无源之水,但丹宁法官在前人的基础上,将源自道德领域的诚信,

---

〔1〕 判定专业人士存在过失责任的判例包括:*Ministry of Housing v Sharp* [1970] 2 QB 223(其中涉及不动产登记处之职员对不动产登记状况所作之过失陈述);*Dutton v Bognor Regis UDC* [1972] 1 QB 373(其中涉及委员会所聘用之测量师在检测楼宇过程中的疏忽)。少数基于公共政策考虑的例外情形包括:*Roe v Minister of Health* [1954] 2 QB 66(为缓解医疗界对责任认定之焦虑而对医疗疏忽行为与医疗风险作出划分);*Rondel v Worsley* [1967] 1 QB 443(涉及出庭律师是否当为其辩护行为之过失负责);*Spartan Steel & Alloys Ltd v Martin & Co (Contractors) Ltd* [1973] 1 QB 27(为防止打开"诉讼泛滥"之闸门,而将过失造成之损害限定在实际损失范围内)。

〔2〕 *Davis v Johnson* [1978] 2 WLR 553,559.

〔3〕 *Central London Property Turst Ltd v High Trees House Ltd* [1947] 1 KB 130.

第一次以法律原则的方式发布。在接下来的几年中，他利用若干次机会对该原则适度打磨，以适应现实的需要。[1] 丹宁法官在"高树案"中创新性的表现——尽管褒贬不一，成为其日后受正义观念之驱使而挑战权威、冲破先例束缚之序曲，亦使其成为当代极具争议的法官。

上诉法院是塑造与发展普通法的重镇。在晋升至上议院常任上诉法官之前的10年，即1948年至1957年，丹宁以上诉法官的身份，参与了"二战"后普通法对新形势、新社会的调试与磨合。在此10年中，丹宁的司法理念不断与其同袍产生摩擦和碰撞，既与上诉法院其他法官之观念相左——见之于其数量众多的异议判决，又招致上议院一众法律勋爵的口诛笔伐。上议院对丹宁最直白与激烈的两次批评——甚至是谴责，都发生在1951年的两个上诉至上议院的案件中，即"不列颠电影公司诉伦敦与地区电影院案"（*British Moviewtonews Ltd v London and District Cinemas Ltd*）与"马格与圣马伦乡议局诉新港公司案"（*Magor and St. Mellons Rural District Council v Newport Corporation*）。[2] 两次谴责相隔仅3个月[3]，均与法官对法律文件的解释权限相关：前者涉及对合同的解释，后者乃对制定法的解释。丹宁对法院绝对解释权的大胆阐释，招致了几乎所有涉案上议院法律勋爵的"关切"。这样的"特别关注"，使得上议院判决的意义已超过了判决结果本身。丹宁试图扩大法院在法律文件解释中之裁量权的意图，在此遭遇了挫败。在其后漫长的担任高级法院法官的司法生涯中，这两次"滑铁卢"，算是其在发展普通法的强烈欲望下，挑战先例与上级

---

〔1〕 如在 *Charles Rickards v Oppenheim* [1950] 1 KB 616 及 *Combe v Combe* [1951] 2 KB 215 中对允诺禁反悔原则的进一步阐释。

〔2〕 *British Moviewtonews Ltd v London and District Cinemas Ltd* [1952] AC 166（HL）； *Magor and St. Mellons Rural District Council v Newport Corporation* [1952] AC 189（HL）.

〔3〕 前案之终审判决日为1951年7月26日，后案为1951年10月25日。

法院权威的起点。

在担任上诉法官的 10 年间，除上述挫败外，丹宁在其某些异议判决中试图对先例作出突破的努力，随着时间推移，终被认可，并显示出法官之远见。其中最耀眼、最具前瞻性、为法律原则未来发展方向指明路径的，就是他在"坎德尔诉克兰·克里斯玛斯案"（*Candler v Crane, Christmas*）（以下简称"坎德尔案"）中作出的异议判词。[1]该异议作于 1951 年，是对 1932 年"唐纳修诉史蒂芬森案"判例中确立之过失行为基本原则的演绎与延展[2]，也为 1964 年英国上议院在"海德里·本案"（*Hedley Byrne & Co v Heller & Partners*）中最终接纳关于过失陈述中的注意义务作了铺垫。[3]这构成了过失法律原则发展过程中一个重要的承前启后的判例。该判例也奠定了丹宁后来所作的关于侵权行为、过失原则等判决之基调。除"坎德尔案"外，丹宁在此间具有前瞻性的异议判词还见于 1954 年的"邦瑟诉音乐家协会案"（*Bonsor v Musicians' Union*）及"肖曼诉肖曼案"（*Chapman v Chapman*）[4]，前者有关工会对被开除之会员的赔偿责任，后者有关衡平法庭代表未成年人更改信托条款的权力。

如果说在进入上议院之前，丹宁为发展普通法而挑战的权威包含上议院本身，那么，当他于 1957 年 4 月被任命为上议院常任上诉法官后，其本身已成为最高法律权威的一部分。但丹宁在此，一直是少数派。从他在所参与聆讯的第一个上议院上诉委员会的案件时[5]，即

---

[1] *Candler v Crane, Christmas* [1951] 2 KB 164（CA）.

[2] *Donoghue v Stevenson* [1932] AC 562（HL）.

[3] *Hedley Byrne & Co v Heller & Partners* [1964] AC 465（HL）.

[4] *Bonsor v Musicians' Union* [1954] Ch 479（CA）；*Chapman v Chapman* [1953] 1 Ch 218（CA）；[1954] AC 429（HL）.

[5] *Rahimtoola v Nizam of Hyderabad* [1958] AC 379.

发表了与众不同的法律观点（尽管此观点严格来讲尚不构成异议判决）开始，至他离开上议院前听审的最后一个案件，他亦为该案的"异议法官"为止[1]，在此期间，丹宁于1959年5月在牛津大学所作的罗曼尼斯演讲（Romanes Lecture）惹人瞩目。讲题为《从先例到先例》（From Precedent to Precedent）。这是丹宁对上议院作为全国最高司法权威在普通法发展中不可替代之角色的系统与集中的表达。他认为，上议院不应受先例的束缚，而应在为了正义、为改革法律之目的的情境下，勇于离弃阻碍法律发展、不符合正义的先例。这一观点，贯穿丹宁在上议院的5年。历史已证明他的远见。1966年7月，由上议院颁布的《实务陈述（司法先例）》［Practice Statement（Judicial Precedent）][2]，将上议院从司法先例中"松绑"。但上诉法院未享此"殊荣"，它仍受先例——不论是来自上议院之先例，还是来自其自身的先例——之约束，不论该先例多么不合时宜。争取为上诉法院"松绑"，成为了丹宁离开上议院后、以上诉法院民事庭庭长身份追寻的目标。

从1962年4月被任命为上诉法院民事庭庭长，至1982年退休，这20年是丹宁作为普通法重要的继任者与塑造者最灿烂的20年。除在重要的公法与私法领域创制了许多开创性的先例，而使其扬名普通法世界与其他法域外，使丹宁再度聚集公众目光的，是他一次又一次对权威的"僭越"，以及为上诉法院解开其自身先例之禁锢的顽强与执著。在丹宁之后晋升至上议院常任上诉法官的迪普洛克勋爵形容这

---

〔1〕 *Griffiths（Inspector of Taxes）v J. P. Harrison（Watford）Ltd* [1963] AC 1.
〔2〕 *Practice Statement（Judicial Precedent）*[1966] 1 WLR 1234，由时任上议院议长戈丁纳勋爵（Lord Gardiner）宣读于1966年7月26日。

一切为"丹宁单枪匹马的改革运动"。[1] 丹宁与上议院最激烈的两次交锋,一次出现在 1971 年至 1972 年的"布伦诉卡塞尔公司案"[2],其中丹宁以激烈的言辞攻击了上议院于 1964 年所作的一份判例,并宣布该"判决错误"(per incuriam)。[3] 这样的"僭越"招致上议院严厉的反击。当时的上议院议长海尔善勋爵(Lord Hailsham)以同样激烈的言辞回击丹宁:"上诉法院必须忠实地接受其上级法院的判决。我希望今后没有必要再作此告诫。"[4] 面对议长的公开严厉谴责,丹宁毫无愧疚之意。在 1978 年的"戴维斯诉庄士敦案"(Davis v Johnson)中[5],丹宁再度强烈主张上诉法院应当享有与上议院同样的不受先例之捆绑的权力。当然,此举再度遭到上议院的一致否定,上述迪普洛克勋爵形容丹宁之名言便出自此案之终审判决。尽管面对强大的权威阻力,并且在其任内已毫无希望为上诉法院实现"松绑",丹宁在卸任前的 1982 年 2 月所颁布的一份判决中,类比自己为伽利略,颇为悲壮地以意大利语宣告自己持守的信念:"E par si muove."(意为:"但地球依然在转。")[6]

由上文对丹宁与先例在各个场合的"交手"可见,他对先例的处理方式,在享受赞誉的同时,也惹来了争议。我们也清晰地听到法律界(包括学者、律师及法官)对其处理先例态度的批评,其中犀利的如苏格兰邓迪大学的沃区曼(Watchman P.)教授,他以《棕树下的

---

[1] Davis v Johnson [1978] 2 WLR 553, 559.
[2] 上诉法院判决为:Broome v Cassell and Co Ltd [1971] 2 All ER 187,上议院判决为:Cassell and Co Ltd v Broome [1972] 1 All ER 801.
[3] Broome v Cassell and Co Ltd [1971] 2 All ER 187 (CA), 199.
[4] Cassell and Co Ltd v Broome [1972] 1 All ER 801 (HL), 810.
[5] Davis v Johnson [1978] 2 WLR 182 (CA);[1978] 2 WLR 553 (HL).
[6] Shell International Petroleum Ltd v Gibbs [1982] 1 All ER 1057, 1064.

正义与大法官的脚》为题撰文,来讽喻丹宁极度主观的判决风格与对先例的"践踏":

> 他援引那些根本无法支持其观点的先例(如"不列颠电影公司诉伦敦与地区电影院案"[1]),对其不利的先例则被掩饰或被宣告为过时、与衡平相悖或非正义(如"艾灵顿案"[2]),他提出一些法律原则,但又没有同时给出它们存在的理据(如"高树案"[3]),法律勋爵们的言辞在他那里常被曲解或断章取义(如"哈伯兹'橡皮泥'公司案"[4]),而对那些具有重要价值之判决所要求的理由,常以历史、诗歌与文学来充塞(如"古利特诉邮局工人联会案"[5])。[6]

不过,丹宁在《法律的训诫》中有关遵循先例原则的一段话,为这纵贯60年的"单枪匹马的改革运动",在对各种批评提供辩护之余,作了精辟的总结:

> 我希望我的这番阐述,不会让人误以为我是遵循先例原则的反对者。我并不是。该原则是我们判例法的基础。随着

---

[1] British Movietonews Ltd v London and District Cinemas Ltd [1951] 1 QB 190.
[2] Errington v Errington [1952] 1 QB 290.
[3] Central London Property Trust Ltd v High Trees House Ltd [1947] KB 130.
[4] Harbutt's 'Plasticine' Ltd v Wayne Tank and Pump Co Ltd [1970] 1 QB 447.
[5] Gouriet v Union of Post Office Workers [1977] 2 WLR 310.
[6] Paul Watchman, Palm Tree Justice and The Lord Chancellor's Foot, in Peter Robson and Paul Watchman (eds), Justice, Lord Denning and the Constitution, Gower, 1981, p. 27.

从先例到先例，它一路向前。通过遵循先前的判决，我们将普通法保持在良好的运转轨道上。我所反对的，仅是对其过于严苛的适用——正是这种严苛，坚持一个坏的先例必须要被遵循。也如你们那样，让我将其视为通过森林的一条路径。你必须确定地循蹈它，以达致终点。但你却不能容许这条路径过于枝繁叶茂。你必须砍掉枯株，修剪枝丫，不然的话，你将发现自己迷失在灌木丛与荆棘中。我的要求很简单，那就是清除那通往正义之路的壁障。[1]

第三节　在事实与制定法之间：填补立法空隙

在一个建基于权力分立与权力制衡的法律体制中，法院的职能自然是司法，而非立法，后者属于议会或国会的权限。然而，在判例法体制下，由于法官对制定法解释的结果，将成为另一领域——判例法领域——的法律（以先例的形式出现），这就使得解释法律的过程成为了议会之外的另一"立法"过程。卡多佐为此解释道：

> 法典和制定法的存在并不使法官显得多余，法官的工作也并非草率和机械。会有需要填补的空白，也会有需要澄清的疑问和含混，还会有需要淡化——如果不是回避的话——

---

[1] Alfred T. Denning, *The Discipline of Law*, Butterworths, 1979, p. 314.

的难点和错误。[1]

因而，法官赋予制定法含义的过程，亦是确定立法意图的过程。然而，这只是释法工作的一部分。另一部分，则更为重要、但也更受争议的"造法"过程，即"填补那或多或少地见之于每一个实在法中的空白"。[2] 填补立法空白这一职能，会遭受来自立法权力机构的批评，认为司法系统"僭越"了立法职权。但是，不得不承认的是，"还没有哪个成文法体系能一直摆脱对这一过程的需求"。[3] 丹宁对法官在解释并适用制定法中角色的根本思维，与卡多佐完全一致，只是他尤为强调法官在此过程中的主导作用。

一、"斯福德案"中有关法官释法角色的言论："抚平皱褶论"

丹宁在1949年上诉法院的"斯福德王室地产公司诉埃舍尔案"（*Seaford Court Estates Ltd v Asher*）（以下简称"斯福德案"）中，首次阐述了相关观点。[4] 该案涉及对1920年一项有关业主与租户间权责的议会立法的解释。[5] 法官们就业主向租户提供热水是否构成该制定法中所指的"负担"作出了各自不同的解读。上诉庭的三位上诉法官，即格林庭长（Lord Greene M. R.）、埃斯奎夫（Asquith L. J.）及丹宁，主要依循该"负担"是否包括提供热水这类的"偶发性负

---

[1]〔美〕本杰明·卡多佐：《司法过程的性质》，苏力译，商务印书馆2009年版，第4页。
[2] 同上书，第5页。
[3] 同上注。
[4] *Seaford Court Estates Ltd v Asher* [1949] 2 KB 481 (CA); [1950] AC 508 (HL).
[5] 即1920年《增加租约与抵押利息（限制）法》[Increase of Rent and Mortgage Interest (Restrictions) Act 1920]。

担"这一思路，结论是：包括。而上议院的诸位法律勋爵们，则依循该"负担"是否构成"责任"这一路经，除作出异议判词的麦克德莫特勋爵（Lord MacDermott）外，其余法律勋爵均认为提供热水已构成业主的负担。可见，尽管解释路径不同，上诉庭与上议院最终得出的结论一样。

使得"斯福德案"辉赫有名的，并非这些见诸法庭日常事务的对制定法某一字眼的解释，即使大家解释的角度各异。令大众哗然的，是刚晋升至上诉法院不久的丹宁在其判词接近尾声处，发表的一段有关法官在解释制定法过程中角色的言论，其中还包含了一个在后世不断被引用的比喻。正是丹宁这一段言论，让原本认为是一桩普通案件的上议院各位勋爵皱眉，并给予了即时的"批评指正"。这一段言论，阐明了丹宁在制定法解释方面的基本观点，在他后来的司法实践中，这一观点贯穿始终。现分四点解读丹宁的这段言辞：

（一）制定法受到的客观限制

丹宁首先指出了司法解释存在的客观必要性。他提醒道：

> 不论何时，当一个制定法来到我们面前需要我们解读时，我们都要谨记：人不可能预见到每一件事情的方方面面；即便如此，人也不可能将这方方面面以不存任何歧义的条文表述出来。[1]

这一普遍存在的客观局限显然是一个不争的事实。立法者在制定法律时并不面对具体情境，因而人类可预见能力之局限必然使得制定

---

[1] *Seaford Court Estates Ltd v Asher* [1949] 2 KB 481 (CA), 498-499.

法不论规制得多么精细，也不论用语何等地精准，皆需法官作为其含义的最终宣告者。这是立法者不可否认的司法之重要职能。

(二) 法官的被动角色："法官不应袖手旁观"

那么，当出现了立法者没有预见、或是预见了但没有以精确的语言表述之情形时，法官当如何行为呢？丹宁接着描述了一种"保守型"法官的作为：

> 某位法官，确信自己必须仅以制定法之语言为唯一标准，由此悲叹立法者没有就涉案情形作出规定，或是对立法语言的模糊性表示遗憾。[1]

丹宁认为，法官的角色不应如此被动与负面，法官不应只是侧立埋怨立法者。他在后来的司法外著作中，描述这种法官是将自己置于"字句的仆役"（servant of the words）这一地位，认为法官不应成为丰富语言宝库中只会作出机械反应的"技工"（mechanic），而应成为掌管该宝库之人。[2] 卡多佐曾引用《法国民法典》驳斥这种司法中的"袖手旁观"："法官借口法无规定或法律不明确、不完备而拒绝予以判决，应受到拒绝审判罪的追诉。"[3]

(三) 法官的积极角色：赋予立法意图以"效力和生命"

在否定了法官的被动角色后，丹宁阐述了他认为的法官在解释制定法过程中应当担当的角色：

---

[1] *Seaford Court Estates Ltd v Asher* [1949] 2 KB 481 (CA), 499.
[2] Alfred T. Denning, *The Discipline of Law*, Butterworths, 1979, pp. 56-57.
[3] 〔美〕本杰明·卡多佐：《司法过程的性质》，苏力译，商务印书馆 2009 年版，第 81 页。

他必须开展探寻议会立法意图的工作，但不能仅仅将自己局限在制定法所采用语言这一狭小范围内，还应当考虑促成这一立法的社会条件，以及该制定法试图为其提供救济的缺陷所在，由此，他必须对制定法语言作出补充，以赋予其"效力和生命"（force and life）。[1]

丹宁对法官在释法过程中所应考虑因素的分析，实际上对应了普通法长久以来发展出的三种法律解释规则：文义规则（Literal rule）、黄金规则（Goldern rule）与缺陷纠正规则（Mischief rule）。文义规则只是所有释法工程的起点，这也是法官所站立的最为稳妥的位置，但这远非终点。如果法官不被贬为一台被动或自动适用立法语言的"机器"，他就不能止步于文义规则，而应当阔步向前，考虑赋予立法意图以"效力和生命力"的黄金规则与缺陷纠正规则。这种迈进虽然已经走出了"舒适区"，意味着法官主动承担了释法的风险，或受造法质疑、指责，然而，这是真正法官职能的体现。一如科宾教授所描述：

法院的职能就是，通过对法律原则的不断重述并赋予它们不间断的、新的内容来使它们与道德习俗保持同步。这就是司法性的立法（judicial legislation），并且，是由法官自己承担风险的立法。尽管如此，却正是这种立法的必要性和义务才赋予了司法职务以最高的荣誉；并且，也没有哪个勇敢

---

[1] *Seaford Court Estates Ltd v Asher* [1949] 2 KB 481（CA），499.

且诚实的法官会推卸这一义务或畏惧这一风险。[1]

(四)一个"家常的比喻":"法官不改变布料,却须抚平皱褶"

在判决中使用比喻,在丹宁的判词中十分常见,这也是他的判词生动活泼的原因之一。而"斯福德案"中的这个比喻,可视为司法比喻中的经典。这一比喻,以总结前文论述的方式出现,丹宁称其为一个"家常的比喻"(homely metaphor):

> 法官(在解释制定法时)应当反问自己:如果立法者们看到了手中布料的皱褶,他们会怎样将其捋直呢?法官须效法立法者遇到这种情况时所将会做的。法官不应改变织物的材料,但他能够并且应当将"该皱褶抚平"(iron out the creases)。[2]

客观地讲,相比起丹宁在"斯福德案"一年后的"梅格与圣玛伦斯乡议局诉新港公司案"(*Magor and St. Mellons Rural District Council v Newport Corporation*)(以下简称"梅格与圣玛伦斯乡议局案")中的异议判词[3],这个比喻已取非常谦卑的语调,至少从逻辑上,对三权分立原则不存在冒犯与僭越之感。议会制定出来的,是织物本身,但织物并不总是平展的,当它放在具体情境中泛起皱褶时,法官们只是

---

[1] Arthur L. Corbin, The Offer of an Act for a Promise, 29 *Yale Law Journal* 767, 771-772 (1920). 亦参见:〔美〕本杰明·卡多佐:《司法过程的性质》,苏力译,商务印书馆2009年版,第81页。

[2] Seaford Court Estates Ltd v Asher [1949] 2 KB 481 (CA), 499.

[3] Magor and St. Mellons Rural District Council v Newport Corporation [1950] 2 All ER 1226 (CA); [1952] AC 189 (HL).

——而且完全应当——将其抚平。这是一个极其"自然"的动作，法官对制定法之解读结果，使人们不再将法律视为"立法者的自觉意志的产物"，而是视其为一种"自然的力量"（natural force）。[1] 提供布料与将布料的皱褶抚平，生动地道出了立法活动与司法活动的界限。借用卡多佐的话说：

> 这就是，立法者在估量总体境况时不为任何限制所约束，他对境况的规制方式完全是抽象的，而法官在作出决定时所看到的是具体的案件，并且参照了一些绝对实在的问题。[2]

但法官在这一过程中非任意妄为，既是"自然"的动作，那么至少应当遵从一种客观的自然律，这被称为"自由的科学研究"（libre recherche scientifique）：

> 它是自由的，是因为在这里它摆脱了实在权威的活动；同时，它又是科学的，因为它能在独有科学才能揭示的那些客观因素之中发现自己的坚实基础。[3]

上述即为丹宁在"斯福德案"中令人豁然的有关法官释法角色的言论。该言论严格意义上属法官的"附随意见"（obita dicta），不构

---

[1]〔美〕本杰明·卡多佐：《司法过程的性质》，苏力译，商务印书馆2009年版，第73页。
[2]〔美〕本杰明·卡多佐：《司法过程的性质》，苏力译，商务印书馆2009年版，第72页。
[3] 同上。

成判决理由，因而未影响判决结果。由于丹宁的措辞较为平允，当"斯福德案"来到上议院时，并未激起法律勋爵们的谴责，只是在上议院作出异议判词的麦克德莫特勋爵针对丹宁的上诉言辞加之评论，认为丹宁对法官在解释制定法中角色的陈述"过于宽泛"（rather widely）。[1] 麦克德莫特勋爵所指的"宽泛"，从其后来的解释中判断，是针对丹宁认为法官应当去揣度立法者意图而言，认为这一揣度过程涉及过多的主观因素，因而"过于宽泛"。而在当期的《法律季评》中，丹宁的上述判词被整段摘录，并被评论为"一位勇者（a bold man）作出了将抚平任何布料的保证"。[2]

使得上议院法律勋爵们按捺不住提出谴责的，是丹宁在紧接"斯福德案"后的"梅格与圣玛伦斯乡议局案"中的延伸阐释。

二、"梅格与圣玛伦斯乡议局案"中的延伸："填补空隙论"

该案是上诉法院1950年11月判决的案件，次年被上诉至上议院。其中涉及对1933年《地方政府法》（Local Government Act 1933）中有关乡议局合并后继受人之权利，以及对使其合并之部长命令（Minister's Order）的解释的问题。上诉法院与上议院的判决均认为，当两个乡议局合并后，它们合并前分别获得赔偿的权利在合并后消失。该案中丹宁是持异议的法官，他认为该权利并不因合并而消失。丹宁的异议判词条理分明、逻辑清晰，就判词本身而言，即使对制定法解释的结果与其同袍不同，亦不存在应受谴责之处。唯独丹宁在阐释其对制定法之解读中，愿意将其对一般性问题的理解（如法官解释

---

[1] *Seaford Court Estates Ltd v Asher* [1950] AC 508（HL），530.
[2] Robert E. Megarry, *Seaford Court Estates Ltd v Asher*, 66 *Law Quarterly Review* 19 (note), 22 (1950).

制定法之角色）表达于判决中，因此令其上级法院认为这里存在"原则性错误"。

在得出"合并后的乡议局应当享有合并之权利"的结论后，丹宁继而重申他在"斯福德案"中有关解释制定法的根本观点：

> 该部长命令中的意图是如此的明显，以致于我对那些极端形式主义者（ultra-legalistic）的解释——其解释的结果是将它们的权利整体剥夺——完全失去了耐性。在此将重申我在"斯福德王室地产公司诉埃舍尔案"中的观点。我们坐在这个位子上，不是为了将议会及部长们的言语粉碎，并使其如胡言乱语般意义全失。要这样做实在很简单，而这也是法律人惯常之举。我们坐在这个位子上，是为了要破解议会及部长们的意图，并赋予其执行力，而达此目的最好的方式，就是填补其中的空隙，赋予法律文件应有之意，而不是以摧毁性分析的方式将其拆卸。[1]

丹宁在此虽然用了"重申"一词，但事实上已经与他在"斯福德案"中的用语有了性质上的不同，尽管这种不同是如此微妙。在"斯福德案"中，丹宁所言尚属于法官职权的界限内，如对传统释法原则的阐释，以及"抚平皱褶"的比喻。然而，在"梅格与圣玛伦斯乡议局案"中，他大胆表明法官可以"填补立法空隙"。丹宁显然不是持这种观点的第一人，美国最高法院大法官霍姆斯（Justice Holmes O.

---

[1] *Magor and St. Mellons Rural District Council v Newport Corporation* [1950] 2 All ER 1226 (CA), 1236.

W.）早在1917年的一份判决中，就提出法院有权以"填补空隙的方式"（interstitially）发展法律。[1]

丹宁带有"越界"之嫌的用语，招来上议院不得不表达对此的"特别关切"，也使得在由"判例汇编委员会有限公司"[2]出版的判例汇编中，焦聚了上文所引述的丹宁的过激言辞上。从报告格式中的关键词、抬头到撮要，均针对丹宁提出的"填补立法空隙"的言论，并直接表明上议院鲜明的否定态度："法院无权填补立法空隙。"[3]

在判词中以点名批评的方式表达上议院之"特别关切"的，是西蒙斯勋爵（Lord Simonds）和莫顿勋爵（Lord Morton）。前者认为，丹宁的做法实质上是将司法工作沦为对立法意图的一种"臆测活动"（guesswork），上议院对此根本性错误绝不能置若罔闻；后者则视丹宁所作乃"放胆的"（vigorous）判决。[4] 两者均以对立法权"赤裸裸的践踏"（a naked usurpation）来形容丹宁所提倡的"填补立法空隙论"。[5] 这样的批评在上下级法院之间实属罕见，它已超出对一般法律问题之不同意见的范围，属于对下级法院中特定法官提出的"指正"与"警示"。

---

[1] *Southern Pacific Co v Jenson*, 244 US 205 (1917) 221.

[2] "判例汇编委员会有限公司"英文名称为：The Incorporated Council of Law Reporting for England and Wales，简称"ICLR"。

[3] *Magor and St. Mellons Rural District Council v Newport Corporation* [1952] AC 189 (HL), 189. 该判例之汇编的特别之处在于，只是汇编了针对丹宁"填补立法空隙论"的部分，其他重要部分，如案中异议法官莱德克里夫勋爵（Lord Radcliffe）的异议判词均被省略。可见，这一次上级法院对下级法院所犯法律错误的批评，在当时是一个重要事件。

[4] *Magor and St. Mellons Rural District Council v Newport Corporation* [1952] AC 189 (HL), 190 (Lord Simonds); 191 (Lord Morton).

[5] *Magor and St. Mellons Rural District Council v Newport Corporation* [1952] AC 189 (HL), 191 (Lord Simonds), 192 (Lord Morton).

但这不是上议院第一次对丹宁的司法方式（或说是对丹宁之法官角色的理解）发出不赞同意见。就在上议院就"梅格与圣玛伦斯乡议局案"作出终审判决的 3 个月前，上议院于一桩有关合同解释的判决中，首次点明批评了丹宁对法官权限的错误认识。[1] 该案涉及一份"战前"签订的合同，由于"战后"情境的改变，当初约定的条款若在"战后"的环境中继续适用，将不符合缔约当事人的意愿。丹宁是上诉法院三位法官中唯一颁布判词者，判决合约中的涉案条款在"战后"的新情境中不再适用。事实上，该案完全可以沿用传统的有关合同落空原则（doctrine of frustration）解决，不过，如同在"斯福德案"中那样，丹宁判词的惹眼之处，在于他喜于发表原则性的法律意见。关于法官解读合同条款的权力，他写道：

> 在这些合同落空的案件中，法庭确实在行使"设定限制的权力"（a qualifying power）——一种对合同中绝对的、字面的或宽泛的条款设定限制的权力——以使合同的执行在新的情境中达致正义而合理。[2]

丹宁与传统合同解释理论的区别在于，他已不满足于对当事人的默示条款作出推断与勾勒，而是赋予法官对合同条款最终的权力，该权力已不局限于以当事人意愿为基础的解释权，而是为合同条款的含义、适用作出限制的权力。在此，丹宁将自己根深蒂固的法官主导观

---

[1] *British Moviewtonews v London District Cinemas* [1952] AC 166 (HL). 该案之终审判词颁布于 1951 年 7 月 26 日，恰在"梅格与圣玛伦斯乡议局案"终审判词颁布的 1951 年 10 月 25 日的 3 个月之前。

[2] *British Moviewtonews v London District Cinemas* [1951] 1 KB 190 (CA), 200.

念推向了极致。合同条款历来视当事人之合意为基本准绳，丹宁将法官以最终裁判者的身份引入合同条款的改写（甚至是撰写），显然触碰了合同自由与当事人意思自治的底线。在上议院，西蒙子爵（Viscount Simon）与西蒙斯勋爵分别以大篇幅对丹宁"误导性的"判词作出指正，以免"混淆视听"。[1] 这是丹宁公开遭受的第一次谴责。尽管该判决不涉及对制定法的解释与法官对立法权的越界，但两者均彰示了丹宁对法官在司法过程中占据主导性地位的根本信念。

然而，相继而来的强烈谴责并没有使丹宁从"越权"轨道上回转。在上议院"梅格与圣玛伦斯乡议局案"判决颁布后不久，丹宁在伦敦大学国王学院题为《时代呼唤新的衡平》之演讲中，再次表明"填补立法空隙论"。此次他将法官对立法空隙的填补，置于法官施行衡平司法管辖权的视角看待，认为以衡平司法的方式实施正义，包括对立法语言模糊之处加以澄清，在立法未有预见处施行填补。[2] 从丹宁后来的司法实践中，显见西蒙斯勋爵的谴责并不为丹宁所接受，甚至是遭到了他的公开回绝，他在一份判词中直言：

> 我明白，这意味着我们是在填补立法留下的一处空隙——这一做法几年前就不获赞许。但我宁愿让法庭填补空隙，也不愿等待议会为之。天晓得他们处理这个问题要更待何时呢。[3]

---

[1] *British Movietonews v London District Cinemas* [1952] AC 166（HL），181（Viscount Simon），188（Lord Simonds）.

[2] Alfred T. Denning, The Need for A New Equity, 5 *Current Legal Problems* 1, 6-7（1952）.

[3] *Eddis v Chichester Constable* [1969] 2 Ch 345, 358（Lord Denning M. R.）.

在丹宁临近退休之 1982 年，他依然坚持他在 30 年前的"梅格与圣玛伦斯乡议局案"中提出的"填补立法空隙论"，坦言：西蒙斯勋爵的谴责"已不再具有杀伤力了"。[1]

对法官在解释议会制定法中的角色，不论是"抚平皱褶论"，还是"填补空隙论"，丹宁均意图将司法过程的主导权置于法官之手。面对不论是在制定法中还是合同中的白纸黑字，丹宁认为：

> 法官益为恰当之角色，是"文字的主人"（a master of words），是要将文字按着（立法或合同）目的去模造——以默示的方式、推定意图的方式，或大家意愿采用的什么方式——总之是以实现正义为归属。[2]

小结　一条随案情而移转的界限

司法空间的边际，不是一道如疆界般确定而黑白分明的线条，司法性演绎与司法性立法之间，亦不存在无可跨越的鸿沟。戈夫勋爵在 1999 年的一份判词中，坦陈自己无法将这两种实质为一的司法行为人为地区隔：

> 尽管我清楚地意识到这条边界的存在，但我从不十分确定它的所在。它的位置似乎随着不同案件之案情在移转。的

---

[1] *R v Barnet London Borough Council ex parte Shah* [1982] QB 688, 720 (Lord Denning M. R.).

[2] Alfred T. Denning, *The Discipline of Law*, Butterworths, 1979, pp. 56-57.

确,如果这道边界如我们某些先辈们所希冀的那样确定而清晰,我不禁怀疑,上议院曾作出的若干地标性判决或许需要改写。[1]

戈夫勋爵所指之"地标性判决"乃普通法发展历史中那些勇敢地突破先例与制定法之束缚而将法律向前推进的判决,如侵权法的划时代判决"唐纳修案"[2]、有关司法复核的现代演绎以及程序法上的"玛瑞瓦禁令"等[3],后者是丹宁的杰作。丹宁与戈夫勋爵同属满怀法律发展热忱的法官,他们不认为稳固确立的先例、或是议会制定法的状态——不论是清晰的、模糊的还是空白的——会构成他们履行法官职责之壁障。

本章分别梳理了丹宁面对先例与制定法时的态度与抉择。于先例,丹宁反对的是那种盲目的顶礼膜拜,其结果必是鲜活的生活为僵硬的规则所缚,令判决丧失正义的灵魂;于制定法,即使几经上议院的"指正",甚至严词谴责,丹宁依然坚持他的"抚平皱褶论"与"填补空隙论"。事实上,填补空隙相对于偏离既定先例,尚属性质较为温和的司法行为,在某些场合,法官如果对先例作出激进的演绎,借用戈夫勋爵之言,将达致对相关法律"重整"(realignment)的效果。[4] 从广义上讲,不论是"填补"还是"重整",都属于法官在其

---

[1] *Woolwich Equitable Building Society v Inland Revenue Commissioners* [1993] AC 70 (HL), 173 (Lord Goff).

[2] *Donoghue v Stevenson* [1932] AC 562 (HL).

[3] *Mareva SA v International Bulkcarriers SA* [1975] 2 Lloyd's Rep 509 (CA).

[4] *Kleinwort Benson Ltd v Lincoln City Council* [1999] 2 AC 349 (HL), 378 (Lord Goff).

司法空间内司法权的正当而必要的行使。[1]

或许格拉斯哥大学的沃克（Walker）教授在 1959 年丹宁荣誉博士颁授典礼上的一段致辞，更好地总结了丹宁的基本司法态度：

> 他颁布了众多杰出的判决，持续地展现着他对实质正义（substantial justice）的关注，且表达着他对滞后、过时及纯技术的法律规则早已失去耐心，因它们令应当在人与人之间施行的公正丧失殆尽。他自认为是"打破旧习者"（iconoclast），他曾因其上诉法院同僚盲目向先例妥协而称他们为"胆小怯懦者"（timorous souls），他曾呼唤一种"新的衡平"（new equity），以解救法律自陈腐规则及可疑判例之枷锁，他亦坚定地投身于将法律锻造成在社会实现正义之有效武器的事业中。[2]

基于这样的司法观念，丹宁在广阔的司法空间内绝不压抑创造力，以致他的衡平司法风格尤为朗然，具备灵活、创新、正义主导等特征。这是一个求索的过程，有成功，也有失败。但无论成败，均一一展现了丹宁对法律本身的热情以及让法律展现其自身活力的初衷。

---

[1] Dixon M., To Write or Not to Write? 5 *Conveyancer and Property Lawyer* 1, 1 (2013).

[2] Desmond Ackner, The Genius of the Common Law, 145 *New Law Journal* 525, 526 (1995).

第四章

丹宁的创新型衡平司法：增设新型权益

第一节 衡平权益：创设路径与种类

就人对财产享有的法律权益而言，或许惟承袭英格兰普通法传统的法律体系，始有普通法上的权益与衡平法上的权益之分。如前所述，导致这不同"标签"的原因在于英格兰法律发展中产生的两种管辖权：普通法管辖权与衡平法管辖权。出自前者的，属于普通法上的权益，亦称法律权益（legal interest），权益之持有者享有法律权利（legal right）；出自后者的，则为衡平法上的权益，也即衡平权益（equitable interest），权益之持有者享有衡平权利（equitable right）。

信托的概念可以帮助认辨这两种权益。信托关系始于信托创立人（settlor）与受托人（trustee）之间的一份财产转让合同[1]，双方约定

---

[1] 为便于讨论，此处仅指明示信托（express trust），不包含归复信托（resulting trust）与推定信托（constructive trust）。

受托人将为信托创立人指定之受益人（beneficiary）的利益，经营管理该财产。依照该转让合同，受托人对转让的财产拥有所有权，该所有权是被普通法认可、受普通法保护的权利，这是一项财产性权利（proprietary right），可对抗第三人；信托创立人则拥有合同上的权益，若受托人未依转让合同为受益人之利益经营财产，信托创立人可提起违约之诉，但这是一项普通法上的人身性权利（personal right），仅针对合同另一方，不可对抗第三人。这两种权利，都属于普通法上之权利。如果信托创立人去世或是公司解体，而受托人未依照转让合同之约定将财产经营之利益归于受益人，受益人对该转让合约是否具有执行的权利？受益人对本应令其受益的财产是否享有权益？对这两个问题的不同回答，产生了普通法权益与衡平权益的划分。普通法不认为受益人在此情形中享有任何权利，不论是提起违约之诉的人身性权利，还是针对受托财产的财产性权利。而衡平法所作的不同回答，直接导致了信托制度的产生与确立。衡平法最初只是认可受益人要求受托人执行合约的权利，因而受益人对受托人的权利最初只是一种人身性权利。然而，要求受托人执行合约，亦即受托人必须以使受益人得益之方式经营管理财产，其结果必然是使受益人享有财产的受益利益（beneficiary interest），而这一受益利益不仅足以对抗第三人[1]，且得以转让。因此，受益人的这项人身性权利转变为一种财产性权益，此即衡平法上的财产性权益。

一、衡平权益的创设路径

衡平法出于救济的动机，认可并创造了一项权利，使申诉人得以

---

[1] 已支付对价的不知情买受人（bona fide purchasers for value）除外。

享有其在普通法上未能享有的财产性或人身性的权益。这种"救济型"的衡平权利，在其创立之初，只是以一种救济方式出现，但在遵循先例体制下，提供该救济的先例具有天生的自我繁殖力，当这种救济在类似情形中被重复提供与获得，以致人们可以预期某行为的结果必然为该种救济时，这种救济就演变为权益。信托例子中的受益人所享有的衡平权益，一如前陈。

衡平权益产生的路径："救济——权利——权益"，决定了衡平权益的种类是一张"开放式清单"（an open list）。如同麦克米兰勋爵（Lord Macmillan）在"唐纳修案"（*Donoghue v Stevenson*）中形容过失侵权类别的名言："判案的标准应跟随生活环境的变化而调适。对过失类别的认定，从来没有终局定论（never closed）。"[1] 新的案情、新的争议要求法院能够因时因地提供适切的救济，新的救济产生新的权利，新的权利带来新的权益。因此，创设衡平权益，或是对既有权益作出新的演绎——或拓展、或压缩，为法官创造了实质性的衡平司法空间。

二、衡平权益的种类

如前所述，衡平权益的种类是一张"开放式清单"，只要法官依然享有衡平司法空间、依然能够行使司法自由裁量权，这张清单就不会被画上句号。依据性质，衡平权益可大致分为三类：

（一）衡平财产性权益（Equitable proprietary interest）

前述信托关系中受益人享有的权益即为一种典型的衡平财产性权益，它在表现形式上有别于受托人所享有的法律财产性权益（legal

---

[1] *Donoghue v Stevenson* [1932] AC 562, 619.

proprietary interest)。但两者具有相同的性质，即它们皆具有财产性权益的根本特征。威尔伯福斯勋爵（Lord Wilberforce）对财产性权益的根本特征曾如此描述：

> 若认可一项权利或权益为财产权利或财产权益，当证明它可由第三人确定、在性质上可由第三人获取、并具有某种程度的永久性或稳定性。[1]

在威尔伯福斯勋爵的定义中，财产性权益的一个根本特征是该权益得以对抗合同以外的第三人，并得以转让与第三人。

法律财产权益与衡平财产权益在对抗第三人方面存在的差异，这种差异与其说是性质上的，不如说是程度上的。[2] 法律财产权益——从威尔伯福斯勋爵着重强调的"某种程度的永久性或稳定性"而言——具有最高程度的持久力，足以对抗所有人。例如，当财产遗失（或被盗）后再度被转售，买受人并不因不知情而获得产权，财产的所有人仍享有该财物之法律财产权益。

衡平财产权益在对抗力上则存在限制，它不得对抗"不知情的法律权益买受人"（a bona fide purchaser of a legal interest without notice）。这一限制当满足三方面条件：

（1）产权的受让人是一位买受人，亦即支付对价者，这一要求排除了赠与、抵押权人、破产管理人等情形；

（2）该买受人获得的是法律财产权益，这一要求排除了衡平财产

---

[1] *National Provincial Bank Ltd v Ainsworth* [1965] AC 1175, 1248.

[2] Robert Pearce & Warren Barr, *Pearce & Stevens' Trusts and Equitable Obligations*, Oxford University Press, 6th ed, 2015, p. 21.

权益的买受，如若该买受人获得的仅为一项衡平财产权益，则该权益与既存衡平财产权益性质相同，在性质相同的情况下，时间在前者优先（the first in time prevails），因而，唯有法律财产权益方可构成对既存衡平财产权益的对抗；

（3）该买受人获得财产权益时对既存衡平财产权益不知情。这一限制的产生，源自衡平法最根本的"良心"概念。如果买受人在购买之时明知该衡平权益存在，那么在良心上不容许他否认其后来获得的权益不受该先前存在权益的约束。因而，唯有表明他购买之时对既存权益不知情，始能免受该既存衡平权益之约束。

（二）衡平人身性权益（Equitable personal interest）

人身性权益与财产性权益最大的不同，亦在于它们的对抗力：后者可对抗所有的人，而前者仅能对抗与其有特定法律关系（如合约）之人。普通法与衡平法在人身性权益方面的主要区别，在于提供的救济不同。以最典型的人身性权益——合同权益——为例，普通法上的救济，主要是金钱方式的损害赔偿（damages）；而衡平法却因时因地发展出特定履行（specific performance）及禁制令（injunction）等多样衡平救济。但不论救济方式如何，衡平人身性权益仅针对合同之另一方行使，不得针对第三人。

两种不同性质的权利带来的法律后果，在个人破产或公司清算的场合表现得尤为显明。当负债的公司破产，有担保之债权人将因其财产性权利而得以从担保物中直接受偿；而无担保之债权人，则唯有依照破产清算规则，从清算资产中按比例受偿。债权人此时享有的对债务人提起违约诉讼的人身性权利，将不得对抗债务人的破产管理人或是债务公司的清算人，衡平法亦不会对作为第三方的破产管理人或清算人颁布人身性的特定履行令或禁制令。此为人身性权利相对于财产性权利受到的限制。

(三) 纯粹衡平权益 (Mere equities)

这是介乎衡平法上财产性权益与人身性权益之间的一个类别，也是一个模糊地带。纯粹衡平权益的持有者对第三人的对抗力较之衡平财产性权益愈加有限，不仅不能对抗不知情的法律权益买受人，而且不能对抗衡平权益的买受人（如享有衡平抵押权的银行），甚至不能对抗知情的买受人。[1] 因此，纯粹衡平权益的对抗力较衡平财产性权益弱。然而，它可以对抗财产的被赠与人（亦即未支付对价者），在此，纯粹衡平权益又优于衡平人身性权益。

由衡平权益以提供救济为初衷与起点的创设路径可鉴察，纯粹衡平权益是衡平司法中极具创造力的领域，是在传统权益类别（财产性权益与人身性权益）中开辟出的中间地带。纯粹衡平权益的产生，肇于在衡平法看来似应当提供救济之情形，如因欺诈（fraud）、虚假陈述（misrepresentation）或不当影响（undue influence）而订立合同，衡平法赋予无过错人撤销（rescind）该合同的权利，这种撤销合同的权利即为一种衡平法上的权利，亦为衡平法上的救济。但这只为衡平权益的实现提供了一种可能性，若撤销权人选择不行使该权利，则不会改变合同执行后的财产权属状况；只有当撤销权人选择行使该权利时，方能恢复占有已售出财产或是将他人财产返还，即改变财产权属。然而，其限制亦是明显的。如前所述，纯粹衡平权益无法对抗财

---

[1] 有关纯粹衡平权益能否对抗知情的买受人，法律界存在分歧，有学者认为可以，如沃芬顿教授：Sarah Wothington, *Equity*, Oxford University Press, 2nd ed, 2006, pp. 83, 97—98. 有些认为不可以，理由是厄普约翰勋爵（Lord Upjohn）在"国家教省银行案"中有言："一项纯粹的衡平权益，在我看来，不具备约束权益之受让人的对抗力，不论该受让人是否知情。"（*National Provincial Bank Ltd v. Ainsworth* [1965] AC 1175, 1238.）

产权益的买受人，即在撤销权人决定撤销合同前，若该财产已转售，该衡平权益持有人则随之丧失了追回财产的能力，亦即丧失了撤销权这一衡平救济，其救济方式惟余普通法上的损害赔偿。

另一典型的纯粹衡平权益，见于当事人可要求法官修正表述错误之合同条款的权利。修正或改正（rectification）是法官行使的一项衡平管辖权，基于合同双方的真实意图而对有效合同做出修正，使合同不因订立方式或格式要求的限制而未能体现当事人的真实意愿，如对表述错误的租金、期限或其他条款作出修正，而无须当事人撤销原租约并订立新租约。这是法官行使衡平管辖权提供的一种衡平救济。对当事人而言，此乃一项衡平权益，一经行使，则将改变财产权益的内容。同样，如同上述撤销权，这样的衡平权益亦无法对抗财产权益的买受人。

由上述对三大类别衡平权益的分述可见，区分的主要尺度，在于该权益对第三人，以及何种第三人的对抗力，由强至弱排列依次为：衡平财产性权益、纯粹衡平权益及衡平人身性权益。然而，正是基于社会情境与需求的多变性，这三者间的界限在某些时候并不似想象中的清晰。丹宁在这方面的司法为衡平司法中这一灰色地带提供了典型的例子。

首先是夫妻对家庭财产享有的权益。其中涉及两个争议点：一是财产法中是否存在家庭财产这一概念？它是丹宁命名的一个衡平法上的概念。因普通法的产权体制中并不认可这一财产类别，因而，其法律地位是一个争点。二是夫妻在这一衡平产权中享有什么样的衡平权益，以何种方式享有？对这一衡平产权（实质上是对财产的受益权益）的认定过程，激荡着法官的司法智慧，体现了一个不断"试错"的摸索过程。下文第二节将探讨这一过程。

其次是弃妻衡平。这种衡平权益的性质从其产生之始便争议不断：它是一种衡平财产性权益，还是仅为人身性权益，抑或是介乎两者之间的纯粹衡平权益。纵观弃妻衡平存续十余年间（自 1952 年至 1965 年）的判例，法官们均为该如何将其归类争论不休，争论的焦点在于弃妻衡平的对抗力：它能否对抗第三人，对抗什么样的第三人？下文第三节将深入系列判例，探索弃妻衡平从酝酿、创设、存续到最终定性的过程。

第二节　分享型衡平权益："家庭财产"

丹宁属于他那个时代的法官中深具创新力的一位，尤其表现在对家庭财产领域新的衡平权益之认可与创设上。他在这一领域的衡平司法又可分为两部分：其一是有关家庭内部的财产权益分享。法庭在此面临的与需要解决的，是如何在夫妻间划分财产权益的问题。其二是有关家庭成员享有的权利是否足以对抗家庭以外的第三人的问题，即能否对抗该房产的继受人（包括买受人、抵押权人、破产管理人等），这是一个有关权益的对抗力的问题。本节专注于第一种权益，即分享型衡平权益。

首先要指明的是，"家庭财产"（family assets）这一表述，是丹宁提出的。它初次出现于 1955 年 6 月丹宁在"柯布诉柯布案"（*Cobb v Cobb*）（以下简称"柯布案"）的判词中[1]，但早在 1949 年的"霍丁诺诉霍丁诺案"（*Hoddinott v Hoddinott*）（以下简称"霍丁诺案"）中

---

〔1〕　*Cobb v Cobb*［1955］1 WLR 731（CA），734.

就已开始酝酿。[1] 不过，后来的判例发展表明，这个表述最终未被法律界接受，因此，从严格意义上讲，这不是一个法律概念，在产权法律体系中不代表一种单独的财产类别。其最后在判例中的出现，是1969年2月上诉法院"吉星诉吉星案"（*Gissing v Gissing*）（以下简称"吉星案"）的判决中[2]，那是丹宁以上诉法院民事庭庭长的身份最后使用此表述。在紧随其后的1969年4月，上议院终于获得了历史性机会，当"佩蒂诉佩蒂案"（*Pettitt v Pettitt*）（以下简称"佩蒂案"）被诉至上议院时[3]，五位法律勋爵一致判决该上诉成功，并清除了这一困扰司法界长达20年的"家庭财产"概念。同时，在1970年7月，"吉星案"亦来到上议院，上议院就此所作的一致判词稳固地将这一概念归于历史。[4]

以婚姻为目的购置的，或是在婚姻存续期间购买的房产，如果出于各种原因仅置于夫妻一方的名下，夫妻各方在房产上所享有的产权在普通法上是很清晰的：产权契据上所载明的产权人，即为产权所有人。换言之，契据上未载名者，不享有该房产的任何财产性权益。在产权这个问题上，财产法与家庭法并没有给出不同的答案：在英格兰财产法律体系中，并不存在"推定共有财产"（区别于法律上的"共有财产"）这样的概念，同时，任何人亦不会因婚姻而丧失或损失财产权益，换言之，任何人亦不会因婚姻获得额外的财产。而且，在第二次世界大战以前，甚少出现这样的产权争议。因房产多为丈夫所购置，亦置于丈夫名下，妻子通常均为家庭主妇，不具备收入来源，妻

---

[1] *Hoddinott v Hoddinott* [1949] 2 KB 406 (CA); *Rimmer v Rimmer* [1953] 1 QB 63 (CA); *Bull v Bull* [1955] 1 QB 234 (CA).

[2] *Gissing v Gissing* [1969] 2 Ch 85 (CA).

[3] *Pettitt v Pettitt* [1970] AC 777 (HL).

[4] *Gissing v Gissing* [1971] AC 886 (HL).

子也不会在离婚后要求分享产权。

产权争议（即非产权所有人要求分享受益权益）的出现，源自"二战"后社会经济、购房模式以及妇女生活方式的转变。一方面，"二战"期间，许多丈夫被征入伍，妻子需要外出工作以维持家庭生计，包括供养房产。"战后"重建与经济复苏，亦为妻子创造了大量就业机会，"战前"的家庭生活模式——丈夫以薪金供养家庭，被"战后"夫妻双方共同供养所取代。另一方面，以抵押方式购置房产的模式日趋普遍，使得购买的价款通常由首付款（以现金方式支付）与抵押贷款（以按月还款方式支付）组成。尚有一个不可忽略的因素，就是房产的急速升值，销售的价款带来极大利润，这就是埃瓦舍勋爵（Lord Evershed）所形容的"意外收获"（windfall）。[1] 这三方面的原因，使得妻子有机会对房产的购置作出"贡献"：或以支付首付款的方式，或以偿还抵押贷款（或部分贷款）的方式，或是其他方式。当婚姻破裂，如果该房产是置于丈夫名下，依据普通法，作为所有权人，丈夫毫无疑问享有完整的产权；可是，作出"贡献"的妻子则感到不公平：一方面，即使她在普通法上不享有产权，至少在衡平法上，应当享有"受益权益"（beneficial interest），由此可分享该财产利益；另一方面，如果没有她的"贡献"，产权所有人（即丈夫）亦不可能享有因房屋升值而孳生之巨额财产利益。

由此，是否认定非产权人在房产中的受益权益以及如何认定（包括如何定性与定量），均变成了衡平法上的问题。对这一衡平法上受益权益的认定过程，展现了不同年代、不同位阶的法官们共同为此"出谋划策"的图景。这一衡平司法空间，跨越财产法、家庭法及信

---

〔1〕 *Rimmer v Rimmer*〔1953〕1 QB 63（CA），67.

托法,一众法官在这些法律领域中穿行,四处寻找可供达至最佳方案的原则、概念及法律工具。但在进入实体衡平权益的探讨之前,有必要先对与该实体权益相伴相随的、由立法赋予法官的、在确定夫妻财产归属这一领域之司法管辖权作一解析,恰是这立法赋予的司法管辖权,为法官在该领域的衡平司法空间奠定了制定法上的基础。

一、"第 17 条"带来的衡平司法空间

法官拥有的确定夫妻间财产权益归属的司法自由裁量权,源自英格兰法律史上首次确认已婚妇女有权拥有自己财产的 1882 年《已婚妇女财产法》(Married Women's Property Act 1882)第 17 条的规定:在丈夫与妻子就财产归属或其他财产权益产生争议时,任何一方均可将争议提请高等法院法官以简易程序处理,法官可以就该争议财产作出"他认为恰当的"(as he thinks fit)命令。此即所谓的"第 17 条管辖权"。

第 17 条其中一个很明显的立法目的,是为确定夫妻财产权益提供一种便捷而有效的处理方式,在这一简易程序中,法官毫无疑问享有自由裁量权。然而,法官在何种程度上得以自由裁量:是一种宽泛的在必要情况下可出于公平正义之需要变更权利归属的实体性裁量权,还是一种纯粹的基于事实宣告权利之归属的程序性裁量权?不同法官在行使该管辖权时有着极为不同的观点与表现。依照这些表现出现的时间顺序,可略分为以下三个阶段。

(一)初期的趋向宽松:一种实施"棕树下的正义"的宽泛权力

有关第 17 条管辖权实施范围与方式的表述,一般可追溯至 1948

年的"罗杰斯案"(*Re Rogers'Question*)[1]在该案中,时任上诉法官的埃瓦舍勋爵(Evershed L. J.)作出了有关第17条管辖权行使方式的最初指引,他认为法官的任务,是要尽可能地确定夫妻双方在购置财产之当时,对该财产权益之归属的意愿。[2]可见埃瓦舍勋爵确定财产权益的方式与传统的财产法逻辑一致,即以财产获得之当时为关键时间点。这一观点在后续的系列判例中得到了认可。埃瓦舍勋爵的这一表述,尚不涉及第17条管辖权的性质与行使范围。

第一次有关该权力之性质的讨论,出现在1950年的一份未被汇编的判例中。[3]时任上诉法官的巴克纽勋爵(Bucknill L. J.)在其判词中首次以"棕树下的正义"表达他对第17条管辖权的见解:

> 它赋予法官一种宽泛的权力(a wide power),使法官得以在事实的基础上作出他认为合理而正义的决定。我并不认为它让法官可以任意作出违反已稳固确立之法律原则的任何决定,然而除受此限制之外,我认为这类有关夫妻就共同使用之财产发生的产权争议,实属人们所形容的"棕树下的正义"的范围。就我理解的,所要获得之正义,应当是在考虑该案件具体情境后作出看上去合理而正义的命令。[4]

在初期案件中,持类似宽松态度的,还有罗玛上诉法官(Romer L. J.)。在1952年的"里默诉里默案"(*Rimmer v Rimmer*)(以下简

---

〔1〕 *Re Rogers' Question* [1948] 1 All ER 328.
〔2〕 *Re Rogers' Question* [1948] 1 All ER 328, 328-329.
〔3〕 *Newgrosh v Newgrosh* (CA, 28 June 1950).
〔4〕 *Newgrosh v Newgrosh* (CA, 28 June 1950), in *Rimmer v Rimmer* [1953] 1 QB 63 (CA), 68 (Lord Evershed M. R.).

称"里默案")中[1],他首先意识到处理夫妻间的产权归属,应当与处理一般陌路人之间的产权归属采取不一样的方式。他认为对前者不应采取过于严格(not too strict)的确定产权的方式。[2] 应当说在丹宁的"极端言论"出现之前,司法界对这一管辖权普遍持宽松态度,甚至用较为"忌讳"的、彰显司法主观主义的"棕树下的正义"来形容这一权力。这亦似乎表明,在早期夫妻要求法官确定各自财产权益的案件中,法官们普遍认为,婚姻中的产权有别于严格意义上的产权,并将它们区别对待。

(二)丹宁将该权力推向极致:一种"不受束缚的"自由裁量权

丹宁一直很强调第17条管辖权的核心地位,只要是有关此类案件,他均会先搬出该管辖权的权威,进而行使该权威赋予的自由裁量权。早在1947年的"哈金森诉哈金森案"(*Hutchinson v Hutchinson*)(亦称为"*H v H*"案)中[3],当时仍为高等法院王座分庭法官的丹宁已经"高调地"行使了这一司法自由裁量权。然而,在丹宁担任上诉法官期间所经手的重要相关案件中——从1949年的"霍丁诺案"、1952年的"里默案"、1955年的"柯布案"至1956年的"弗莱本斯诉弗莱本斯案"(*Fribance v Fribance*)(以下简称"弗莱本斯案"),丹宁对第17条并未作出超出该条文字句之外的表述。他所强调并反复引用的,仅为第17条所载之法官可作出"他认为恰当的"命令之自由裁量权。

丹宁将该自由裁量权的行使推至"不受限制的"极端,以致引起一众法官的警惕,并最终为该权力设限。丹宁在1962年回到上诉法

---

〔1〕 *Rimmer v Rimmer* [1953] 1 QB 63 (CA).
〔2〕 *Rimmer v Rimmer* [1953] 1 QB 63 (CA),76.
〔3〕 *Hutchinson v Hutchinson* [1947] 2 All ER 792 (KB).

院担任民事庭庭长后，在1962年的"海恩诉海恩案"（*Hine v Hine*）（以下简称"海恩案"）中，用"不受束缚的自由裁量权"（an unfettered discretion）来指称第17条管辖权[1]，并对其"不受束缚"的性质作了进一步解释：

> 我认为，法庭依第17条享有的对家庭财产争议之管辖权，具有完全的自由裁量性（entirely discretionary）。该裁量权逾越所有不论是法律上的还是衡平法上的权利，使得法庭得以作出它认为恰当的命令。这表明，法庭有权在考虑该案件具体情境后发出看上去合理而正义的命令。[2]

在1965年的"简森诉简森案"（*Jansen v Jansen*）（以下简称"简森案"）中[3]，丹宁更为具体地描述了这种"超越性"的裁量权："第17条明显不仅仅是一条程序性权力。它可以赋予当事人之前并不曾享有的权利，并提供之前并不能获得的救济。如果既存权利清晰而明确，法庭当然应认可这些权利。但当权利不可能被明确时，法庭唯一能做的，便是遵照制定法所言，即以'他认为恰当的'方式作出命令。"[4]丹宁认为，法官因此获得了处理该问题"所有必要的权力"（all necessary power）[5]，他所需要做的，只是回归一个最简单亦是最

---

[1] *Hine v Hine* [1962] 1 WLR 1124 (CA), 1126.
[2] *Hine v Hine* [1962] 1 WLR 1124 (CA), 1127-1128.
[3] *Jansen v Jansen* [1965] P 478 (CA).
[4] *Jansen v Jansen* [1965] P 478 (CA), 488-489.
[5] *Ulrich v Ulrich and Felton* [1968] 1 WLR 180 (CA), 187.

基本的原则：就当时的情况而言，什么样的解决方式是公平、公正的."[1]

仔细比对下，丹宁的言论与前述巴克纽上诉法官的"棕树下的正义"的表达并不存在实质区别，因最终都是需要法官依照案件的具体情形，作出一个看上去公平且公正的判断与决定。但丹宁形容这一权力所使用的字眼，诸如"不受束缚""完全的自由裁量"以及对当事人权利的"超越性"等，让许多法官认为触及了他们的底线，由此导致即使在判决结果上与丹宁一致的法官，均特别表达出他们不敢苟同丹宁对第 17 条管辖权性质的意见。

（三）正本清源：第 17 条管辖权乃纯粹的程序性裁量权

此第三类意见的表达，乃对上述杂陈甚至极端之司法实践的正本清源。持这一观点的法官们认为，第 17 条管辖权纯粹是一条程序性权力，法官的任务是在案件事实的基础上，厘清在获得财产当时财产的归属，并依此宣告夫妻各自的财产权益。由此，丈夫或妻子所拥有的财产权益，是在该财产获得之当时就已经确定了的，法官的职责，只是程序性地确定并宣告财产归属，不得因考虑财产获得后的各种因素而对财产归属作出改变。

这是当时法官中的主流意见。罗玛上诉法官是第一个明确表达这一态度的法官。尽管他在 1952 年的"里默案"中认为，对婚姻中财产的处理方式不应过于严苛，但他对第 17 条管辖权之性质与法官权限的意见，与丹宁存在本质上的不同。在 1955 年的"柯布案"中，他明言："我从来不认为法庭依据第 17 条拥有变更已确立之财产归属

---

〔1〕 丹宁后来在《法律的正当程序》中承认自己对第 17 条管辖权作出了"过于宽泛的"（too widely）解读。Alfred T. Denning, *The Due Process of Law*, Butterworths, 1980, p. 233.

的权力。"[1] 并认为法庭不得"借不公平之故"[2]，即对夫妻的财产权属作出变更。罗玛上诉法官的意见在后续案件中得到许多法官的赞同，如在1962年的"海恩案"中担任上诉法官的皮尔森（Pearson L. J.），他附和罗玛的观点，认为第17条未赋予法庭变更已确立之产权的权力。[3]

在丹宁上诉法院的同袍中，罗素上诉法官（Russell L. J.）可谓是直接表达与丹宁不同意见的法官之最，他甚至明言丹宁在"海恩案"中就第17条管辖权所作之言论是错误的。[4] 在与丹宁同席的1965年"简森案"中，紧随丹宁强调"第17条不仅仅是程序性管辖权"之后[5]，罗素当即表示"第17条仅赋予了法官程序性的管辖权"[6]，并重申法庭依该条不得对当事人实体法上的权利作出变更。由此导致同一案件的同一份判决中，在没有表明异议判词的情况下，出现了完全相反的法律意见。上诉法院最终在"佩蒂案"中表达出一致的法庭意见（per curiam）：第17条仅是一条程序性的条文，它不赋予法庭变更当事人既存财产权利的权力。[7] 在使"家庭财产"概念最终谢幕的"吉星案"中，上诉法院终于迎来了在这个问题上为数不多的、但也是最后一份异议判词——埃德蒙·戴维斯上诉法官（Edmund-Davies L. J.）以异议判词的方式，认定第17条没有给予法官

---

[1] *Cobb v Cobb* [1955] 1 WLR 731 (CA), 736.
[2] *Cobb v Cobb* [1955] 1 WLR 731 (CA), 737.
[3] *Hine v Hine* [1962] 1 WLR 1124 (CA), 1131.
[4] *Wilson v Wilson* [1963] 1 WLR 601 (CA), 610.
[5] *Jansen v Jansen* [1965] P 478 (CA), 488.
[6] *Jansen v Jansen* [1965] P 478 (CA), 498.
[7] *Pettitt v Pettitt* [1968] 1 WLR 443 (CA), 447 (Willmer L. J.), 453, 455 (Russell L. J.); 456 (Danckwerts L. J.).

"实施'棕树下的正义'的任何空间"。[1]埃德蒙·戴维斯的异议判词,不仅预示了"家庭财产"概念的终结,也预示了上议院将对第17条管辖权的性质与权力范围作出了终局裁定。

上议院对第17条管辖权之性质与范围一直秉持清晰而一致的观点:第17条仅是一条程序性条文,法官不得依此变更当事人既已享有的财产权益。早在1965年有关弃妻衡平的"国家教省银行诉海斯廷斯汽车商业中心案"(National Provincial Bank Ltd. v Hastings Car Mart Ltd.)(以下简称"国家教省银行案")中[2],上议院即获得难得的机会宣告第17条的程序性质与有限的使用范围。但由于在该案中对第17条的判词属于法庭"附随意见",因而在严格意义上不具有约束力。直至1969年"佩蒂案"被上诉至上议院,一众法律勋爵方再次有机会为下级法官间存在的这样的争议画上句号。

在"佩蒂案"的终审中,对丹宁提出的"家庭财产"概念持温和态度的雷德勋爵(Lord Reid),在第17条问题上并不赞同丹宁的观点。[3]莫里斯勋爵(Lord Morris)整段引用丹宁在"海恩案"中引起广泛争议的言论,并清晰地表明"不能同意"丹宁的看法。[4]他认为,第17条中的"他认为恰当的"这一用语,并不赋予法官享有将夫妻一方的财产向另一方转移的权力,或是让法官有权对夫妻各自在婚姻中有关财产权益的表现作出一种模糊的"估计或衡量"(estimating or weighing),然后断定何者应当获得较多财产权益。[5]莫里斯勋爵认为,法官在此类案件中行使第17条管辖权的唯一任务,只是回

---

[1] Gissing v Gissing [1969] 2 Ch 85 (CA), 95.
[2] National Provincial Bank Ltd v Hastings Car Mart Ltd [1965] AC 1175 (HL).
[3] Pettitt v Pettitt [1970] AC 777 (HL), 793.
[4] Pettitt v Pettitt [1970] AC 777 (HL), 800-801.
[5] Pettitt v Pettitt [1970] AC 777 (HL), 799.

答"财产是谁的?"这一事实问题,而非对"财产应当归于谁?"作出价值评判。[1] 霍德森勋爵（Lord Hodson）将上诉法院杂陈的意见作出对比与盘点,对比了罗玛上诉法官在1955年"柯布案"中的表达与丹宁在1962年"海恩案"中的言论,并借用柯克爵士的话,将前者喻为"法律那金质而笔直的魔棒"（the golden and straight metward of the law）,而后者则为"裁量权那摇摆而弯曲的细绳"（the uncertain and crooked cord of discretion）。[2] 事实上,霍德森勋爵并未如前述莫里斯勋爵似的,直白地表明丹宁路径的错误,从其判词中,似乎可以看出他是肯认法官对夫妻财产权益问题应当享有充足的自由裁量空间的。不过,从其整体判词看,他不认为这种裁量空间可以如同丹宁所描述的那样"不受束缚"。厄普约翰勋爵（Lord Upjohn）所持看法与莫里斯勋爵一致,这是他第二次强硬地表达对第17条管辖权的意见,第一次是他在涉及弃置衡平权益的"国家教省银行案"中的表述。[3] 两次表述均清晰表明其立场,认为法官依此条文仅享有程序性权力,不得因此改变财产权属。在"佩蒂案"终审中,年资最轻的迪普洛克勋爵（Lord Diplock）,在第17条管辖权问题上,亦持与上述法律勋爵一致的观点,认为该管辖权并未让法官可以将财产权益从夫妻一方转至另一方,或是为任何一方创造新的财产权利。[4]

由此,上议院通过1969年的"佩蒂案",为围绕第17条管辖权纷纷扰扰的争论,正本清源,一锤定音。对第17条管辖权的定性,只是解决了法官行使裁量权的权限问题,尚未涉及对该财产权益的具

---

[1] *Pettitt v Pettitt* [1970] AC 777 (HL), 798.
[2] *Pettitt v Pettitt* [1970] AC 777 (HL), 808.
[3] *National Provincial Bank Ltd v Hastings Car Mart Ltd* [1965] AC 1175 (HL), 1235-1236.
[4] *Pettitt v Pettitt* [1970] AC 777 (HL), 820.

体断定。下文将转入对财产权益的探讨。

二、丹宁针对婚姻家庭中财产权益的衡平司法

确定婚姻家庭中重要资产权益的归属，在许多国家或地区并不构成一个悬而未决的问题，通常相关的立法（如当地的《婚姻法》或与婚姻、同性伴侣相关的家事法律）中俱存在有关财产归属的推定规则。例如，在婚姻双方未有明确约定的情况下，婚姻关系存续期间所获得的财产均推定归夫妻双方共有。[1] 在这种采取"推定共有财产"方式的法域中，至少在原则上，离婚时夫妻双方的财产权属比较清晰，基本沿袭平等划分的原则。然而，在普通法法域，尤其在以英格兰法为源头的财产法领域中，不存在这样一种"推定共有财产"概念。换言之，在普通法上，丈夫或妻子并不因婚姻而额外获得或减损对其在法律上之财产权益的享有。如本节之开篇所述，随着"二战"后社会经济、购房模式以及妇女生活方式的转变，妻子有机会对房产的购置作出"贡献"：或以首付款、或以偿还抵押贷款的方式。在普通法上不享有产权的一方为产权所有人所作的各式"贡献"，导致若不认定这些"贡献"带来的财产利益，准确地说是"受益权益"，则将对有"贡献"的一方不公平。由此，如何认定该"受益权益"，成为在普通法产权制度坚固堡垒外游离的衡平法的任务，任何因行使衡平管辖权而获得认定的财产权益，则相应被定性为衡平财产权益。

事实上，对这一衡平法上受益权益的认定过程，展现了不同年代、不同位阶的法官们共同为此提出各种版本的解决方案的图景。这一在其他法域主要通过立法解决的问题，在英格兰反而演化为法官们

---

[1] 例如：《中华人民共和国婚姻法》（2015 年）第 17 条与第 19 条。

发挥司法创造力的衡平司法空间。

在从1949年的"霍丁诺案"到1969年的"吉星案"这跨越20年的司法探索中,丹宁扮演了轴心角色:他首先抛出了尽管在法律上模糊、在实践中却可具体操作的"家庭财产"之概念,该概念虽最终被宣告失败,但它20年的生命却未如雪泥鸿爪,相反,它给予司法界一个思考的平台或是一种"次优"的选择,在最佳方案尚未明朗之时提供一种更接近公平的解决方式。[1] 在后的法律发展证明,丹宁提出的"家庭财产"概念尽管被排挤出财产法外,但在信托法中获得了生存空间。事实上,就新近的英国最高司法机关的两份相关判决[即英国上议院2007年的"斯达克诉道登案"(Stack v Dowden)及英国最高法院2012年的"琼斯诉柯诺案"(Jones v Kernott)]而言[2],即使在经历了大半个世纪的今天,衡平法对这一棘手问题尚未交出确定的解决答卷,探索仍在路上。

下文将集中探讨丹宁在这个领域的衡平司法与衡平创举:包括他自1949年至1957年作为上诉法院法官时对"家庭财产"概念的酝酿、创设与维系,亦会延伸探讨他自1962年从上议院回到上诉法院担任民事庭庭长时对这一司法实践的继续,直至该概念于1969年的谢幕。

(一)将家庭中财产的获得视为"为共同利益"的"共同事业"

丹宁并不是从一开始就提出"家庭财产"这一概念的,如前所述,为家庭中共同享用之财产定性,存在一个摸索的过程。丹宁首次接触这一法律问题,可追溯到1949年3月的"霍丁诺案"。[3] 该案不

---

〔1〕 Gareth Miller, Family Assets, 86 *Law Quarterly Review* 98, 126 (1970).
〔2〕 Stack v Dowden〔2007〕2 AC 432 (HL);Jones v Kernott〔2012〕1 AC 776 (SC).
〔3〕 Hoddinott v Hoddinott〔1949〕2 KB 406 (CA).

涉及家庭中最贵重的资产——房产，而是涉及家具的权属。案中的夫妻有购买足球赌注的习惯，在一次赌注中，他们中了奖，并用部分奖金购买了家具，当夫妻因不合而进入分居状态时，妻子主张对该家具享有的权益。审理案件的三位上诉法官中，巴克纽尔（Bucknill L. J.）和柯恩（Cohen L. J.）颁布之判词，代表了当时处理夫妻财产争议的主流法律意见。由于购买足球赌注之资金出自维持家计的费用，且以丈夫的名义购买，而购买家具又是出自赌注赢来的奖金，这一切均表明，丈夫是这些财物的主人。因此，两位上诉法官很自然地判决妻子败诉，她在这些属于丈夫的财产中并不享有任何权益。

丹宁参与该案件时，恰逢晋升至上诉法院仅半年，他写下了异议判词。其后证明，丹宁的异议判词，不仅展现了丹宁在其法律哲学主导下为达致正义判决而表现出的刚勇无惧，而且还表明他对新出现之法律问题的敏感：他敏锐地感觉到，此非简单而机械地认定夫妻中谁拥有法律上之产权的问题，他认定此类财产的特别之处——为着共同的福利而共同获得、共同享有，借此使得其中在普通法上不享有产权的一方，因着正义与公平之故，理当在某种程度上被赋予某种性质的财产权益。

丹宁在异议判词中频繁使用的是"共同"一词，他认为夫妻是为着"共同的利益"（joint benefit），出于"共同的努力"（joint effort），开启了一场"共同的事业"（joint career），由此当然应"共同地"（jointly）享有获得的收益。[1] 丹宁将此视为一种"推定的"（presumed）共同所有。[2] 丹宁对这种财产的描述，看上去与合伙法律关

---

[1] *Hoddinott v Hoddinott* [1949] 2 KB 406（CA），414，416（Denning L. J.）.
[2] *Hoddinott v Hoddinott* [1949] 2 KB 406（CA），416（Denning L. J.）.

系中的财产十分相似。巧合的是，丹宁自己在1965年（距"霍丁诺案"16年后）的"简森案"中，也认为就财产而言，夫妻间存在"一种与合伙关系极为接近的合作企业关系"。[1]

于1952年10月被诉至上诉法院的"里默案"是真正涉及家庭中不动产权益的案件。该案是一桩典型的包含普通法产权与衡平法权益的案件。丹宁延续他在"霍丁诺案"中的思路，视该房产的购置乃出于双方的"共同努力"（joint efforts），并为着双方的"共同利益"（common benefit）。[2] 他如此尝试表达自己对这类财产性质的观点：

> 在我看来，当夫妻双方当事人以其共同努力得到的储蓄购置房产，且意图将该房产作为大家的持续供应（continuing provision），那么，一个较为恰当的推定是，该房产的受益权益应当归他们共同享有。[3]

与同席的埃瓦舍勋爵及罗玛上诉法官之判词相较，丹宁侧重于为这类财产权益"定性"，而另外两位法官则侧重于"定量"，即按何种比例分享权益。埃瓦舍勋爵在其判词中提到了案中的妻子（非房产所有权人）享有受益权益，但并未详述妻子缘何享有这一权益以及该权益之性质为何。[4]

"霍丁诺案"与"里默案"表明，丹宁在尝试去"描绘"这一衡平权益之轮廓，并只是发现了这里存在着一种应当被认可的财产受益

---

[1] Jansen v Jansen [1965] P 478 (CA), 489 (Lord Denning M. R.).
[2] Rimmer v Rimmer [1953] 1 QB 63 (CA), 73-74 (Denning L. J.).
[3] Rimmer v Rimmer [1953] 1 QB 63 (CA), 74 (Denning L. J.).
[4] Rimmer v Rimmer [1953] 1 QB 63 (CA), 72 (Lord Evershed M. R.).

权益，但至于应当以何命名之，丹宁尚未找到合适的法律术语及为其在权属体系中准确定位。

（二）将夫妻双方视为"衡平法上的混合共有人"

"衡平法上的混合共有人"（equitable tenants in common）是丹宁对夫妻在普通法权属体系外的衡平法权益的定性。这一权益的特点如下：首先，它是衡平法上的权益，可由普通法上的产权人与非产权人共同享有；其次，在这一混合共有关系中，产权人与非产权人所享有的权益依照各自投入的份额确定，然而，任何一方不可单方面分割出自己的权益。因此，这种法律关系的特点是：份额确定，但不可分割，除非双方均同意将房产出售，然后按照各自份额分享售得金额。

丹宁在1954年的"布尔诉布尔案"（*Bull v Bull*）（以下简称"布尔案"）中，首次以"衡平法上的混合共有人"来对待财产的争议双方。[1]"布尔案"事实上不涉及夫妻财产，而是母子之间的财产关系。案中的母亲与儿子共同出资（以不均等份额）购置房屋，共同居住，房屋置于儿子名下。后母亲因与儿媳不和，被儿子驱逐。在普通法上，产权人是儿子，母亲在该房产中不享有财产权益，她在房屋中的居住权属于源自产权人的许可性权利，一经撤销则不复存在。在衡平法上，由于母亲对购置房屋有实质程度的金钱投入，法官可行使衡平管辖权，以归复信托（resulting trust）的方式处理。然而，若依照归复信托，该房屋需被出售，或是母亲接受相当于其投入的补偿，但将由此丧失继续在房屋中居住的权利。为弥补此不足，在该案中作出唯一判词的丹宁将母子二人认定为"衡平法上的混合共有人"，彼此不得相互驱逐。当房屋被出售时，双方依各自在财产中的份额分享

---

〔1〕 *Bull v Bull* [1955] 1 QB 234 (CA), 237 (Denning L. J.).

权益。

"布尔案"的案情涉及母子，显然与涉及夫妻财产权属的案件在法律上不具有相似性。然而，丹宁发现他在"布尔案"中的思路非常适于处理夫妻间的产权争议。由此，在接下来的 1955 年的"柯布案"中，在首次提说"家庭财产"这一概念后，继而认定夫妻在此家庭财产中属于"衡平法上的混合共有人"，各自享有平等份额。[1] 甚至是在"家庭财产"概念被上议院清除的前夕，在 1967 年 11 月的"厄尔里奇诉厄尔里奇与费尔顿案"（*Ulrich v Ulrich and Felton*）（以下简称"厄尔里奇案"）中，丹宁仍将夫妻在衡平法上的财产受益权定性为"衡平法上的混合共有人"。[2]

丹宁的提议似并没有得到其同袍的明示认可，后来的相关判例中，没有一位法官在判词中使用丹宁提出的"衡平法上的混合共有人"这一法律用语对待夫妻财产争议中的双方，尤其是非产权方。[3] 即使是公开认同丹宁"家庭财产"概念的迪普洛克勋爵（当时他为上诉法官），也未曾在判词中认同丹宁"衡平法上的混合共有人"的提法。[4] 理由显而易见：混合共有人（tenants in common）代表着一种产权的持有者，如果将普通法上不享有产权的一方认定为混合共有人，这预示着法官对既有财产权属体系过于直白的僭越；另一方面，如果非产权方对房产之购置作出了实质程度的贡献，那么就应当循前述归复信托之渠道获得权益，而非产权意味较强的混合共有人渠道。

---

[1] *Cobb v Cobb* [1955] 1 WLR 731 (CA), 734 (Denning L. J.).

[2] *Ulrich v Ulrich and Felton* [1968] 1 WLR 180 (CA), 186 (Lord Denning M. R.).

[3] 例如"柯布案"中的罗玛上诉法官、"海恩案"中的皮尔森上诉法官、"威尔逊案"与"简森案"中的罗素上诉法官等。

[4] *Ulrich v Ulrich and Felton* [1968] 1 WLR 180 (CA), 189 (Diplock L. J.).

这即为丹宁在此曲高和寡的原因。

(三)"家庭财产":范围、性质与权益认定

"家庭财产"的概念,丹宁在1955年6月的"柯布案"中首次提出,此时距他第一次接触此类案件的"霍丁诺案"已逾6年。丹宁以描绘的口吻写道:

> 我唯一需要补充的是,在这类涉及"家庭财产"——如果我可以这样称呼它们的话——的案件中,如婚购房产及其中的家具,当夫妻双方共同承担购置费用,且该财产意图用于他们婚姻存续期间的持续性供应,法庭则倾向于认为该财产归他们以均等份额共同所有;即便该财产在产权上置于某一方名下,或是双方承担费用的份额并不均等,法庭也持同样观点。[1]

在1956年11月的"弗莱本斯诉弗莱本斯案(第二号)"[*Fribance v Fribance (No 2)*](以下简称"弗莱本斯案")中,丹宁重申:

> "家庭财产"的产权不取决于它恰巧落在哪一方的名下,亦不取决于夫妻间碰巧如何安排他们各自的收入与开销。他们所有的资源都是为着其共同利益而使用的——不论是用在那些看不见的食物、衣物与生计开支上,还是用于购置房屋及家具等家庭财产,因这些共同资源的使用而获得的财产,

---

[1] *Cobb v Cobb* [1955] 1 WLR 731 (CA), 734 (Denning L. J.).

应当由双方共同所有，且以均等的份额共有。[1]

结合丹宁在上述两个案情相似、且判决时间相邻的案件中的描绘，可勾勒出"家庭财产"概念的范围、性质与权益认定方式：首先是范围，丹宁一直只是述及"房屋和家具"，但依其描述可推论，只要符合该类财产的性质，对其种类不妨作扩大化解读。在性质上，丹宁认为此类财产是为共同的利益、以共同的努力、供共同的使用而购置，这与他在早前判例中所认为的那种类似于合伙的"共同关系"是一致的。关于权益的认定，丹宁尚不至于赋予未有金钱上的贡献者财产上的权益：在"柯布案"中，妻子对购置房产的首付款有实质性金钱投入，即使后来的抵押贷款是由丈夫的收入偿还的，而妻子的收入主要用于家庭日常开销，丹宁认为这已足够视为"共同承担购置费用"，足以认定妻子享有均等的受益权益；而在"弗莱本斯案"中，争议中的房产以丈夫的名义购置，不论首付款还是贷款，丈夫均支付了主要部分，妻子在价值950英镑的房屋中仅贡献了20英镑现金作为首付款，但丹宁认为妻子亦以自己的薪金贴补家庭开支，她对家庭的"共同资源"有着实质性投入，因而应当认定她在家庭财产中的受益权益，并且是与丈夫均等的权益。另一方面，如果妻子是个家庭主妇，亦即不赚取薪金，对家庭的"共同资源"无投入，便不满足丹宁所界定的权益认定条件。

相较于丹宁早前提出的"衡平法上的混合共有人"，"家庭财产"的概念似更能博得其同袍的认同，尤其是时任上诉法官的迪普洛克勋爵。在"厄尔里奇案"中，迪普洛克沿袭丹宁的思路，也对"家庭财

---

[1] *Fribance v Fribance* (*No 2*) [1957] 1 WLR 384, 387 (Denning L. J.).

产"作出阐释:

> 他们将各自的收入存在一起,以抵押的方式购置房屋,或置于丈夫名下,或联名共有,并购买家具与设备,使其成为家庭房屋(family home)。他们从家庭收入(family income)中支出,以满足房屋的维护、修缮与贷款按期偿付等各项开销,而妻子只要仍有收入就一直对该家庭收入作出持续贡献。在这种情况下,从他们的行为中可以作出这样的表面推断(prima facie inference),即他们的共同意愿(common intention)是将房屋、家具与设备视为家庭财产,各自分享均等份额。[1]

迪普洛克在丹宁"家庭财产"的基础上,衍生出"家庭房屋""家庭收入"等名词,但他在权益认定的路径上与丹宁有本质的不同:丹宁循的是"家庭关系导致共享权益"的逻辑,其创设衡平法上受益权益的基础在于家庭关系,几乎只要是在这一家庭关系基础上购置的重要资产,均可被囊括于"家庭财产"的名下,这是财产法的路径;而迪普洛克循的是"推定共同意愿(inferred common intention)导致共享权益"的逻辑,这是信托法的路径。他们不同的路径导致了两种均源自衡平法上的探索的别样命运:丹宁的财产法路径,直接地"挑

---

〔1〕 *Ulrich v Ulrich and Felton* [1968] 1 WLR 180 (CA), 189 (Diplock L. J.). 丹宁在1969年2月被诉至上诉法院的"吉星案"有关"家庭财产"方面先例的引述中,未引用自己在"弗莱本斯案"中的陈述,而是选择引用他认为概括得比自己更好的迪普洛克在"厄尔里奇案"中的陈述。但丹宁并非原文引用,而是用自己的话去转述,使得"吉星案"中的该次转述成为一种"丹宁—迪普洛克式"的结合。参见: *Gissing v Gissing* [1969] 2 Ch 85 (CA), 93 (Lord Denning M. R.).

战"了普通法稳固的产权制度,"家庭财产"的提出,许多人(尤其是法律界)认为是在既有财产体系之外发展出的"旁枝",并且师出无名,因而无悬念地在上议院——不论在"佩蒂案"还是"吉星案"——遭到否定;而迪普洛克的信托法路径在"佩蒂案"中获得了生存,并由已经晋升至上议院的迪普洛克勋爵本人在"吉星案"中发扬光大,把丹宁首倡的因家庭关系而导致的共享权益稳固地植入了信托法的土壤。

三、从"家庭财产"到"信托受益人"

上文探讨了丹宁在这一领域作出的有益尝试:从类似于合伙的共同关系中产生的对财产的共享权益,到认定夫妻双方为"衡平法上的混合共有人",再到将此类财产称为"家庭财产",其中的每一步,无不代表了丹宁在施行衡平管辖权时,为达致一个公平公正的结果所作的努力。毋庸讳言,从丹宁与迪普洛克不同路径的比较中表明,丹宁以法官身份提出的"家庭财产"概念,确有僭越立法权限之嫌。像"吉星案"中的迪尔洪尼子爵(Viscount Dilhorne)指出的:

用"家庭财产"一词指代家庭所拥有的财产,毫无疑问是个有用而宽松的表达,但它不是我们现存法律体系中一个特殊的财产类别。[1]

除权限上的僭越外,"家庭财产"作为法律概念或法律原则,在具体操作上有一致命弱点,用埃德蒙·戴维斯上诉法官的话说,它的

---

[1] *Gissing v Gissing* [1971] AC 886 (HL), 899-900 (Viscount Dilhorne).

"检验标准太难界定"（far too uncertain a test），以致于可实际上将所有的婚购房产均视为夫妻共同所有的资产。[1] 这一过于宽松的不确定性在1964年的"艾普敦诉艾普敦案"（Appleton v Appleton）（以下简称"艾普敦案"）中得到了放大[2]，该案的谬误是如此之昭然，以致对它的否定产生了"多米诺骨牌"效应，使"家庭财产"终遭否定。

自上议院的"吉星案"判决始，法官们的思路转至信托法领域，并找到新的法律术语定义家庭中财产受益权益之持有者——"信托受益人"（cestui que trust）。实践证明，在议会没有就此作出任何立法之前，这是一条广为接受并认可的路径。下文将详细探研衡平司法路径中这一"U型大拐弯"的过程。

（一）"艾普敦案"中的"破口"及其引发的"多米诺骨牌"效应

丹宁是1964年"艾普敦案"中唯一撰写判词的法官，因而可以说，该判例实际上是丹宁个人化的法律意见，其中暴露了丹宁之"家庭财产"概念在实际操作中界限过于模糊且宽泛的致命缺陷。该案中主张分享产权的丈夫对房屋的购置并未作任何金钱上的贡献，他所做的，是对房屋的修缮。当夫妻提出离婚时，丈夫认为他对房屋的修缮增加了房屋出售时的价值，要求分享房屋出售所得。法庭面临的问题是：对房屋的修缮工作是否足以使衡平法认定修缮人在房屋中享有产权？丹宁对此给予了肯定回答，他认为，尽管丈夫没有如同过去案件中的丈夫那样，在房屋的购置上有贡献，但他的修缮工作同样是增加了房产的价值，这一贡献亦应在衡平法上获得认可。[3] 丹宁在其判词中，虽然一如既往地以"合理与公平的"标准判决双方在房产中的

---

[1] Gissing v Gissing [1969] 2 Ch 85 (CA), 97-98 (Edmund Davies L. J.).
[2] Appleton v Appleton [1965] 1 WLR 25 (CA).
[3] Appleton v Appleton [1965] 1 WLR 25 (CA), 29 (Lord Denning M. R.).

权益归属，但他因丈夫对房屋作出过修缮，即认定丈夫应当享有部分该房屋的财产权益，显然过于轻率，这表现了他是循着"家庭关系导致财产权益"这一思路断案的。在旁观者看来，这样的判决对产权人是不合理且不公平的。

于"艾普敦案"一年后来到上诉法院的"简森案"中，罗素上诉法官对丹宁的意见很快作出了反应，他不赞同丹宁将第17条赋予的管辖权用作更改当事人财产权属的工具，并表达了与丹宁相反的观点，即只是对房屋作出修缮的人并不因该工作而得以分享房屋的财产权益。[1] 反对的声音在1968年上诉法院审理"佩蒂案"时达到了顶峰。丹宁自始至终没有参与"佩蒂案"的审理，该案在上诉法院是由威尔玛（Willmer L. J.）、丹科瓦兹（Danckwerts L. J.）及罗素三位上诉法官审理的。该案与"艾普敦案"存在着无可规避的相似，案中的房产亦是由妻子独自承担购置费用、置于妻子名下，丈夫作出某些修缮，离婚时丈夫主张分享房产权益。三位上诉法官一致认为，该案中丈夫所做的，是任何一个正常婚姻家庭中的丈夫都会做的。罗素与丹科瓦兹上诉法官均引用《哈尔斯伯雷英格兰法》（Halsbury's Laws of England）（1957年第3版，第19卷）中有关"世间预付推定"（presumption of advancement）的法律，否定丈夫因修缮工作而获得财产受益权利的观点。[2] 罗素说：

> 当丈夫花费金钱增进了妻子拥有之房屋的价值时，这一行为表面上被推定为他在对妻子作出赠与（依据《哈尔斯伯

---

[1] *Jansen v Jansen* [1965] P 478 (CA), 498 (Russell L. J.).

[2] *Halsbury's Laws of England*, 3rd edn, 1957, vol 19, pp. 832, 840, paras 1360, 1370, in *Pettitt v Pettitt* [1968] 1 WLR 443 (CA), 454 (Russell L. J.), 456 (Danckwerts L. J.).

第四章 丹宁的创新型衡平司法：增设新型权益

雷英格兰法》1957年第3版，第19卷，第832页、第840页）。在房产属于婚姻房产的情况下，丈夫所做的工作与因此产生的开销，不应当被视为可以为其添加任何财产权益的行为，因他已经十分幸运，他已不需要承担给妻子一个居所的婚姻责任了，这让我觉得丈夫的修缮行为具有赠与性质是再合理不过的了。[1]

三位上诉法官无一例外地认为，丹宁在"艾普敦案"中的判决是错误的。尽管受制于遵循先例制度，他们依然要遵从"艾普敦"判例，判决案中的丈夫因修缮工作而享有部分财产权益，但他们对"艾普敦案"判决的一致否定，且冀望上议院能够早日审议并澄清这方面法律之愿望的表达[2]，直接导致了"佩蒂案"被上诉至上议院，也使得家庭关系中有关财产之受益权益分享这一问题，在上议院第一次获得了机会为下级法院的众说纷纭补偏救弊，厘清应当被依循的法律原则。

"艾普敦案"案情的独特性，为"家庭财产"概念的实施制造了一个"破口"，一个不应当沿用"家庭财产"思路去处理的案件。前文提到丹宁在该案的判决上过于轻率，即指他完全可以借此为该概念的适用界限作出澄清，或是借机较为清晰地划定"家庭财产"的界限，而非将其无限扩大，以致将极为明显的、不应被包括在内的行为囊括其中。当丹宁在1955年的"柯布案"中提出"家庭财产"后，尽管司法界存有不同的声音，但却一直在沿用。由于丹宁未能很好地

---

[1] *Pettit v Pettitt* [1968] 1 WLR 443 (CA), 454 (Russell L. J.).
[2] *Pettit v Pettitt* [1968] 1 WLR 443 (CA), 455 (Russell L. J.), 457 (Danckwets L. J.).

处理该概念的适用界限问题，十年后的"艾普敦案"成为了导火索，并引发了前述"多米诺骨牌"效应，这也解释了为何是与"艾普敦案"案情极为相似的"佩蒂案"为"家庭财产"画上了句号。

事实上，在1968年1月29日上诉法院于"佩蒂案"中一致认为"艾普敦案"判决错误后，在第二天（即1月30日）颁布判决的、与"佩蒂案"案情亦非常相似的"巴顿诉巴顿案"（*Button v Button*）（以下简称"巴顿案"）中，丹宁显然已意识到他在"艾普敦案"中的错误，并在"巴顿案"中作出了与"艾普敦案"意见相反的判词。[1]丹宁认为，案中的妻子并不因一些日常的清扫或协助修缮工作而应当获得财产上的任何权益；如要主张财产上的权益，妻子须证明她在购置房屋上的贡献，并且应当是"实质性的"金钱贡献。[2]丹宁这样的转变，在其判词中可以寻到痕迹，他坦承：

> 在双方的论辩中，我曾倾向于认为妻子的贡献是如此之大，以致于她应当得以分享财产权益。但是，在与我的同袍们磋商后，觉得丈夫或妻子为婚姻房产所做的这些，均属于家庭生活中的普通行为，不应当由此产生任何的财产权益分享问题。[3]

与丹宁同席的丹科瓦兹上诉法官按捺不住地在其判词的第一句如此称述："我非常高兴地宣布，我终于得以赞同我们民事庭庭长的判

---

[1] *Button v Button* [1968] 1 WLR 457 (CA).
[2] *Button v Button* [1968] 1 WLR 457 (CA), 461-462 (Lord Denning M. R.).
[3] *Button v Button* [1968] 1 WLR 457 (CA), 462 (Lord Denning M. R.).

决意见了。"[1]

"家庭财产"最末一次以有效法律概念的身份出现在判例舞台，是1969年2月来到上诉法院的"吉星案"。该案中的丹宁仍以"家庭财产"为依据，判决案中争取享有财产受益权益的妻子胜诉。丹宁的意见获得了同席菲利摩尔上诉法官（Phillimore L. J.）的支持，但后者完全是出于对妻子的同情与怜悯而判决她胜诉的[2]，其判词的法律理据由此略显薄弱。另一位同席法官，则给出了该类案件中几乎是自"家庭财产"概念被提出以来首份、也是最后一份异议判词，他就是埃德蒙·戴维斯上诉法官。他的异议判词，犹如一道分水岭，为"家庭财产"概念成为历史作出预告。埃德蒙·戴维斯上诉法官在判词中，不仅指出了该概念在操作上过于宽泛的检验标准，而且还点明了不能接受它的最根本原因，他说：

不论在一般意义上将婚姻房产视为共同所有是多么的正义，但这不是我们的现行法律，我们的法律从来不认为这样或那样的财产只要在婚姻存续期间被共享，就会自动被视为一种共有财产（in common ownership），当然，夫妻间有明确相反约定的除外。[3]

这个最根本的理由，在上议院审理"佩蒂案"时获得了普遍认同，"家庭财产"由此走到了终点。

---

〔1〕 Button v Button [1968] 1 WLR 457 (CA), 462 (Danckwets L. J.). 丹科瓦兹上诉法官是唯一一位同时在"佩蒂案"与"巴顿案"中列席的法官，他在前案中即明确表示对丹宁"艾普敦案"判决的否定。

〔2〕 Gissing v Gissing [1969] 2 Ch 85 (CA), 100-101 (Phillimore L. J.).

〔3〕 Gissing v Gissing [1969] 2 Ch 85 (CA), 95-96 (Edmund-Davies L. J.).

（二）从"佩蒂案"到"吉星案"："家庭财产"的终局与"信托受益人"的开始

可以用"推翻前例"与"探索新路"两个词概括上议院的"佩蒂案"判决，而其"吉星案"判决只是前案中探索的延续。

就"推翻前例"而言，上议院列席的五位法律勋爵，除曾在"厄尔里奇案"中接受了丹宁提出的"家庭财产"概念并以自己的语言再度描述之的迪普洛克勋爵外[1]，其余四位均明确表达了对该概念的不予接受，主要理由与前述埃德蒙·戴维斯上诉法官在其异议判词中所言一致，即在英格兰现行法律体系中，不存在"家庭财产"的财产类别。厄普约翰勋爵以较为强硬的言辞否定了该概念的法律意义：

> 我尊敬的勋爵们，在这个国家，我们并没有一项所谓的存在于夫妻之间的"共有财产原则"（doctrine of community of goods），然而如果这所谓的"家庭财产原则"被接纳的话，将因司法判决而使其成为我们国家法律的一部分。我个人认为这完全不符合当事人的意愿，如果他们没有就此作出特别安排的话，并且这种观点也不符合常理。[2]

在分析这种将夫妻共享的财产视为法律上共有将产生的种种"荒谬结果"后，厄普约翰勋爵如此宣告："在我看来，'家庭财产'这种表述不具备任何法律含义，它的使用也不可定义任何权利或义务。"[3] 存续近20年的"家庭财产"概念及相关表述，由此进入

---

[1] *Ulrich v Ulrich and Felton* [1968] 1 WLR 180 (CA), 189 (Diplock L. J.).
[2] *Pettitt v Pettitt* [1970] AC 777 (HL), 817 (Lord Upjohn).
[3] *Pettitt v Pettitt* [1970] AC 777 (HL), 817 (Lord Upjohn).

历史。

在推翻前例后，诸位法律勋爵有必要就此提出替代前例的解决方式，因而判决中很重要的一部分是"探索新路"。在探索新的解决方式中，五位法律勋爵的观点分为两类：

一类是司法克制，要求议会通过立法解决。这类观点以雷德勋爵、莫里斯勋爵及霍德森勋爵为代表，此三位恰巧是"佩蒂案"审判席中较为资深（或曰年长）的三位法律勋爵。雷德勋爵不断地表明过去20年这方面法律的发展与争议不息的做法是一种完全"不令人满意的"（unsatisfactory）状态[1]，他认为扭转这一状态的唯一方法，就是议会立法："对于这类案件，不应当由法院基于他们对公共政策的理解而提出解决方案，因为这样将侵蚀立法的权限。"[2] 因而雷德勋爵拒绝对夫妻共用财产之权属作出判定，认为这样做"将导致在英格兰法中引入新的财产概念"[3]，也超出法官只是演绎法律原则之职责。莫里斯勋爵将重点放在法院确定当事人法律上既存权利的司法职责上，认为只要议会没有在既有立法上作出任何改变，法院就应当忠于这一确认当事人法律上权益的职责，而无论这一确定过程是如何困难。[4] 霍德森勋爵认同"家庭财产"概念实质上是在既存财产法体系中开辟了一个新的财产类别，而这是在法官对财产法作出司法解释

---

[1] *Pettitt v Pettitt* [1970] AC 777 (HL), 792, 794 (Lord Reid).
[2] *Pettitt v Pettitt* [1970] AC 777 (HL), 795 (Lord Reid).
[3] *Pettitt v Pettitt* [1970] AC 777 (HL), 795 (Lord Reid).
[4] *Pettitt v Pettitt* [1970] AC 777 (HL), 799, 803 (Lord Morris). 莫里斯勋爵早在1956年的"弗莱本斯案"就审理过此类案件，当时他仍为上诉法院法官。从他当时的判词看来，他认为这一问题十分棘手，并"备受困扰"（considerably troubled）。参见：*Fribance v Fribance (No 2)* [1957] 1 WLR 384, 389, 390 (Morris L. J.). 可见，莫里斯勋爵意识到这类财产受益权益有保护的必要，但最终还是选择维护既有的财产权益体系。

之职责范围外的，因此唯一的方法是促请议会立法。[1] 三位法律勋爵的观点，恰恰表明在财产法领域，在涉及产权、权益的认可及分配问题上，法官的自由裁量空间较之其他法律领域更为有限，任何形式的司法尝试，均有可能造成对立法权限的越界。

然而，尽管司法自由裁量空间有限，但它还是确实存在的。由此"佩蒂案"终审判决中出现的第二类探索新路的尝试，以较为新晋的厄普约翰勋爵及迪普洛克勋爵为代表。他们循着不同的路径去尝试，同时展现了穷尽司法渠道、尽可能在司法领域可允许范围内寻找出路的观念。

首先是厄普约翰勋爵。他认为在过去世代中一直被适用的有关"推定"（presumptions）的概念与原则，只要加以恰当地理解与适用，有助于解决这种在现代社会中出现的新问题。[2] 他提到了两种推定：世间预付推定（presumption of advancement）与归复信托推定（presumption of resulting trust），而前一种推定是作为推翻后一种推定之情形而存在的。世间预付推定有其特定的适用对象，主要包括父母（或处于父母地位之人）生前为子女支付的钱财，以及丈夫对妻子花费的财物，这些财物均被推定为前者向后者作出的赠与，亦即属于在财产权益上不求回报的付出。如果夫妻间共用的财产被置于妻子名下，则丈夫为该财产所作的任何增进其价值的修缮，将被视为他对妻子的赠与，他在该财产中就增值部分不享有任何财产权益。不过，世间预付推定的适用限制亦是显而易见的，它不适用于相反的情形，即财产置于丈夫名下而妻子增进该财产价值之情形。这正是世间预付推定在现

---

[1] *Pettitt v Pettitt* [1970] AC 777 (HL), 810, 811 (Lord Hodson).
[2] *Pettitt v Pettitt* [1970] AC 777 (HL), 813 (Lord Upjohn).

代社会被视为过时的原因,现代社会婚姻房产被置于丈夫或妻子名下的几率几乎是均等的。因而有效的解决方式,乃信托法中成熟的归复信托推定。这在夫妻双方均对财产的购置有金钱上的贡献时尤为明显,即使财产出于种种原因被置于一方名下,该产权人在衡平法上将被视为另一方的受托人,如果财产被出售,非产权人得以依据归复信托,得享财产受益权益。厄普约翰勋爵提出的这一归复信托推定的解决路径,在后来的案件中得到遵循与接受。[1]

迪普洛克勋爵则尝试把立足点放在夫妻享用财产的"共同意愿"(common intention),并由此产生了"推定信托"(constructive trust)的衡平法产权关系。迪普洛克勋爵几乎是所有涉及此类案件的各级法官中,明确对现代购置房产方式中所涉及的两种金钱上的贡献——用以支付首付款的现金与抵押贷款——作出区分的法官。[2] 他甚至基于这种现代置产方式明言,厄普约翰勋爵提出的古老的世间预付推定与归复信托推定已不适用于新世代。他将新、旧世代获得财产的方式作如下对比:

> 根据司法界的普遍共识而产生的世间预付推定与归复信托推定,案件基本涉及19世纪与20世纪首15年婚姻财产授予(marriage settlements)十分普遍的中产阶级,当时妻子以赚取薪金的方式对家庭收入作出贡献并非常见现象。直至第

---

[1] *Huntingford v Hobbs* [1993] 1 FLR 736(CA),per Slade L. J..

[2] 在1967年的"厄尔里奇案"中,时任上诉法官的迪普洛克认为,不应将现金方式的贡献与偿还抵押贷款方式的贡献平等对待,因为如果没有房屋作为抵押担保,银行不会向偿还贷款的一方借出高额贷款。如丹宁在同一案件中所言,产权人拥有的,实质上是一种衡平法上的回赎权(the equity of redemption)。参见:*Ulrich v Ulrich and Felton* [1968] 1 WLR 180(CA),189(Diplock L. J.),186(Lord Denning M. R.).

二次世界大战后，法庭才开始处理那些主张在家庭财产中分享财产权利的、来自另一社会阶层的案件。在过去 20 年间，法律援助的出现、已婚妇女在商界的普遍受雇、商业与职业化以及有产者——尤其是"一种以抵押贷款方式拥有不动产之有产者"（a real-property-mortgaged-to-a-building-society-owning）——的出现、民主等因素，均迫使法庭不得不给予特别关注。在我看来，如果我们还在依循老一辈法官针对与我们完全不同时代之中产阶级夫妇处理财产之意愿作出的种种推定，来试图厘清"战后"这一代的夫妇在处理财产时之意愿，实在是对法律术语与原则的滥用。[1]

正是基于对现代新的社会状况下所产生的新的财产处置方式的认识，迪普洛克勋爵没有采用厄普约翰勋爵提出的归复信托路径，而是采用了同属信托法领域的推定信托路径。

或是受到迪普洛克勋爵的影响，在"吉星案"一年后颁布的终审判决中，五位法律勋爵（包括同时参与了"佩蒂案"的雷德勋爵和莫里斯勋爵）不约而同地从信托法角度，循默示信托或推定信托路径作出判决，"信托受益人"（cestui que trust）的概念成为"吉星案"的中心词。[2] 法庭通过观察夫妻双方在与购置房产有关的安排与行为，探寻他们是否具有分享财产受益权益的"共同意愿"，如若法庭确认双方存在这一共同意愿，则推定产权持有人为非产权人的受托人，而非产权人则被认定为"信托受益人"，得以分享财产受益权益。

---

〔1〕 *Pettitt v Pettitt* [1970] AC 777（HL），824（Lord Diplock）.
〔2〕 *Gissing v Gissing* [1971] AC 886（HL），896（Lord Reid），900（Viscount Dilhorne），904（Lord Diplock）.

事实表明，厄普约翰与迪普洛克两位法律勋爵选择循司法渠道寻求解决方案，而非等待议会修改制定法，实属先见之明。时至今日，英国议会尚未就该领域的产权问题对法律作出实质修改。或许是司法界的有益尝试，虽然仍存在争议空间，但已提供了有效而实际可行的解决方案。厄普约翰勋爵与迪普洛克勋爵的方案，依然是现代衡平司法中主要沿用的解决方式。

四、"吉星案"之后：三轨并行的现代衡平司法

自1970年"吉星案"后的现代衡平司法，采取的是"三轨并行"的解决方式：

第一种是厄普约翰勋爵在"佩蒂案"中提出的有关归复信托方案的延续，即所谓的"购房款归复信托"（purchase money resulting trust），夫妻双方受益权益的分享依照购房当时各自的金钱付出而定。[1] 这种衡平解决方案的优点是容易确定双方权益份额，但缺点在于确定权益份额的时间是购房当时，没有考虑购房后的财务安排，有可能造成不公。

第二种方式，亦即迪普洛克勋爵在"佩蒂案"中提出的"推定信托"模式，则解决了第一种方案的缺点，因其将考虑整个购房过程中双方当事人的"共同意愿"为何，因而被称为"共同意愿推定信托"（common intention constructive trust）。这种认定方式自"吉星案"以来似乎一直是主流的确定当事人受益权益的方式，尤其是在不适宜适用

---

[1] *Pettitt v Pettitt* [1970] AC 777（HL），814；*Huntingford v Hobbs* [1993] 1 FLR 736（CA），per Slade L. J.；*Stack v Dowden* [2007] 2 AC 432（HL），per Lord Neuberger.

归复信托的场合。[1]

第三种方式，则是依循传统的"财产权益禁反悔原则"（Doctrine of proprietary estoppel），其适用取决于产权拥有者是否对权益主张人作出过任何"保证"（assurance），以致后者因信赖该保证而招致"损害"（detriment）。[2] 该原则本质上属于禁反悔原则的一个类别，因其适用将带来改变财产权益的后果，故亦被视为解决家庭购置财产之受益权益的一种方法。

三种方式均有其特定的适用范围及利弊，明显可见的是，有关家庭中财产受益权益认定的法律问题，已由财产法领域转移到了信托法领域。但不论在何领域，展现的是衡平法天生的弥补普通法缺陷的生命力。[3]

第三节 对抗型衡平权益："弃妻衡平"

如果说前述衡平权益是有关家庭内部成员是否得以分享在普通法上属于夫妻一方名下之财产权益的问题，那么，本节所要探讨的弃妻衡平，则是要解决在普通法上不享有财产权益的一方是否具有足以对

---

[1] *Stack v Dowden* [2007] 2 AC 432 (HL), [60] (Lady Hale and Lord Walker); *Jones v Kernott* [2012] 1 AC 776 (SC), [25], [31] (Lady Hale and Lord Walker). 但这种以衡平方式变动财产权益的做法也难逃诟病，参见：Swadling W., The Fiction of the Constructive Trust, 64 *Current Legal Problems* 399, 433 (2011); Smith H. E., Property, Equity, and the Rule of Law, in Austin L. M. and Klimchuk D. (eds), *Private Law and the Rule of Law*, Oxford Univeristy Press, 2014, ch 10.

[2] *Gillett v Holt* [2000] 2 All ER 289 (CA); *Parker v Parker* [2003] EWHC 1846; *Suggitt v Suggitt* [2012] EWCA Civ 1140.

[3] Robert Pearce and Warren Barr, *Pearce & Stevens' Trusts and Equitable Obligations*, Oxford University Press, 2015, p. 280; Sarah Worthington, *Equity*, Oxford University Press, 2nd ed, 2006, pp. 257-258, 261-263.

抗财产之受让人的权利问题。弃妻衡平,被誉为典型的"丹宁式衡平",主要指丹宁在担任上诉法官期间,通过一系列涉及妻子被丈夫遗弃后是否仍有权于产权属于丈夫的房子中居住这一问题的案件,创设的一种使妻子可继续居住的衡平法上的权益。称其为"丹宁式",是因为该衡平权益的创造者,是丹宁;而在其同袍中,支持该衡平权益存在的,属于少数,甚至人数寥寥。[1]因而创设与坚持这一衡平权益,实质上亦可套用迪普洛克勋爵在形容丹宁突破先例方面的名言:"这是丹宁单枪匹马的运动。"[2]

这场"单枪匹马的运动"之起点,可以追溯到丹宁仍为高等法院王座法庭法官时于 1947 年 11 月聆讯的"哈金森诉哈金森案"(*Hutchinson v Hutchinson*)(亦称为"*H v H*"案)。[3]期间历经一个"预备期",包括 1949 年 10 月的"老门地产公司诉亚历山大案"(*Old Gate Estates Ltd v Alexander*)[4]、1950 年 3 月的"米德敦诉巴尔多克案"(*Middleton v Baldock*)及 1951 年 12 月的"艾灵顿诉艾灵顿及伍兹案"(*Errington v Errington and Woods*)[5],然后到真正创设弃妻于婚姻房产中之衡平权益的判例——1952 年 5 月判决的"本戴尔诉麦克

---

〔1〕 在当时的法官同袍中,诸如司哥特(Scott L. J.)、埃斯奎夫(Asquith L. J.)、简金斯(Jenkins L. J.)、森麻威尔(Somervell L. J.)、霍德森(Hodson L. J.)、帕克(Parker L. J.)等上诉法官,以及林斯基(Lynskey J.)、洛克斯伯格(Roxburgh J.)、哈曼(Harman J.)与厄普约翰(Upjohn J.)等高等法院法官,均不认同被遗弃妻子在婚姻房产中享有衡平法上的产权。而赞同丹宁之观点的,大多属于因遵循先例原则而不得不受判例约束的法官,如 *Ferris v Weaven* 〔1952〕 2 All ER 233 案中的琼斯(Jones)法官。参见:Robert E. Megarry, *Bendall v McWhirter*, 71 *Law Quarterly Review* 481 (note)(1955).

〔2〕 *Davis v Johnson* 〔1978〕 2 WLR 553, 559(Lord Diplock).

〔3〕 *Hutchinson v Hutchinson* 〔1947〕 2 All ER 792(KB).

〔4〕 *Old Gate Estates Ltd v Alexander* 〔1950〕 1 KB 31(CA).

〔5〕 *Middleton v Baldock* 〔1950〕 1 KB 657(CA);*Errington v Errington and Woods* 〔1952〕 1 KB 290(CA).

维特案"（*Bendall v McWhirter*）（以下简称"本戴尔案"）。[1] 该判例既出，法律界与商界一片哗然，批评的声浪显然盖过了赞许之声。大家似乎都在等待此判例被推翻之日，有人等待议会立法，也有人等待上议院推翻。[2] 时间来到1963年3月——即"本戴尔案"十年后，国家教省银行将一对夫妇（其中妻子被丈夫遗弃但仍住在婚姻房产中）告上法庭，要求执行其作为该婚姻房产的抵押权人占有该房屋的权利。在该案中，初审法官判决银行胜诉，要求妻子腾空房屋[3]；妻子上诉，主张自己拥有房产之上的衡平权益。此时丹宁已晋升为上诉法院民诉庭庭长，他当然支持自己亲手创设的此衡平权益，并获得了同袍唐诺凡（Donovan L. J.）上诉法官的支持，但同席的罗素上诉法官持异议，因而妻子的衡平权益在上诉法院以多数判决得到确认。[4] 银行上诉至上议院，大家等待已久的机会终于来临。在1965年5月，上议院以全体一致判决，推翻了上诉法院的决定，否认被遗弃妻子拥有超越产权界限的所谓衡平权益，从而为"本戴尔案"创设的弃妻衡平画上了句号。[5] 丹宁前后近20年的"单枪匹马的运动"结束于此。

尽管以失败告终，但其中的许多细节十分耐人寻味，同时也让人产生许多疑问：为什么对同一个法律问题，丹宁与其同时代的法官的意见如此悬殊？丹宁显然是出于"让正义实现"之动机与目的才创设

---

[1] *Bendall v McWhirter* [1952] 2 QB 466（CA）.

[2] Robert E. Megarry, *Bendall v McWhirter*, 71 *Law Quarterly Review* 481（note）, 488（1955）; Robert E. Megarry, The Deserted Wife's Right to Occupy the Matrimonial Home, 68 *Law Quarterly Review* 379, 389（1952）.

[3] *National Provincial Bank Ltd v Hastings Car Mart Ltd* [1964] 1 Ch 9（Ch）.

[4] *National Provincial Bank Ltd v Hastings Car Mart Ltd* [1964] 1 Ch. 665（CA）.

[5] *National Provincial Bank Ltd v Ainsworth* [1965] AC 1175（HL）.

这一所谓"弃妻衡平"的，此一"正义"具体指的是什么？为什么这样的"正义"得不到其他同样在施行正义的法官们的支持？丹宁所持的价值观与其一众同袍有何不同，从而导致大家对如何方为正义的做法频现分歧？最后也是最直接的一个问题：尽管上议院在1965年"埋葬"了丹宁一手创设的弃妻衡平，但于法、于理，丹宁错了吗？

为寻求解答，下文拟在厘清弃妻衡平涉及的法律问题的基础上，剖析其酝酿、创设、应用与废弃的过程，从中探讨丹宁在此问题上的衡平司法。

一、弃妻衡平涉及的法律问题

首先有必要对"弃妻"（deserted wife）作简要说明。离弃（desertion）乃普通法上婚姻家庭法中的一项过错，该概念源于婚姻的"合一"，即夫妻因婚姻而结合，犹如一人。传统上，丈夫负有供养妻子的义务，包括为妻子提供住所。如若丈夫未能尽其供养义务，离开家庭，另结新欢，则构成离弃。[1] 由此，可以澄清两个概念上的问题：其一，法律上唯有妻子会被丈夫离弃，丈夫不会被妻子离弃，因为妻子不负有供养丈夫之义务，因而，只有"弃妻"，而无"弃夫"；其二，若构成离弃，表明丈夫犯有过错，即使未有通奸行为，也违反了他供养家庭（包括妻子与子女）的义务，这个过错，乃导致衡平法介入的一个重要因素。

离弃一般只涉及纯粹婚姻家庭法律问题，而且下一步通常为分居与离婚。然而，弃妻衡平问题之所以产生，是因为婚姻家庭法在婚姻房产问题上与财产法相遇，导致了两种利益的冲突。房产居于丈夫名

---

[1] Dunn v Dunn [1949] P 98.

下，丈夫即为土地所有权人，有权处置土地，即使丈夫不拥有房产，夫妻从业主处租赁房屋，租户亦为丈夫，而非妻子。当丈夫离弃妻子，离开拥有或租赁的房屋，妻子（及其子女）仍居住于该房屋。如若丈夫行使房屋所有权人的处置权，将房屋转手于他人，或将房屋抵押后无力偿还贷款，或导致破产，或作为租客的丈夫通知业主终结租约，那么，该房屋的买受人、欲行使抵押权的银行、破产执行人或是业主，能否逐出尚住在该房屋中的妻子，以行使其法律权利呢？

如果在相关权利人欲执行权利之时，丈夫与妻子业已离婚，则不存在弃妻引发的法律问题，因此时弃妻已不存在，夫妻双方在法律上形同路人。若双方尚未离婚，则其妻虽被遗弃，但仍然是妻子，她在婚姻中仍享有特定的法律地位与法律权益。问题在于，这样的婚姻家庭法上的权利是什么性质的权利，能否对抗相关的权利人——包括丈夫、业主、破产执行人、享有抵押权的银行、房屋买受人等从丈夫处获得产权之人？在这一队列的权利人中，丈夫显然与其他权利人处于不同的法律地位。如果是丈夫作为房屋的所有权人，意图让妻子离开婚姻房产，依循的法律途径并非一般的侵权法，而是《已婚妇女财产法》第17条，请求法院颁令，而法官则会依照具体情况，作出适宜的判决。该第17条是丈夫专享的婚姻法上的救济渠道。

因而，如果主张婚姻房产的权利人是丈夫，基本不存在法律上的难题，也不涉及此处所言之弃妻衡平问题。该问题的出现，是因为主张婚姻房产权利的，是从丈夫处获得房屋权益（不论是法律权益还是衡平权益）之权利人。换句话说，这一情境产生的法律问题是，妻子因婚姻而取得的在婚姻房产中居住的权利，是否构成凌驾于依正常商业交易而从丈夫处取得的产权之上的权益？如果妻子拥有该婚姻房产的某种权益，该权益的性质是什么——是人身性权利（right in personam），还是财产性权利（right in rem）？

在以下将要进入的诸判例中，法官们均围绕妻子在婚姻房产中所享权益的性质作出了不同回答，有时即使答案相同，但理据却相距甚远。丹宁对此问题的回答，是最"前卫"的，也是走得最远的。

二、弃妻衡平的道路：从酝酿到创立、从存续到废弃

弃妻衡平的确立绝非一夜之功，此间经历了一段发展的道路。如果说1952年的"本戴尔案"标志着弃妻衡平的创立，那么在该判例之前，从1947年至1952年即为"酝酿期"；该判例确立后，从1952年至1963年则为"存续期"，或曰弃妻衡平的"生存期"；而自1963年至1965年历经三审的"国家教省银行案"，犹如三场战役，在决战中弃妻衡平被宣告废弃。

在这跨越近20年的司法实践中，不同位阶的法官就弃妻衡平这一问题各抒己见，有些是在同一案件中，同席法官各自表述；有些是在不同案件中，不同意弃妻衡平权益的法官，有的想方设法规避判例，有的虽遵循，但表明"被迫"如此。20年的时间，足以让法官的位阶发生根本性变动，如厄普约翰法官，在"本戴尔案"出台时，他还是高等法院王座分庭的法官。他反对弃妻衡平超越一般商业交易之稳定性与安全性。他在两个涉及银行作为抵押权人的著名的初审案件中，均"绕开"了"本戴尔案"，判决银行胜诉。[1] 而在1965年，当"国家教省银行案"上诉至上议院时，他已经晋升为厄普约翰勋爵，可以不受"本戴尔案"之约束，以至推翻该判例。

---

[1] *Lloyds Bank Ltd v O's Trustee* [1953] 1 WLR 1460；*Westminster Bank Ltd v Lee* [1956] 1 Ch 7.

在这 20 年有关弃妻衡平的发展中，还可以直观"丹宁式衡平"在这一法律问题上的成型过程。丹宁并非自初就激烈地、无中生有地创设出一种从未存在的权益。从其判例的措辞中，可以辨认他步步推进的脚印。尽管其成型经历了不同阶段，但一个主题贯穿始终，即意图达致"衡平的"（equitable）判决。

从以厄普约翰勋爵为代表的反对弃妻衡平的力量与以丹宁为代表的支持力量的较量中，不难发现其背后价值观的对抗：前者主张的，是维护产权制度的确定与稳定，并反对法官以判例为"幌子"僭越立法权；而后者坚持的，是一种相对"柔软"的价值——在婚姻家庭中享有之身份的价值，以及一种无过错的价值。两种价值在婚姻房产的归属问题与丈夫犯有遗弃过错之事实这一十字路口相遇——只有一道"独木桥"，孰先孰次？哪一种价值观更接近正义？让我们从 1947 年 11 月聆讯的"哈金森诉哈金森案"（以下简称"哈金森案"）说起。[1]

（一）酝酿：从"哈金森案"到"艾灵顿案"

1. "哈金森案"（1947 年）：弃妻衡平之滥觞

"哈金森案"是丹宁离开高等法院王座法庭前夕以独任法官的身份审理的案件，是此部分将要提到的所有判例中唯一未超越夫妻关系的案件，即仅涉及夫妻之间的财产关系，而不涉及第三人。在该案中，婚姻房产置于丈夫名下，丈夫后另结新欢并遗弃妻儿，妻儿仍居住于婚姻房产中。丈夫后依 1882 年《已婚妇女财产法》第 17 条，向法院申请占有房屋令。

该案的重要意义在于，对第 17 条赋予法官之自由裁量权的定位。

---

[1] *Hutchinson v Hutchinson* [1947] 2 All ER 792 (KB).

丈夫是房屋的所有权人，这是不争的事实。如代表丈夫的律师所称，面对这样的刚性权利，法官"别无选择"[1]，因为恢复占有乃所有权人天经地义的权利。但丹宁在此将法官的自由裁量权置于丈夫的法律权利之上，认为依据该第17条，法官有权对涉案因素作出通盘考量，如果满足权利人的要求会导致非正义的结果，则法官有权作出与其权利内容相悖的决定。[2]

丹宁在"哈金森案"中意图确立的，实质上是法官的主动权，或是法官在施行正义中的话语权。此处虽不涉及弃妻衡平的问题，但为法官在此类案件中，依据具体情形行使自由裁量权赢得了主动，亦为日后弃妻衡平的建立打下了司法管辖权限方面的基础。丹宁在后续案件中，没有一次不引用"哈金森案"，原因即在于此。因而，该案可视为弃妻衡平之滥觞。

2. "亚历山大案"（1949年）：妻子的"极为特别的地位"

在1949年10月的"老门地产公司诉亚历山大案"（*Old Gate Estates Ltd v Alexander*）（以下简称"亚历山大案"）中[3]，丹宁首次试图为妻子在位于丈夫名下的婚姻房产中的权利定位。此时，丹宁已晋升为上诉法官，他在该上诉中与森麻威尔上诉法官（Somervell L. J.）及巴克纽尔上诉法官（Bucknill L. J.）同席。该案中的夫妻向业主物业公司租用房屋居住，依据英格兰法律，只有丈夫是法律上的租户，即租赁合约是在丈夫与业主间签订，而租赁法律关系亦仅存在于丈夫与业主之间。因夫妻关系不合，丈夫离开了该住所，并通知业主他放弃对该房屋的占有与租用。业主试图恢复对出租房屋的占有，发现妻

---

[1] *Hutchinson v Hutchinson* [1947] 2 All ER 792（KB），793.
[2] *Hutchinson v Hutchinson* [1947] 2 All ER 792（KB），793.
[3] *Old Gate Estates Ltd v Alexander* [1950] 1 KB 311（CA）.

子尚居其中,而且丈夫的家具也没有移除。因而,业主诉至法院,要求颁布恢复占有令。

在该案中,法官们要回答两个不同程度的问题:一个属于基本问题,即当丈夫的家具仍在、妻子仍在,是否构成其放弃租用与占有房屋的充分表示?另一个属于延伸出的问题,即业主能否将妻子逐出该房屋?换句话说,妻子有没有与业主恢复占有相抗衡的权利,以阻挡业主占有房屋?这一延伸问题,涉及弃妻衡平。

有趣的是,三位法官恰巧作出了三种不同程度的回答。森麻威尔上诉法官只回答了第一个问题,他把重心放在家具上,认为丈夫没有移除家具,因而即使向业主发出了交房通知,亦不构成"充分的"交出占有,因而,业主不可据此恢复占有。[1] 而丹宁的回答原则上不涉及家具,他的重点是回答第二个问题,即延伸出的问题:妻子有没有与业主相抗衡的权利?另一位法官,即巴克纽尔上诉法官,则位于前两者之间,他同样认为丈夫将家具留在屋内,不构成充分的交出占有,同时也触及第二个问题,即妻子的权利,但他只是"怀疑"有过错的丈夫是否有权单方面驱赶无过错的妻子,并没有对妻子享有何种权利作出阐释。[2]

这样,只有丹宁真正触及了弃妻衡平的问题。但此时的丹宁并没有明确提出妻子享有"衡平"权益的概念,他只是"模糊"地认为妻子在婚姻房屋中应当享有一个特别的地位:

理由在于,作为妻子,只要其无不当行为,则在婚姻房

---

[1] *Old Gate Estates Ltd v Alexander* [1950] 1 KB 311 (CA), 319.
[2] *Old Gate Estates Ltd v Alexander* [1950] 1 KB 311 (CA), 317-318.

屋中享有尤为特别的地位。她并非丈夫的次级租户，也不是他的被许可人（licensee）。为她提供遮顶的房屋，乃他不容推辞的义务。他无权在尚未安置妥当她的住所时即要求她离开。他无权将她赶走，除非手持法院的命令（此处丹宁援引"哈金森案"为依据），即使她违背他的意愿占有该婚姻房屋，她仍是合法地占有。[1]

在丹宁仅有一段的简短判词中，没有一处提到"衡平"。但他所认定的妻子享有的这一"极为特别的地位"，为日后他在后续判例中作出阐释与发展埋下了伏笔。

3. "米德敦案"（1950年）：再度强调妻子的"特别地位"

就在"亚历山大案"判决的半年后，一个案情极为相似的案件又来到了上诉法院，那就是 1950 年 3 月的"米德敦诉巴尔多克案"（*Middleton v Baldock*）（以下简称"米德敦案"）。[2] 该案中的夫妇亦为租户，丈夫离弃妻子，妻子仍居住于以丈夫名义租赁的房屋内。业主要求夫妇腾空房屋，丈夫欣然接受，而妻子却拒绝。争点在于，丈夫能否"越过"妻子接受业主的要求。该案涉及的问题虽在措辞上与在前述"亚历山大案"中略有不同，但实质问题同一，即妻子在婚姻房屋中是否享有与业主相抗衡的权利？

审理"米德敦案"上诉的法官，除丹宁外，还有埃瓦舍勋爵（Lord Evershed M. R.）及简金斯（Jenkins L. J.）上诉法官。这一

---

[1] *Old Gate Estates Ltd v Alexander* [1950] 1 KB 311 (CA), 319.
[2] *Middleton v Baldock* [1950] 1 KB 657.

次,丹宁觅得"盟友",他就是埃瓦舍勋爵。[1] 两位法官均认为丈夫不可"越过"妻子接受业主的要求,即在未取得妻子同意的情况下,丈夫无法作出有效的接受腾空房屋的决定。但他们得出此结论的路径不尽相同。埃瓦舍勋爵认为,案件的关键事实在于,妻子合法地占有着房屋,在这种情况下,妻子如同丈夫的代理人般占据房屋,因而,如果妻子不同意离开,即使丈夫同意也无用,因妻子对房屋的占有如同丈夫对房屋的占有。[2] 他更愿视丈夫与妻子的关系为代理关系,妻子权益的立足点仍在丈夫。丹宁的立足点则不同,他强调的是妻子在婚姻房屋中独特且独立的权益。

比较丹宁在"亚历山大案"与"米德敦案"中对妻子之"特别地位"的表达,可看出如下异同:相同的是,丹宁均强调丈夫自身无权驱赶妻子,而要通过法庭依据第17条颁令为之[3];另外,丹宁在两案中均强调妻子的无过错与占有房屋的合法性。不同的是,在"米德敦案"中,丹宁对妻子之"特别地位"描绘得较为直白,他明言丈夫须征得妻子同意,方能向业主表明放弃对房屋的占有,并直言:"在此类案件中,如果丈夫离弃了妻子,而妻子无处可去,则没有一间法院会命令她离开。"[4] 换言之,丹宁认为妻子的独特地位使得与其没有直接法律关系的业主无法将她驱赶,唯一可驱赶的渠道就是丈夫依第17条向法院申请驱逐令,但丹宁在此明确地告诉丈夫与业主,法院不会这么做。至此,仍未出现"弃妻衡平"这一挑动法律界神经

---

[1] 埃瓦舍勋爵在其判词之末尾表达了他对丹宁之看法有保留地认同,他说:"我完全站在丹宁上诉法官这一边,尽管他所陈述的理由或许超越了本案在严格意义上所需之界限。" Middleton v Baldock [1950] 1 KB 657, 667.

[2] Middleton v Baldock [1950] 1 KB 657, 660, 662.

[3] 1882年《已婚妇女财产法》第17条。

[4] Middleton v Baldock [1950] 1 KB 657, 668.

的字眼。

4."汤普森案"(1951年):"她无权留下"

丹宁第一次提出妻子在婚姻房产中享有"衡平"权益的案件,是1951年12月的"艾灵顿诉艾灵顿及伍兹案"(*Errington v Errington and Woods*)(以下简称"艾灵顿案")。[1]但妻子是否享有婚姻房产法律权益——包括普通法上的及衡平法上的权益——这一法律问题,既已在"艾灵顿案"诉至上诉法院之前、于1951年6月在高等法院王座法庭开审的"汤普森诉娥菲案"(*Thompson v Earthy*)(以下简称"汤普森"案)中[2],提出。因而,在聚焦"艾灵顿案"之前,有必要先审视"汤普森案"。

"汤普森案"虽为初审案件,但在弃妻衡平系列案件中,对妻子之房产权益的定位,透射了两股力量最简洁与直接的较量。主审法官为洛克斯伯格(Roxburgh J.)法官,他是第一个直接回答"妻子是否享有婚姻房产之衡平权益"问题的法官,他的答案是否定的。显然,在四个月后的"艾灵顿案"中,丹宁与他作出了相反的回答。但是,随着弃妻衡平原则一路向前,于1963年至1965年的"国家教省银行案"中,上议院在推翻"本戴尔判例"的同时,认可了"汤普森案"的正确性。因而,"汤普森案"在法律上的地位,与"本戴尔案"恰是"此起彼伏",前者所代表的,正是长久以来所确立的刚性产权制度。

"汤普森案"涉及的非前述案件中业主与租户的关系,而是婚姻房产的买卖。丈夫作为业主,在离弃妻子后,将房屋卖给了买受人,

---

[1] *Errington v Errington and Woods* [1952] 1 KB 290.
[2] *Thompson v Earthy* [1951] 2 KB 596 (KB).

但妻子仍居住于该婚姻房产中。买方请求法院颁令,使其得以占有该房屋。由于涉及产权的转让,使得法官已不得不回答妻子在该房产中是否享有任何权益这一问题。洛克斯伯格法官表现出了面对这一敏感问题应有的谨慎与逻辑上的严密。他"全文"引述了丹宁在"亚历山大案"中的判词,但他从丹宁判词中引申出的结论是:"她无权留下。"[1] 因丹宁强调的是,丈夫无权将她赶走,但法院可以,因而,她没有独立的"权利"使她赖以留下,否则法院亦无法将她赶走。

洛克斯伯格法官有两段核心判词值得详述,它们代表了反对弃妻衡平的法官们的基本立场:

就我所知,若买方依侵权法起诉妻子,并不存在任何法律障碍。本案真正的问题是,妻子在该房产中是否持有任何法律或衡平权益(any legal or equitable interest),而该权益附着于房产,以此对抗买方。我从未听说、并且双方所援引的判例亦未曾表明婚姻房产中存在着此类性质的权益。相反,所援引的判例均表明——尽管并非定论——此权益并不存在。[2]

在其判决的结论部分,洛克斯伯格法官再度重申其立场:

鉴于此案之情形,我拒绝宣告这一史无前例地被提出的衡平权益的存在,因为没有任何先例显示它的存在。现时的

---

[1] *Thompson v Earthy* [1951] 2 KB 596 (KB), 599.
[2] *Thompson v Earthy* [1951] 2 KB 596 (KB), 599.

情况是，买方已经证明了她对房屋的产权。而妻子未能证明她对房屋持有任何权益，不论是法律的还是衡平的权益。因而，妻子乃土地的入侵者，而我必须依次命令她向买方交付占有。[1]

这两段核心判词表明，洛克斯伯格法官判决妻子败诉的最重要理由，是依据现行的产权法律制度，妻子对房产（即使是婚姻房产）不享有任何法律的及衡平的权益，因而无法对抗从丈夫处依正当法律程序承受产权之人，即本案中的买方。但值得注意的是，洛克斯伯格法官在言及买方的时候，并没有特意强调该买受人是否知情（即是否知晓妻子被遗弃且妻子仍居住于买卖房屋内）。这在逻辑上是通达的，因为如果妻子对房屋不享有任何权益——法律的或衡平的，那么即使买方知情，买方依然有权要求妻子离开。如果说妻子享有衡平权益，如后来丹宁在"本戴尔案"中所称，那么知情的买方则无法要求她离开，因此时的买方将不属于"善意"的买受人，其权利将位于在他之前产生的衡平权益（即弃妻衡平）之下。

5. "艾灵顿案"（1951 年）：首次认定妻子享有"一种衡平权利"

丹宁明确不同意洛克斯伯格法官的判决，他自是在等待机会表达他的异议。时至 1951 年 12 月，"艾灵顿案"被诉至上诉法院。严格来讲，该案不属于典型的"弃妻"案件。案中的业主不是遗弃妻子的丈夫，而是丈夫的父亲。父亲以自己的名义为儿子与儿媳购置了一处住所，支付了部分房款后，余款则以贷款方式交付，但约定由儿子与儿媳按期偿还贷款。但父亲去世后，其名下所有的财产，包括涉案房

---

[1] *Thompson v Earthy* [1951] 2 KB 596 (KB), 600.

屋，均留给了其遗孀，即儿子的母亲。后来儿子离弃儿媳，与母亲同住，而儿媳仍居住于该房屋中，并按期偿还贷款。后该母亲向儿媳提起诉讼，要求儿媳离开。

在上述案情中，要求驱赶妻子的权利人非为丈夫，也非出租房屋的业主和房屋的买受人，而是房屋业主的继承人（即案中的母亲）。继承人的产权来自被继承人，因而被继承人（即案中的父亲）当年将房屋交给该夫妇居住时，他们之间的法律关系之定性至关重要，即该夫妇是以什么法律身份居住于该房屋的。具体而言，他们与父亲是租赁关系（tenancy），还是许可关系（licence）？他们是租户（tenants），还是被许可人（licencees）？如果是租赁关系，那么夫妇享有该房屋的土地权益，可以对抗产权的继受人；如果只是许可关系，依照普通法，许可只是一种合同关系，仅约束许可人（即父亲）与被许可人（即儿子与儿媳），不得约束他们之外的第三人（即母亲）。

"艾灵顿案"显然属于后者，即父亲与儿子儿媳间是许可关系，父亲许可他们夫妇居住于该房屋，条件是他们按期偿还贷款。因而，这是一个有关许可法律关系的案件，而且许可的对象并非儿子单独一人，而是儿子与儿媳。尽管此处驱逐的对象仅为儿媳一人，看似一桩"弃妻"案件，但性质上与其他"弃妻"案件不同，这里的儿媳与儿子同为被许可人，享有同等的法律地位，儿媳并不通过儿子取得该地位。这是"艾灵顿"案的特别之处。但这样细微却本质的区别，不足以阻挡丹宁借此机会阐释他对妻子在婚姻房产中（即使是以被许可人的身份）所享权益的看法。

丹宁在该案中，终于亮出了"衡平权益"或"衡平法上的产权"这让法律界"警觉"的字眼。他没有单独谈论妻子的法律权益，而是将儿子与儿媳相提并论，因为在该案中，他们同为父亲的被许可人。

第四章 丹宁的创新型衡平司法：增设新型权益

在排除了该夫妇为父亲的租户后，丹宁说道："该夫妇乃被许可人，他们被允许居住于该房屋中（虽不以租户之身份），他们享有合同上的权利，或在某种程度上享有一种衡平权利（equitable right），使得他们只要按期偿还贷款乃可继续居住，而当贷款被清偿之际，该衡平权利将演变为一项有效的衡平产权（a good equitable title）。"[1]

其中的关键字眼是丹宁描述的"一种衡平权利"。依据丹宁之说，该"衡平权利"的享有人是该案中的被许可人，而被许可人通常只享有对抗许可人的人身性权利，其如何对抗作为许可合同第三人的产权继受人呢？衡平原则又是如何介入被许可人与第三人之间，以致第三人要受被许可人该"衡平权利"之约束呢？

丹宁向合同法中"借用"了一个关键词——"允诺"，以及与此相联的对允诺的"信靠"，由此搭通了从仅能对抗许可人的人身性权利向可对抗合同以外之第三人的衡平权利的桥梁。因未能信守"允诺"而导致守诺人蒙受损失，乃衡平救济的切入点。丹宁如此描述这样一种被许可权与允诺禁止反言同时作用下产生的衡平权利：

> 他们（该夫妇）不是租户，而是被许可人。他们只享有居住于此的人身性权利，无权将房屋转让或转租。但，他们并非"净身的被许可人"（bare licensees）。他们是拥有继续居住之合同权利的被许可人。如此这般，他们得以继续居住并非普通法上的权利，而是衡平法上的权利，在此，衡平权利优先。[2]

---

[1] *Errington v Errington and Woods* [1952] 1 KB 290 (CA), 296.
[2] *Errington v Errington and Woods* [1952] 1 KB 290 (CA), 298.

行文至此,需对丹宁在"艾灵顿案"中确立的衡平权利作一梳理。

首先,是该衡平权利的性质。在许可法律关系中,基于许可人与被许可人之间存在一种合同关系,而合同关系属于人身关系,仅对合同双方有约束力,因而,在法律上,该许可权仅对该案中的父亲有约束力。然而,如前文指出的,该许可合同包含了一项"允诺"——许可人(案中的父亲)不会取消该许可的"允诺",而被许可人(案中的儿媳)亦因信赖该允诺而有所付出,如按期偿还贷款。由此,如果允许许可人随意撤销许可,则是不公平的;同样,如果允许许可人权益的继受人(案中的遗孀)随意撤销该许可,会造成同样的不公。在这样的基础上,衡平法介入,以赋予被许可人一项衡平权利。牛津大学的瓦伊纳讲座教授(Vinerian Chair)、切舍尔(Cheshire)教授评论道:

> 这一衡平规则是这样的,即每一合同性许可均隐含了许可人的一项允诺,不会以违背双方意愿的方式撤销该许可的允诺。[1]

因而,切舍尔教授称其为一种"扩大的衡平"(an enlarged equity),从一般禁止反言原则中演化出来的延伸至许可合同领域的衡平。[2] 可以说,该衡平权利的性质,是基于合同中隐含的不可撤销的允诺。

其次,是该衡平权利的法律效果。简单说来,创设该衡平权利的

---

[1] Geoffrey C. Cheshire, A New Equitable Interest in Land, 16 *Modern Law Review* 1, 9 (1953).

[2] Ibid.

目的,是为了对抗许可合同以外的第三人。依照切舍尔教授的说法,这一表面看似属于人身性质、不具备土地权益的被许可权,由于该衡平权利的存在,得以约束该土地权益的继受人,除非该继受人属于善意买受人。[1] 这对土地权益产生影响的"剧烈"法律效果,激起了法律界的反对之声。韦德(Wade)教授发出与切舍尔教授不同的声音,他称让许可权突破合同限制得以约束许可合同以外之第三人,是一种"革命性"的做法,这种衡平法上的"新发明",将在未来数年让产权法律体制处于动荡之中。[2]

最后,是该衡平权利与弃妻衡平之间的关系。与讨论"艾灵顿案"之始所指出的那样,该案严格来讲不属于弃妻案件,因为案中的儿媳的法律地位是独立于她丈夫(即儿子)的被许可人,而不是以妻子的身份对抗与她无法律关系的第三人。然而,在"艾灵顿案"中创设的衡平权利,为下文将探研的"本戴尔案"中的弃妻衡平拉开了序幕,或说是预备了一个可以移花接木的"范本"。这从丹宁在"本戴尔案"中对"艾灵顿案"的周密援引中得到了印证。可以说,"艾灵顿案"中被许可人所享有的衡平权利,在弃妻的案件中,即转化为弃妻衡平。

(二)弃妻衡平的创立:"本戴尔案"(1952年)

1952年5月的"本戴尔案"创设之弃妻衡平[3],盛称"英格兰

---

[1] Geoffrey C. Cheshire, A New Equitable Interest in Land, 16 *Modern Law Review* 1, 12 (1953).

[2] Wade H. W. R., Licences and Third Parties, 68 *Law Quarterly Review* 337, 349 (1952).

[3] Bendall v McWhirter [1952] 2 QB 466 (CA).

法律近年来孕育出的最为健壮的婴孩"。[1] 这一衡平法"婴孩"的出生,实在具备了"天时、地利、人和":"艾灵顿案"的铺垫、案情的独特以及法庭主流意见的"护航"。

该案属于典型的弃妻案件。丈夫为自由保有地产权人（freehold owner），后离弃妻子，妻子仍居住于该房产。丈夫后被宣告破产，该地产的自由保有权则归于破产受托人（the trustee in bankruptcy）。破产信托人请求法院颁布恢复占有令，要求妻子离开。郡法院认为，妻子于房产中的法律地位为被许可人，即因婚姻被丈夫许可居住其中，而当该地产之产权被转让至破产受托人时，该许可被取消，故颁布恢复占有令，要求妻子离开。妻子上诉。

案情的独特性在于，妻子在法律上的对手不是房产的善意买受人，也不是作为抵押权人的银行，而是在法律权利上相对较弱的丈夫的破产受托人。试想，如果"本戴尔"案中要求妻子离开的权利人是前述两者，即善意买受人或抵押权人，那么即使丹宁以任何方式判决妻子胜诉，其他两位法官——森麻威尔上诉法官与罗玛（Romer L. J.）上诉法官——亦不会得此结论，因为在产权制度中这是再清楚不过的法律关系，前述"汤普森案"中洛克斯伯格法官已有明述。依据有关破产的一般法律原则，受托人所获得的产权不比破产人所享有的更多。因为本案中的权利主张人是破产受托人，使得与丹宁同席的森麻威尔与罗玛上诉法官得出了与丹宁一致的结论，判决妻子胜诉。可是，他们的路径、理据绝然与弃妻衡平无关。

撰写判词的只有丹宁和罗玛，森麻威尔表达了对罗玛上诉法官判

---

[1] Robert E. Megarry, The Deserted Wife's Right to Occupy the Matrimonial Home, 68 *Law Quarterly Review* 379, 379 (1952). 原文以"Lusty"形容这一"婴孩"，该词似乎亦可译为"哭声最响亮的婴孩"。

第四章 丹宁的创新型衡平司法：增设新型权益

词的附和（可见森麻威尔并不同意丹宁激进的有关弃妻衡平的言辞）。[1] 相对于丹宁，罗玛上诉法官依循的是传统路径。其基本理据为他在判词中引用的《哈尔斯伯雷英格兰法》（Halsbury's Laws of England）记载的一般性原则：

> 受托人从破产人手中承受之产权所处的境况，与该产权在破产人手中时无异，同样受制于破产前约束破产人的所有衡平权益与责任，受制于破产人在破产前对财产作出的所有有效处置，且受制于在破产宣告前第三人业已取得的所有权利，除非破产法律另有明文规定受托人不为此限。[2]

基于受托人产权上的这些限制，罗玛上诉法官得出了与丹宁一样的结论，即受托人获得的权利不比破产人（即丈夫）多，如果丈夫本身无权让妻子离开，那么丈夫的破产受托人亦无权让她离开。此处涉及的，仅为破产受托人的法律地位问题，而不涉及妻子在房产中是否享有权益。在妻子权益问题上，罗玛上诉法官明显不赞同丹宁的观点，他在与律师的问答中直言："我不认为妻子在此享有衡平权益。"[3] 在判词中他亦明确表示，尽管他与丹宁抵达同一终点，但他所行之路与丹宁不同。[4] 罗玛与森麻威尔上诉法官所代表的与丹宁道路不同却得出了同一结论的主流意见，为丹宁创设标新立异的弃妻衡平"护航"。两条路径掺杂其间，一则为正统路径，一则为另辟蹊

---

[1] *Bendall v McWhirter* [1952] 2 QB 466 (CA), 474.
[2] 罗玛上诉法官引用自《哈尔斯伯雷英格兰法》(*Halsbury's Laws of England*)（第二版）（第二卷），第 209 页。*Bendall v McWhirter* [1952] 2 QB 466 (CA), 487.
[3] *Bendall v McWhirter* [1952] 2 QB 466 (CA), 469.
[4] *Bendall v McWhirter* [1952] 2 QB 466 (CA), 486.

径。以下将重点考察丹宁创设弃妻衡平的过程与理据，以及探寻其背后的主导性理念。

经过早前诸判例的酝酿，丹宁对妻子在婚姻房产中享有的权利这一问题，在此案中的运用可谓瓜熟蒂落般的成熟。他开宗明义道："本案提出了有关弃妻在婚姻房产中是否有权继续居住的重要法律问题。"[1] 丹宁在"本戴尔案"中的判词，可谓逻辑清晰、结构严谨、层次分明。全文围绕"妻子的权利"这一中心问题展开，依逻辑分为三大部分：首先，妻子是否享有权利？其次，该权利的性质是什么？最后，该权利可否约束房屋产权的继受人？这三大部分，构成了弃妻衡平的推理与完整阐述。

问题一：妻子在婚姻房产中是否享有属于其自身的继续居住的权利？

该问题的关键词在于"属于其自身的权利"（right of her own）。[2] 丹宁凝练地追述了1882年《已婚妇女财产法》通过前的状况，那时妻子在婚姻中的地位与家具相差无几，均属于丈夫财产的一部分，自身的权利无从谈起。而自该法确认已婚妇女有权拥有自身财产后，经过1940年代判例法的发展，丹宁认为在上述法律第17条的护卫下，已婚妇女（包括被离弃的妻子）至少拥有不被丈夫逐出婚姻房屋的权利，因该条文将驱逐的权力赋予了法官。这样不被驱逐的权利亦通过一系列判例，被延展至可对抗意图驱逐弃妻的业主。[3] 丹宁由此总结道：

---

[1] *Bendall v McWhirter* [1952] 2 QB 466 (CA), 474.
[2] *Bendall v McWhirter* [1952] 2 QB 466 (CA), 475.
[3] 参见前文讨论的"亚历山大案"与"米德敦案"。

简单说来，她拥有属于自身的权利，该权利无疑衍生自她丈夫，但当无论丈夫说了什么或做了什么，她仍可以主张租户对租赁房屋之权利时，即使该主张是以丈夫的名义提出，却仍不失为一项属于她自身的权利。[1]

丹宁在此意图首先为弃妻建立一种独立于丈夫的权利。妻子毫无疑问对丈夫拥有独立的对抗权，在婚姻房产中，表现为未经法院颁令不被驱逐的权利。但关键在于，当面对第三人的时候，如业主，或是房屋的买受人，妻子是否具有独立于丈夫、属于她自身的权利。妻子对丈夫享有的，显然属于人身性权利，且仅可针对丈夫，无法针对丈夫以外之人；如果妻子在婚姻房产上对丈夫以外的第三人——如丹宁所言——享有属于她自身的独立于丈夫的权利，这就意味着妻子享有的权利已超出人身性权利，而具有类似产权的性质了。丹宁在此认可了妻子在婚姻房产中拥有属于自身的权利，那么，该权利的性质是什么：人身性的，还是财产性的？这是他亟需解决的问题。

问题二：该权利的性质为何？

对这个问题的回答，直指弃妻衡平的核心。依据丹宁的阐述，可将他认为的弃妻在婚姻房产中拥有之权利的性质描述为：那是一种基于"不可推翻之法律推定"（irrebuttable presumption of law）而拥有"不可撤销之权利"（irrevocable authority）的被许可权。[2]

该推定实际上就是指婚姻，以及基于婚姻关系而推定丈夫应当供养妻子，提供她日常之所需，包括为她提供住所。源于这项推定，妻

---

[1] Bendall v McWhirter [1952] 2 QB 466 (CA), 476.
[2] Bendall v McWhirter [1952] 2 QB 466 (CA), 477.

子在法律上为丈夫的"被许可人"（licensee），因婚姻关系而被许可在属于丈夫的房屋中居住。同时，只要婚姻关系存在（包括妻子被离弃但尚未离婚时），丈夫作为许可人，便不得撤销这一许可。这就是丹宁阐释的弃妻之权利的性质，在法律上属于被许可权。

细览丹宁相关判词的人会发现，丹宁在此观点上存在矛盾之处：在前述 1949 年的"亚历山大案"中，丹宁是这样称妻子之地位的："她并非丈夫的次级租户，也不是他的被许可人。"[1] 而于兹，丹宁却明言："她仅拥有人身性权利，无法律上的土地权益，因而她仅为被许可人。"[2] 相隔仅四年的案件，同一位法官怎么会有这样明显的措辞上的矛盾呢？

笔者认为，答案在 1951 年的"艾灵顿案"。在该案中，丹宁详实地阐释了被许可人在土地中衡平权益的性质，而这种权益足以对抗产权的继受人。因而，在 1949 年的"亚历山大案"中，丹宁认为妻子具有特别的法律地位，应当享有某些权益，但当时尚未对这样一种"模糊"的权益定位，于是丹宁认为妻子并非传统意义上的仅享有人身性权利的被许可人。可是，经过"艾灵顿案"对被许可人法律地位的系统思考与阐释后，丹宁发觉，妻子以被许可人的身份，已足以享有对抗第三人的衡平权益。所以，在"本戴尔案"中，丹宁以这样的方式"连接""艾灵顿案"与"本戴尔案"："她对房屋的占据权与依许可合同而占据房屋的被许可人相当（comparable），唯一的区别是，合约性的许可可依合同条款被撤销，而妻子的许可除依法院命令外不得被撤销。"[3] 在稍后的段落中，丹宁再次"连接"二者："妻子的

---

[1] Old Gate Estates Ltd v Alexander [1950] 1 KB 311, 319.
[2] Bendall v McWhirter [1952] 2 QB 466, 477.
[3] Bendall v McWhirter [1952] 2 QB 466, 477.

权利与依合同占有土地的被许可人的权利相类似（analogous）。它们之间是如此的类似（so closely analogous），以致我认为在它们之间根本无法作出任何有效的区分。"[1]

由此，丹宁将"艾灵顿案"中被许可人享有的衡平权利"嫁接"至"本戴尔案"中的弃妻之意图，已经非常明显，并似乎顺理成章。可以一无怀疑地讲，后案中的弃妻衡平，实质上即前案中被许可人享有之衡平权利在弃妻案件中的"变体"。值得注意的是，尽管丹宁在弃妻权利性质的问题上前后有细微的变化，但他自始至终均承认：妻子在属于丈夫的房产中，不享有任何法律上的及衡平法上的财产性权益（proprietary rights）。而在产权制度下，只有财产性权益方能对抗第三人，由此，丹宁接着要处理的，是有关在性质上属于人身性的该权利能否对抗产权受让人的问题。

问题三：该权利是否对破产受托人有约束力？

这一问题涉及的，是妻子作为被许可人享有之人身性权利，能否构成房产之上的"一项阻碍或限制"（a clog or fetter），犹如留置权（lien），使得产权受让人（如本案中的破产受托人）无法绕过该"阻碍或限制"而受制于该权利。[2] 这一能否构成产权之上约束第三人的"阻碍或限制"的能力，丹宁称其为妻子权利的"质量"（quality）[3]，实质上指的是面对第三人的"对抗力"。

前述"艾灵顿案"中丹宁建立的被许可人在房产中享有的衡平权利，为弃妻在婚姻房产中以丈夫之被许可人身份享有与其"相当的"或"类似的"衡平权利，作好了铺垫。在探讨"艾灵顿案"时谈到，

---

[1] Bendall v McWhirter [1952] 2 QB 466, 478.
[2] Bendall v McWhirter [1952] 2 QB 466, 477.
[3] Bendall v McWhirter [1952] 2 QB 466, 477.

丹宁提出的衡平权利引起了广泛的争议,质疑之声不绝于耳。故而,在"本戴尔案"中以该权利为基础建立弃妻衡平之前,丹宁首先做的,是借此机会"重新考虑"(reconsider)、或说是加强他在"艾灵顿案"中所建立的。[1]

在逻辑上,丹宁分述普通法与衡平法,认为两者殊途同归。在普通法部分,丹宁追本溯源,翻查了17、18与19世纪的支持其观点的判例[2],最终止于1948年当时上议院新近的判决[3],并总结出普通法在这个问题上的立场:

> 因此,它不是一项财产权益,然而,当被许可人进入该土地并将其占有,即如帕克男爵(Parke B.)在"沃利斯诉哈里森案"(Wallis v Harrison)中所称的,它就成为"一种可对抗许可人及其受让人的权益"。[4]我对此的理解是,它乃一种阻碍或限制(a clog or fetter),就像留置权一般,其本身不具备财产权益,仅为维持占有状态的人身性权利;然而,它当然可以有效地对抗财产所有权人及其受让人。[5]

简单地说,在普通法上,被许可人继续占有土地以致可对抗财产受让人的基础,是她对土地的持续占有,这种占有即构成了位于财产

---

〔1〕 *Bendall v McWhirter*〔1952〕2 QB 466, 479.

〔2〕 *Webb v Paternoster*(1618)Popham 151; *Wood v Lake*(1751)Sayer 3; *Tayler v Waters*(1816)7 Taunton 374; *Wallis v Harrison*(1838)4 M&W 538.

〔3〕 *Winter Garden Theatre(London)Ltd v Millennium Productions Ltd*〔1948〕AC 173, in *Bendall v McWhirter*〔1952〕2 QB 466, 480.

〔4〕 *Wallis v Harrison*(1838)4 M&W 538, 544.

〔5〕 *Bendall v McWhirter*〔1952〕2 QB 466, 480.

之上的、超越了人身性权利之法律效果的"阻碍或限制"。

如果这种权利在普通法上站得住脚，在衡平法上似乎就顺理成章。丹宁对衡平法方面法律理据的阐释，偏注在"占有"以及对占有的"知情"（notice）两个关键词上。关于"占有"：丹宁认为，对土地的实际占有，本身已构成足以值得衡平法介入以提供保护的权益。[1] 关于对该占有的"知情"：任何知情的产权受让人，在衡平法上"均因良心之故而受其约束"。换句话说，如果产权受让人在接受该产权时得知有被许可人占有着该土地，那么，良心上不容许前者在明知后者（及其权益）存在的情况下，仍对后者（及其权益）视若无睹。故，衡平法不保护知情的产权受让人。

综合普通法与衡平法上之理据，丹宁对被许可人这一权利之"质量"（或曰"对抗力"）得出的结论是：

> 故此，我的结论是：合同中的被许可人，若依该许可而实际占有土地，则即使不在普通法上，至少在衡平法上享有可对抗许可人产权之受让人的有效权利，包括在此对抗破产受托人的权利。它并非一项如租赁权般的土地上的法律权益，而是如留置权般的一种阻碍或限制。它在性质上属于人身性权利，却对许可人的受让人有约束力，只要许可合同中的条款仍然得到遵循。[2]

丹宁在"本戴尔案"中，对被许可人的衡平权益以及对第三人之

---

[1] *Bendall v McWhirter* [1952] 2 QB 466, 482.
[2] *Bendall v McWhirter* [1952] 2 QB 466, 483.

约束力的阐述，比他在"艾灵顿案"中所做的益加系统、严密，在效果上可谓"一箭双雕"：一方面增强了"艾灵顿案"的说服力；另一方面通过与前案的类比，顺理成章地在"本戴尔案"中确立了妻子作为被许可人而享有的可对抗丈夫之产权受让人的衡平权利，即弃妻衡平。

透过以上三个"问题"而铺陈的三层次，即为丹宁创设弃妻衡平——这一衡平法结出的特别果实——的逻辑及其在普通法与衡平法上的理据。但此时难免发问：丹宁为什么要煞费苦心地为弃妻衡平寻找理据？亦即丹宁为什么认为弃妻应当在婚姻房产中享有衡平权益，或说衡平法为什么要介入、要保护弃妻在房屋中继续居住的权利？丹宁在判决中不甚起眼的一段补述，道出了他宁愿花费洋洋洒洒的篇幅试图去建立这项衡平权益的笃实缘由：

> 任何其他的结论（即除让妻子继续居住以外的结论）都将导致极大的不公（great injustice）。这将意味着，负有罪疚的（guilty）丈夫可以将其房屋转至他新欢的名下，再将他无辜的（innocent）合法妻子从婚姻家庭中逐出。没有任何一个文明社会能容忍这样一种对婚姻毫无顾忌的践踏。[1]

这段话并不关乎法律，实乃关乎公理，是每一个人尽能够理解的公理。丹宁无法接受的，或说认为是违背正义的，非丈夫作为产权所有人得以处置自己的财产，而是犯有过错的他，可通过处置财产的方式堂而皇之地驱赶无辜之妻，而他们之间是相互有着神圣的盟约与许

---

[1] *Bendall v McWhirter* [1952] 2 QB 466, 484.

诺的。对婚姻的不尊重，就是对这盟约与许诺的不尊重。房屋及其产权本身是中性的，不涉及伦理道德，但在丹宁看来，它们至少不能成为导致这一"极大不公"的协从。这是丹宁对正义的理解，也是他对"让正义实现"所作的努力。

（三）弃妻衡平的存续：遵循、规避与质疑

丹宁全力意图避免的这一"极大的不公"，是否在另一方面——产权转让及财产权益的确定性与安全性方面——产生了另外一种"不公"呢？当判决对无辜的妻子公平时，对同样无辜的与丈夫发生产权交易的产权继受人而言，又是否公平呢？丹宁在"本戴尔案"中建立的弃妻衡平，在最低程度上，确实为产权的确定与交易安全制造了难题。

这些难题包括：首先，妻子在婚姻房产中享有的衡平权益的性质尚不够明晰——这是一种纯粹的人身性权利呢？还是一种得以对抗产权合法继受的衡平权益？丹宁谓指后者。如果这是衡平权益，那它又是一种怎样的衡平权益呢：是具有产权性质的（equitable estate），还是一种不涉及产权的纯粹的衡平（mere equity）？自始至终，没有任何一位法官认为弃妻衡平属于前者，即弃妻衡平并不具有财产上的权益。那么，这种"纯粹的衡平"是如何通过"知情"（with notice）来对抗第三人呢？这是一个涉及实际操作的问题——第三人怎样方为"知情"：是只要知道有妻子的存在即为知情，还是要知道妻子被遗弃且居住于房屋中才为知情呢？如果是后者，那是否意味着银行在贷款给丈夫前先需调查夫妻的婚姻状况呢？种种悬而未决的问题，均使得丹宁一手创立的弃妻衡平难免在日后的案件中蒙受质疑。

"本戴尔案"之后，多宗涉及弃妻与产权继受人之间较量的案件被诉至高等法院，有些被诉至上诉法院，这使得法官们（包括高等法

院的法官及上诉法官）有机会表达自己对弃妻衡平的意见，也使得法律界亦得以看清司法界对妻子这一衡平权益的立场。由于这些案件没有一宗多走一步，上诉至上议院，因而即使主审法官对此多么不情愿遵循，亦没有一宗能够推翻"本戴尔案"。以下依照案件中涉及的产权继受人之类别，展现各层级法官对丹宁创设之弃妻衡平的复杂心态。

1. 对抗破产受托人

"本戴尔案"本身即涉及破产受托人，如前述，陈说主流判决意见的罗玛及森麻威尔上诉法官认为，破产受托人所享有的权益并不多于破产人的，因而，破产受托人亦受妻子对丈夫权利的限制。

在 1952 年 12 月在上诉法院听审的、同样涉及破产受托人的"布莱德利-豪尔诉库森案"（Bradley-Hole v Cusen）中[1]，撰写法庭独一判词的简金斯上诉法官表达了自己对妻子所享权益之性质的观点：

> 妻子的权利与丈夫的义务，是一种人身权利与人身义务，它们存续于夫妻关系中。……如果破产受托人在法律上是一位"普通受让人"（ordinary assignee），我认为存在着"极大的难度"（grave difficulty）让人看到妻子会对这样的受让人享有什么样的优先性权利，因丈夫对妻子的义务，如我先前所言，是一种纯粹的人身义务（purely personal obligation）。[2]

---

[1] Bradley-Hole v Cusen［1953］1 QB 300.
[2] Bradley-Hole v Cusen［1953］1 QB 300, 306.

简金斯上诉法官显然认为妻子对丈夫这种人身权利,不应当逾越夫妻界限,延及第三人。

2. 对抗买受人

准确而言,是"支付了对价的买受人"(purchaser for value)。由于"本戴尔案"无关买受人,因而可以说,妻子是否具有对抗买受人(包括知情或不知情的买受人)的权利,在法律上暂无定论。这样的"空白",使得法官们再次各自表述。

一般地,买受人在各类产权继受人中具有最强的法律地位,他们在合法交易后将获得不受干扰的产权,成为新的产权所有人,包括普通法与衡平法上的完整的土地权益。然而,买受人中还有知情与不知情之分。如果买受人在达成交易时,知道在该产权上业已存在衡平法上的业权,那么买受人在完成交易后取得的权利,将受制于该先前已存的衡平业权;如果买受人不知情,而当时的状况又不足以使得他作出进一步询问,那么买受人可取得完整的土地权益。因而,可以这样概括买受人在产权交易中的法律地位:任何衡平权益,均不足以抵抗不知情的买受人;唯有知情的买受人,基于衡平的理由,受制于早于其存在的衡平业权。这些都是早已牢固确立的产权交易原则。

如前述,弃妻衡平产生的问题是:此衡平并非衡平业权,即非财产性权利,不应对产权的转让构成限制。那么,是否可以认为:只要是买受人,不论他对弃妻衡平知情与否,均不受该衡平权益的限制,因该衡平权益不涉及业权?

较早涉及这个问题的,是前述1951年的"汤普森案"[1]洛克斯伯格法官明确表示,妻子对婚姻房产不具有任何业权,因而,买受

---

[1] Thompson v Earthy [1951] 2 KB 596.

人（即使是知情的买受人）在任何情况下均不受她享有的任何人身权利限制。但该案发生在"本戴尔"案之前，故尚不受弃妻衡平的影响。

第一个受弃妻衡平影响的买受人，出现在1952年5月与"本戴尔案"判决颁布之日仅有20天之隔的"菲利斯诉魏文案"（*Ferris v Weaven*）中。[1] 该案中的琼斯（Jones J.）法官被认为遵循了丹宁确立的弃妻衡平原则，判决案中知情的买受人所享有的产权受制于弃妻之衡平权益。这样的决定显然表明对弃妻衡平的认可与接受，因为这等于承认了弃妻衡平具有约束买受人的法律效力。该案有一特殊之处，就是该买受人乃丈夫的亲戚，二者出于"共谋"意图驱赶弃妻而以殊低的价格达成了买卖房屋的交易。因而，该买卖涉及恶意及不正当的目的。这也是后续案件中不情愿接受弃妻衡平对买受人（即使是知情的买受人）之约束的法官，规避该判例的最佳切入点。

在接下来1954年的"史朱利特诉邓汉案"（*Street v Denham*）[2]，与上述"菲利斯诉魏文案"非常类似，涉及一位知情的买受人，该人是丈夫的情人。主审法官林斯奇（Lynskey J.）表明，他完全是出于受先例的约束而"极不情愿地"判决弃妻衡平优先于知情的买受人的产权。[3] 该案显然亦存在特殊的事实，那就是买受人特殊的身份——情人，一个涉及价值评判的、可以以公共政策（public policy）理由对其主张不予支持的身份。然而，房屋交易是独立于交易动机而存在的，因而，该案判决妻子胜诉，在法律上当然表明弃妻衡平足以对

---

〔1〕 *Ferris v Weaven* [1952] 2 All ER 233. 该案判于1952年5月23日，而"本戴尔案"的判决颁布于1952年5月4日。

〔2〕 *Street v Denham* [1954] 1 WLR 624.

〔3〕 *Street v Denham* [1954] 1 WLR 624.

抗知情的买受人。

但上述两桩案件涉及的均非普通的买受人（即不涉及不良动机的买受人），因而还不能说法庭对买受人的法律地位已经明晰，上诉法院于 1955 年 1 月判决的"杰斯男爵伍科克公司诉霍布斯案"（*Jess B. Woodcock & Sons Ltd v Hobbs*）[1]，则突出了法庭在这一问题上的分歧。丹宁在判词中意图确立弃妻衡平对知情的买受人的对抗效力，并认为知晓妻子居住于房屋中，即等于知晓了弃妻的权利，该买受人即被推定为知情。丹宁偏重阐述法庭依据第 17 条享有的自由裁量权，即法庭可在考虑案件涉及的具体因素后，确定妻子是否应当离开，以及搬离并腾空房屋予买受人的期限。丹宁最后判决妻子应在 3 个月内腾空房屋予买受人。当仔细端详丹宁作出这一决定的诸项考虑因素以及相关理由时，难免发现一些难解与矛盾之处：

第一，丹宁清楚地认定该案中的买受人乃知情的买受人，因为他们知道妻子居住于涉案房屋中；但在判词的末尾，他说："这些买受人以善意且合理的价格购得房屋，而且他们并不知晓该妻子已被遗弃。"[2] 这样的说法令人疑惑：到底这些买受人是知情还是不知情呢？判词前文既说推定其知情，后文怎么又说他们是善意的不知情者呢？可见丹宁划定的知情标准有欠稳妥。

第二，丹宁谈到该案中的妻子没有接受丈夫向她提出的以租客身份向丈夫支付租金的请求，丹宁似乎认为这是妻子错失了机会，并认为："尽管她是无辜的，她亦不可不支付任何租金而在该房屋中长久地待下去。"[3] 这样的说法益加难解：既然妻子享有弃妻衡平，那么

---

〔1〕　*Jess B. Woodcock & Sons Ltd v Hobbs*〔1955〕1 WLR 152.
〔2〕　*Jess B. Woodcock & Sons Ltd v Hobbs*〔1955〕1 WLR 152, 157.
〔3〕　Ibid.

为什么她要去向丈夫支付租金租用房屋呢？她不接受租房要约又怎么会是她的过错呢？按照丹宁的说法，能否作出这样的推理——妻子并不足以借弃妻衡平居住于房屋中，因其不构成一项土地权益？

最后，丹宁的判词始终没有跨越这样一道最为根本的法律障碍——弃妻衡平只是一项"纯粹的衡平"（pure equity），并非"衡平产权"（equitable estate），而只有后者，方可作为一项附着于土地的权益，对抗知情的买受人。

与丹宁同席的帕克上诉法官（Parker L. J.），尽管同意丹宁限期3个月内妻子搬出涉案房屋的决定（因而帕克上诉法官的判词不构成异议判决），但他却发表了自己对弃妻衡平是否足以对抗买受人的意见：

> 我个人认为，在这个问题上，我会要求支持该论断的律师提出更多的理据，因为照目前所提之理由，欲将对妻子的保护延伸至赋予她对抗善意买受人——不论知情或不知情——的权利，我认为难度甚大（great difficulty）。[1]

这样的表达，与之前简金斯上诉法官在"布莱德利-豪尔诉库森案"中的表述如出一辙，两位上诉法官均认为，弃妻衡平无法跨越最重要的一道防线，即"衡平产权"。故，不管买受人是否知情，均不应受其约束。

尽管法官们在上述案件中表达的对弃妻衡平对抗力的质疑均属法庭之"附随意见"，但是，这已充分地预示了弃妻衡平终将难逃因欠

---

[1] *Jess B. Woodcock & Sons Ltd v Hobbs* [1955] 1 WLR 152, 160.

缺稳固的法律基础而被废弃的结局。

3. 对抗抵押权人

在此部分将讨论1950年代的三份经典判例：1953年的"劳埃德银行诉奥的受托人案"（*Lloyds Bank Ltd v O's Trustee*）（以下简称"劳埃德银行案"）[1]、1954年的"巴克莱银行诉伯德案"（*Barclays Bank Ltd v Bird*）（以下简称"巴克莱银行案"）[2]及1955年的"威斯敏斯特银行诉李案"（*Westminster Bank Ltd v Lee*）（以下简称"威斯敏斯特银行案"）[3]。三个判例均为高等法院的初审判决，出自两位优秀的法官：厄普约翰法官（Upjohn J.）与哈曼法官（Harman J.），其中前者后晋升至上议院，并成为推翻弃妻衡平的法律勋爵之一。两位法官对弃妻衡平的观点惊人的一致，他们似乎也意识到了这一点，在判决中彼此遥相呼应。

抵押权人通常为银行。按照权益的性质，可进一步分为法律抵押（legal mortgage）与衡平抵押（equitable mortgage），相应地，银行享有的权益亦有法律上的权益与衡平法上的权益两种。无论是哪一种权益，均为附着于土地的业权。在此点上，抵押权人与弃妻衡平之间的对抗，同买受人与弃妻衡平之间的对抗在性质上异常相似，甚至可以说没有根本区别。在上述三个原告人均为银行的案件中，展现了抵押权人在普通法与衡平法上的产权同弃妻衡平间的较量。较量的重点有二：首先是权益的性质，如果银行享有的是法律上的业权，那么其地位与不知情的买受人无异，必然优先于弃妻的衡平权益；如果银行享有的是衡平法上的业权，那么需要比较的是时间。故后者的重点，即

---

[1] *Lloyds Bank Ltd v O's Trustee* [1953] 1 WLR 1460.
[2] *Barclays Bank Ltd v Bird* [1954] 1 Ch 274.
[3] *Westminster Bank Ltd v Lee* [1956] 1 Ch 7.

取得衡平权益的时间。依据衡平法的原则，时间在先的，权利亦在先。但这引发另一个问题：银行取得权益的时间易于确定，抵押合同已有清楚记载；但妻子的衡平权益自何时取得？被遗弃之时，还是更早些时候？这是丹宁在创设弃妻衡平的"本戴尔案"中没有直接回答的问题。

"劳埃德银行案"首先触动了这个问题。该案中，丈夫于婚后将房产抵押给银行，后遗弃了妻子，银行行使抵押权要求腾空房屋。在时间上，如果妻子的衡平权益产生于被遗弃之时，那么银行的抵押权显然在她之前。但代表妻子的辩护律师提出，妻子在婚姻房屋中居住的权利，始于她进入该房屋居住之时，并延续整个婚姻关系存在期间，包括被离弃期间，并认为妻子取得了一种"不可撤销的被许可权"（an irrevocable licence）。[1] 这样的说法被厄普约翰法官评价为"异想天开"（fantastic），并认为毫无法律上的依据。[2] 因而，"劳埃德银行案"的结论是，妻子取得所谓"弃妻衡平"的权益，与该权益之名一致，乃被离弃之时。厄普约翰法官的措辞表明，他希望对弃妻衡平的产生时间清晰界定，以期对产权交易产生尽可能小的影响。对他划定的时间点，丹宁亦表示了认同。[3] 厄普约翰法官在此未表达对弃妻衡平的异议，他只是轻而易举地以划定权利产生时间的方式，规避了"本戴尔案"，他将异议保留至两年后的"威斯敏斯特银行案"。

哈曼法官则不然，他在"巴克莱银行案"中，以"附随意见"的方式，借机表达了对弃妻衡平——包括其性质、效力，甚至是其存在

---

〔1〕 *Lloyds Bank Ltd v O's Trustee* [1953] 1 WLR 1460, 1463.
〔2〕 *Lloyds Bank Ltd v O's Trustee* [1953] 1 WLR 1460, 1467, 1465.
〔3〕 *Jess B. Woodcock & Sons Ltd v Hobbs* [1955] 1 WLR 152, 156.

基础——的质疑。哈曼法官不太接受"弃妻衡平"这一说法，在其判词中，甚至不知应该如何对其称呼。[1] 尽管这份高等法院判例在后续案件中并不常被援引，但哈曼法官在判词中对弃妻衡平清晰有力的质疑，却异常集中地表达了反对弃妻衡平存在的法官们的核心观点。这些观点可以哈曼法官的三段经典表述概括：

首先，有关弃妻衡平的性质。哈曼法官开篇即直言：

> 如果这是个无先例可援引（res integra）的问题，我倾向于将妻子的地位认定为她与丈夫互为权利义务的"不受驱逐的状态"（status of irremovability），……她没有附着于土地的任何业权与权益。[2]

此表明，哈曼法官认为妻子的权益，不论其内容或程度为何，仅为针对丈夫的人身权益。这也是法官们在诸案件中一再重申的。

其次，有关弃妻衡平的负面法律后果。这样一针见血的评论仅见于哈曼法官，但这道出了众法官们反对弃妻衡平的根本原因。在对厄普约翰法官在"劳埃德银行案"中的观点表示赞同后，他评价道：

> 我认为，对这一特权的任何延伸，终将导致对公共利益的侵害，因为没有人会再借钱给拥有房屋的男人，担心哪一天会发现房屋中早已有一被遗弃的妻子，或是担心他们哪一

---

[1] Barclays Bank Ltd v Bird [1954] 1 Ch 274. 如哈曼法官提到妻子因被遗弃而产生权益时说，"不管那是一种什么样的权益"（见判词第279页）；再如，"妻子享有的衡平权，如果有人愿意如此称呼的话"（见判词第280页）。

[2] Barclays Bank Ltd v Bird [1954] 1 Ch 274, 278.

天会将妻子遗弃,这样作为债权人会完全失去保障。这将触发众怒。[1]

哈曼法官是唯一一位用"侵害公众利益"批评弃妻衡平带来的危害的。他认为弃妻的"隐蔽性",让丈夫的债权人陷入"雷区"般的危险境地,威胁了交易的安全性,而这是对商业安全之公共利益最大的侵害。

最后,有关弃妻衡平带来的情感与法律之间的张力。哈曼法官并非不了解弃妻衡平出现的缘由,但他认为对弃妻的同情与维护法律的秩序与稳定不可相提并论。他用"棘手案件制造恶法"(hard cases making bad law)[2],来形容法官在面对弃妻衡平这种棘手的案件时,因着同情而改变现有法律,这种过多的作为还不如不作为。正出于此,他说:"在本案中,我并不打算让位于我对妻子与孩子那发自天然的同情,我不得不依法律作出命令。"[3]

哈曼法官上述有关弃妻衡平的言论,相信也是许多法官的心声,他们之所以不支持弃妻衡平的存在,正是或多或少出于上述哈曼法官点明的理由。不知是否是借助哈曼法官之勇气,在前述"劳埃德银行案"中表现得较为温和的厄普约翰法官,在其后的"威斯敏斯特银行案"中,对弃妻衡平提出了公开质疑。

厄普约翰法官在1955年7月的"威斯敏斯特银行案"中,对自"本戴尔案"建立弃妻衡平后,众法官于此问题上所持观点(包括判决理由与附随意见)作了一次"大盘点":从"本戴尔案"中代表多

---

[1] *Barclays Bank Ltd v Bird* [1954] 1 Ch 274, 279.
[2] *Barclays Bank Ltd v Bird* [1954] 1 Ch 274, 282.
[3] *Barclays Bank Ltd v Bird* [1954] 1 Ch 274, 282.

数意见的罗玛与森麻威尔上诉法官,到"汤普森案"中的洛克斯伯格法官,还有后来的简金斯与帕克上诉法官,在不同案件中所不约而同地认为的弃妻衡平的对抗效力在法律上存在"极大难度",再到哈曼法官在"巴克莱银行案"中坦直的表达。从这一巡礼中,厄普约翰法官认为,自己的认识与哈曼法官的最为接近,即"弃妻最多只具有不被丈夫驱逐的权利"。[1] 因受制于遵循先例制度,作为高等法院法官的厄普约翰法官只得尽可能遵循上诉法院的判例,故他必须在弃妻具有某种衡平权利这一前提下阐述其判决理由。

"威斯敏斯特银行案"的判决之所以被视为具有推动法律发展的价值,是因为厄普约翰法官在此触及了弃妻衡平的两处"软肋":一是这是一种什么样的衡平权益;二是在实务操作中如何判定产权继受人"知情"。

首先是对弃妻之衡平权益性质的重新审视。受制于先例,厄普约翰法官不得不如此定位弃妻衡平:"弃妻在婚姻房屋中继续居住的权利,'充其量'(put at its highest)也仅为一种'纯粹的衡平',而非衡平性质的产权。"[2] 而该案中的银行享有的是源自衡平抵押权的衡平性产权,故此,即使弃妻衡平产生在先,亦不当然地以在先权利的效力优先于银行的衡平抵押权,因后者乃衡平性产权,而弃妻衡平,"充其量"仅为不涉及产权的衡平权益。这样的区分从一开局即明确,但厄普约翰法官在此与前述案件中的法官们有别的是,之前的法官只是宣告存在这种不同,而厄普约翰法官"决意"要区分两者——纯粹的衡平与衡平性产权,并追溯了早前判例以作支持。原因很明显,因

---

[1] *Westminster Bank Ltd v Lee* [1956] 1 Ch 7, 18.
[2] *Westminster Bank Ltd v Lee* [1956] 1 Ch 7, 20.

为在该案中的银行权益，产生于弃妻权益之后，唯有作此区分，银行才有可能跨越这一时间上的"劣势"，以"不知情"为由，将其权益置于弃妻衡平之上。

故第二个问题演化为如何判定银行是否知情。丹宁在"本戴尔案"中的观点是：对妻子居住其间知情，即为对她的权益知情。[1] 厄普约翰法官在此直接地表示了他的不同意见："恕我直言，我认为他的观点——尽管只是附随意见——偏离得太远了。"[2] 他认为不应将适用于一般衡平权益的知情原则，不加限制地适用于弃妻案件，相反，应当"至为谨慎"。[3] 厄普约翰法官不认为知道妻子居住于其中，即知道她享有弃妻衡平，这中间有着极大的跨越。若如丹宁所言，则意味着每个借钱给丈夫的债权人，借钱之前都必须询问其夫妻生活状况，以确定妻子是否已遭离弃，或是判定有多大可能会遭离弃。厄普约翰法官认为"这完全是错的"，这些根本不是"必要或合理的询问"。[4] 这些质疑，显然在法律界与商界引起了极大的共鸣，甚而被誉为"价值非凡的言语"。[5] 实际上，他是道出了弃妻衡平在实务操作中最为根本的一个难题。

(四) 弃妻衡平之终局："正义归于银行，怜悯归于妻子"？

弃妻衡平在法律上与商业交易方面带来的问题，已为法官们在不同场合诟病多时。但历史的机遇却允许这种"模糊的"权利在一片质疑声中延续了十余年，直至历史终于给了等候已久的上议院一个机

---

[1] *Bendall v McWhirter* [1952] 2 QB 466, 483.
[2] *Westminster Bank Ltd v Lee* [1956] 1 Ch 7, 21.
[3] *Westminster Bank Ltd v Lee* [1956] 1 Ch 7, 21.
[4] *Westminster Bank Ltd v Lee* [1956] 1 Ch 7, 22.
[5] Robert E. Megarry, Mere Equities, the Bona Fide Purchaser and the Deserted Wife, 71 *Law Quarterly Review* 480 (note), 483 (1955).

会。下文将依次序，走进弃妻衡平的"滑铁卢"一役——"国家教省银行诉爱恩斯沃夫案"（National Provincial Bank Ltd v Ainsworth）（以下简称"国家教省银行案"）。[1] 该案与前述诸判例一样，涉及银行作为抵押权人能否对抗在其获得权利之前业已存在的弃妻衡平。但该案的不同之处，即是涉案地产属于登记地产（registered land），应依照 1925 年《土地登记法》（Land Registration Act）登记，而唯一可对抗登记地产产权继受人（如买受人、抵押权人）的，是依照该法第 70 条第（1）款享有所谓"压倒性利益"（overriding interests）的权益。[2] 弃妻实际占有并居住于该房屋，因而案件的争点是：弃妻衡平是否属于"压倒性利益"。

首先是初审法官克罗斯（Cross J.）的回答。克罗斯法官将其判词植根于前述厄普约翰法官于"威斯敏斯特银行案"中确立的原则上。[3] 他将厄普约翰法官的观点往前推进，认为尽管弃妻衡平的存在的确在某些情况下限制了产权继受人的权利，但"她所享有的'衡平'完全不能被描述为一种物权，那仅是一种向法庭请求保护、以对抗丈夫之产权继受人无良行为的权利"。[4] 这种得以请求保护以对抗第三人的权利，不意味着妻子对该房屋享有任何相关的法律权利，并认为若赋予弃妻衡平予对抗产权继受人的效力，将"对无辜的买受人

---

[1] 该案历经三个审级：高等法院之初审判决为：National Provincial Bank Ltd v Hastings Car Mart Ltd [1964] 1 Ch 9 (Ch)；上诉法院判决为：National Provincial Bank Ltd v Hastings Car Mart Ltd [1964] 1 Ch 665 (CA)；上议院判决为：National Provincial Bank Ltd v Ainsworth [1965] AC 1175 (HL)。

[2] 在第 70 条第（1）款列明的"压倒性利益"中，本案涉及第（g）项有关实际占有人的权益。

[3] 但此时的厄普约翰法官已晋升为上议院法律勋爵，并参与了"国家教省银行案"的终审。

[4] National Provincial Bank Ltd v Hastings Car Mart Ltd [1964] 1 Ch 9 (Ch), 16-17.

造成严重的不公（grave injustice）"。[1] 克罗斯法官在此亦提出了"严重的不公"，这与丹宁在"本戴尔案"中使用的是同样的字眼，但彼此却持绝然相反的立场。同时，克罗斯法官还提出了一项颇具建设性的"附随意见"，他建议议会以立法的方式，容许妻子在被遗弃之时，向土地登记处以"土地押记"（land charge）的方式，将离弃之事实登记，如此，便可对抗后来的买受人与抵押权人。克罗斯法官的这一司法建议在1967年《婚姻家庭法》（Matrimonial Homes Act）中得到了采纳。[2]

"国家教省银行案"诉至上诉法院，上诉庭第一次为弃妻衡平的问题在判决中出现了意见分流——此时已身为庭长的丹宁以及唐诺凡上诉法官形成多数意见，而罗素上诉法官（Russell L. J.）则给出了异议判词。该异议判词的作出，标志着自"本戴尔案"以来建立的弃妻衡平发展与存续的一个转捩点，它代表了十余年间各级法官们对弃妻衡平的质疑与否定的一个汇集，与丹宁的主流判词分庭对抗。

下列表格铺陈了丹宁与罗素之间的主要分歧，这也是支持弃妻衡平的司法意见与支持诸产权继受人权利的司法意见之间的终局擂台：

序号	争点	丹宁庭长	罗素上诉法官
1	妻子权利的存在	妻子拥有属于自身的权利	她的权利乃一纯粹的人身性权利
2	妻子权利的性质	是一种"带有衡平权益的被许可权"（a licence coupled with an equity）[3]	充其量仅为被允许占据土地的"被许可权"（a bare licence）[4]

---

[1] National Provincial Bank Ltd v Hastings Car Mart Ltd [1964] 1 Ch 9 (Ch), 17.
[2] 275 HL Official Report (5th Series) 14 June 1966, col. 44, in Alfred T. Denning, *The Due Process of Law*, Butterworths, 1980, pp. 220-221.
[3] National Provincial Bank Ltd v Hastings Car Mart Ltd [1964] 1 Ch 665 (CA), 686.
[4] Ibid., 696-697.

(续表)

序号	争点	丹宁庭长	罗素上诉法官
3	是否构成"压倒性利益"	构成。认为"压倒性利益"不必然要求该利益具备土地权益性质	不构成。认为"压倒性利益"应具备"足以经受产权易手"之质量
4	对抗第三人的效力	尽管该衡平权益本身不是衡平业权,但应视为具有如同衡平业权般的法律效力,足以对抗产权继受人	是否将该权益"提升"至如同享有衡平业权之地位,应留予立法机关决定;弃妻衡平若具有类似效力,将引致更多问题
5	产权继受人对弃妻权益作出询问的要求	不认为这种要求属于"不合理负担"[1]	认为这种询问在性质上与推定知情原则相悖,因其无疑将家庭事务卷进了商业与金融领域
6	正义与怜悯之归属	"在这桩案件中,我希望以怜悯之心适用。让正义归于银行,怜悯归于妻子。"(Justice to the bank, with mercy to the wife.)[2]	"希望我并不对那被遗弃之妻缺乏同情,也不会被指斥为对银行给予了过分的关顾。"但若因同情与怜悯而判决妻子胜诉,这对未能及时获得贷款的无辜的丈夫是一种"巨大的不公"(gross injustice),而损害金融体系的正常运行,则对产权所有人构成"极大的不公"(great injustice)[3]

上议院 1965 年 5 月"国家教省银行案"的终审判决,标志着丹宁一手创立的弃妻衡平——如同样创建于他的"家庭财产"般——进入历史。不仅"本戴尔案"被推翻,其他相关的遵循它的判决亦然。五位法律勋爵中,厄普约翰勋爵与威尔伯福斯勋爵的判词最为令人瞩目。从担任高等法院法官之初,厄普约翰勋爵即不赞同弃妻衡平的存在,虽鉴于为先例所缚而不得不遵从,但极力规避。"国家教省银行

---

[1] *National Provincial Bank Ltd v Hastings Car Mart Ltd* [1964] 1 Ch 665 (CA), 690.
[2] Ibid., 691.
[3] Ibid., 699, 700.

案"被诉至上议院,对他而言,实在是一个经历漫长等待才获得之良机。他的判词重申了财产性权利的性质:

> 从原则上讲,欲于他人拥有的不动产创设一项财产性权利,该权利必须在法律上赋予权利享有者一种普通法上的或衡平法上的权益,仅对某些不足以构成权益之权利的知情是不足够的。[1]

威尔伯福斯勋爵在判词中亦对丹宁创设弃妻衡平的因由作出了评论,他认为该案的根本症结在于:

> 法院是否应当出于人道的社会性考虑,而在不对财产交易中的第三方造成不公以及不会产生对财产法中行之有效的法律原则之贸然偏离的情况下,对妻子施与保护。[2]

在他看来,这是一个利益平衡的问题,也是一个如何在法律中施行怜悯的问题。威尔伯福斯勋爵的结论是:弃妻衡平过于"脆弱"(fragility),该衡平权利来自法庭的自由裁量,且不具备可转让性;司法实践亦未能提供任何稳妥的引导性原则。这种种实践中的困境,使得弃妻衡平无法在财产法中占据一席之地。[3]

---

[1] *National Provincial Bank Ltd v Hastings Car Mart Ltd* [1965] AC 1175 (HL), 1237 (Lord Upjohn).

[2] *National Provincial Bank Ltd v Hastings Car Mart Ltd* [1965] AC 1175 (HL), 1240 (Lord Wilberforce).

[3] *National Provincial Bank Ltd v Hastings Car Mart Ltd* [1965] AC 1175 (HL), 1249-1250 (Lord Wilberforce).

并不能说丹宁弃妻衡平的尝试是一种彻底的失败，20年的司法实践已证明该领域存在立法上的需要。就在它在司法领域被推翻不久，议会通过1967年《婚姻家庭法》（Matrimonial Homes Act 1967），追加了一个"F类别"（Class F）条文，被遗弃之妻子可依照该立法，将其弃妻身份在土地登记处登记，以此对抗婚姻房产的权利继受人。[1]

小结　失之东隅、收之桑榆的衡平司法

丹宁在普通法世界被冠称"道德基要主义者"（moral fundamentalist）[2]，实非偶然，他在家庭财产权益中的衡平司法已令此实至名归。丹宁属于少数具有突出道德价值观念的法官，他对那些涉及道德观念的法律问题所颁之判词，无不渗透着他那"强烈的19世纪道德观倾向"。[3] 在家庭与婚姻法领域，该道德观执著于婚姻的完整与合一，强调和睦的家庭生活是健康社会的基础。[4] 反映在家庭财产权益上，完整合一的家庭引致家庭财产完整合一地享用，在丹宁眼中是再自然不过的逻辑。他在1979年的"威廉斯与格林银行诉宝兰案"（Williams and Glyn's Bank v Boland）中，对银行是否应当意识到家庭成员之财产权益时，如此论道：

---

〔1〕尽管丹宁本人在相关议案的二读程序中对此提出了反对，他认为妻子不受驱逐的权利不应以登记为"F类别"为前提。参见：275 HL Official Report (5th Series) 14 June 1966, col. 44, in Alfred T. Denning, *The Due Process of Law*, Butterworths, 1980, pp. 220-221.

〔2〕Freeman M. D. A., Family Justice and Family Values According to Lord Denning, 14 *Denning Law Journal* 93, 93 (1999).

〔3〕Robert B. Stevens, *Law and Politics: The House of Lords as a Judicial Body*, Weidenfeld and Nicolson, 1979, p. 500.

〔4〕Alfred T. Denning, *The Due Process of Law*, Butterworths, 1980, p. 201.

任何向婚姻房产提供抵押贷款的银行都应当意识到，家中的妻子或许会在该房产中享有权益。一个借贷人完全可以对妻子的权益或是享有权益的可能视而不见，意识到其存在后又转而竭力将她及整个家庭逐出户外，并声称银行不知晓她对该房产实际占有，这些主张在我看来荒谬之极。在我们所生活的社会，如果银行要履行其社会责任，那么它就应当认同婚姻家庭的完整性（integrity）。[1]

有关家庭财产及弃妻衡平在法理上的牵绊，显露出财产权与为实现社会正义（social justice）而作出适当调配之间的矛盾。依照法律体系的逻辑，财产性权利优先于人身性权利，前者可以对抗产权人以外的所有人，而后者仅足以对抗负有民事责任的另一方当事人。依照社会正义的逻辑，当产权人对财产性权利的享有（如独享置于其名下的家庭财产）及处置（如因转让财产性权利而使产权继受人得以驱逐生活于该房产中的家庭成员）将导致社会不公时，家庭成员基于家庭关系而享有的人身性权利应当优先于产权人的财产性权利。[2] 恰是家庭的特殊地位、家庭在社会中的独特价值以及家庭成员对家庭所作贡献的多样性（直接的金钱投入及非直接的劳力与情感投入），决定了财产法过于强调商业性、金钱性与确定性之法律规则在适用上的盲点，从而必然导致"法律归于银行、怜悯归于妻子"之间的分裂持续。

确实可用"失之东隅、收之桑榆"来形容丹宁在这个"交叉领

---

〔1〕 *Williams and Glyn's Bank v Boland* [1979] 2 WLR 550 (CA), 560 (Lord Denning M. R.).

〔2〕 *Davis v Johnson* [1978] 1 All ER 841 (CA), 849 (Lord Denning M. R.).

域"——财产法、家庭法与信托法——的衡平司法。"失之",因为丹宁的创新俱被其后的上议院判决推翻,在判例法中被标签为一种"否定性司法对待"(negative judicial treatment)。严格意义上,这些承载着丹宁创造的判例均已丧失法律效力。然而,丹宁却在另一禾场"收之":首先,有关"家庭财产"的法律转移了阵地,从高度讲究产权确定性的财产法转移至灵活而讲求实际效用的信托法。其次,有关弃妻衡平的法律,则改头换面以立法的方式存续,即1967年《婚姻家庭法》"F类别"登记条目。故此,由法律发展的漫长图景观览,丹宁在早期司法中的衡平司法创新,有如毛毛虫蜕变成飞蛾:看似留下的是个死去的蛹,可其精髓已转化成飞蛾,呈现出新生命。

第五章

丹宁的拓展型衡平司法：
延伸普通法适用范围

第一节 衡平法对普通法的延伸："良心"与"昧着良心的"行为

在普通法权利与权益体系之外创设新的衡平权益，是在最高程度上行使衡平管辖权，属于创新型衡平司法。以既有普通法原则为依附，因衡平管辖权的行使将普通法的适用范围作出延伸，进而保护相关利益，则属于延伸型衡平司法。丹宁在这种司法类型中自成典范：他将普通法上禁反悔原则（doctrine of estoppel）的适用范围延伸至对允诺的禁反悔，从而塑造了合同法中允诺禁反悔此一具有抗辩性质的衡平规则；在侵权法这个普通法的传统领域，丹宁意图将过失原则中的注意义务延伸至过失陈述，尽管他不是最终完成这一历史使命的法官，但他却是促成该延伸的重要推进力量。本章的研究对象即为丹宁在这两个重要法律领域所作的衡平延伸。

在进入具体的衡平司法实践分析之前,有必要观察这种以衡平的方式对普通法之适用范围作出延伸的基础。本书在第一章对衡平司法传统的论述中,展露了一条贯穿历代衡平司法风格的主线——"良心",此乃衡平法中占据了极重分量的信托制度之基石所在。[1] 实际上,除信托,众多衡平法上的原则和救济等,其生发均可追溯至这一"良心"源头。用衡平法的语言来说,某种衡平规则、衡平救济方式的施行,乃是要防止法律权利持有人因其"昧着良心的"(unconscionable)行为而使另一方权益受损。

"昧着良心的"行为可谓一张"开放式清单",因着人类行为的特性而难以穷尽。早期的欺诈、欺骗、违背信任、违背诚信等行为,历来由衡平法院管辖,成为衡平法起初的案件管辖范围。"昧着良心的"行为在漫长历史中衍生出更多的表现方式,若以当事人是否受合同约束为界限,可大略划分为合同之内"昧着良心的"行为与合同之外"昧着良心的"行为。这两种行为均导致衡平法出于"良心"而行使管辖权:或是让合同之内的当事人突破普通法上合同约束力的限制,进而撤销合同;或是将合同之外不受普通法合同约束力保护的当事人置于保护范围内。

一、对合同之内"昧着良心的"行为之衡平延伸

首先是合同之内"昧着良心的"行为。当事人处于合同之内,依照普通法上有关合同的法律原则,双方均受其约束。普通法并非不允许当事人解除合同,但可接纳的理由煞是有限,意图解除合同的一方

---

[1] *Westdeutsche Bank v Islington London Borough Council* [1996] AC 669 (HL), 705 (Lord Wilberforce).

提出的理据必须足以证明他在缔结合同时完全不存在合意。司法实践中，在普通法上提出解除合同的理据仅限于"错误"（mistake）与"欺诈性虚假陈述"（fraudulent misrepresentation）[1]。但两者的法律后果不同：若因错误而解除合同，该合同的效力视为自始无效（void）；但出于欺诈性虚假陈述解除合同，该合同效力自解除之日起无效（voidable）。"胁迫"（duress）与"过失性虚假陈述"（negligent misrepresentation），在普通法上并不构成解除合同之理据，无过错的一方只可要求赔偿，但仍受合同约束。普通法在此意图侧重保护的是交易安全和维护合同的效力与确定性，而缔约当事人是否出于真实意愿作出交易，则不是普通法保护的重点。有学者认为，普通法这样的处理方式是"不可原谅的"（unforgiving）[2]，因其过度强调合同之确定性，而牺牲了合同最根本之合意特质，这将招致明显的不公。

对衡平法而言，一旦出现动摇合同之根基——双方合意——的行为，若不容许无过错的缔约方从合同关系中脱离，是明显的对合同中"昧着良心的"行为之纵容。因而，普通法的止步之处，即成为衡平法延伸的起点。在衡平法上，无过错的缔约方可因撤销权（rescission）的行使而突破普通法上合同约束力的限制。衡平法不但将撤销合同的理据范围扩展了——将虚假陈述的范围扩大至无过错的虚假陈述[3]、从普通法上的"胁迫"衍生出不以实体威胁或经济威胁为表现形式的"不当影响"（undue influence），以及在实际操作中较为模糊的"显失公平交易"（unconscionable bargains，直译为"昧着良心的

---

[1] *Cundy v Lindsay* (1878) 3 App Cas 459 (HL).
[2] Sarah Worthington, *Equity*, Oxford University Press, 2nd ed, 2006, p. 208.
[3] *Oscar Chess Ltd v Williams* [1957] 1 WLR 370.

交易")及"不公平条款"(unfair terms)[1]；而且还提供了普通法不予施行的救济方式，即损害赔偿之外的撤销权。由此，在有关合同效力这一领域，衡平法在普通法之外，俨然已延伸出一套规模比普通法本身或许还要蔚为大观的"补充性"规则。此为衡平法针对合同关系内"昧着良心的"行为的司法。

二、对合同之外"昧着良心的"行为之衡平延伸

合同之外的情形又分为两种：一种是合同关系的延伸，即缔约方在合同约定的内容之外作出新的允诺，而该允诺在普通法上若无"对价"(consideration)支持，则不具备执行力(enforceability)，这种延伸仍然属于合同法范畴；另一情形是，双方当事人之间从来不存在合同关系，但因一方的过错，如在提供专业意见中出现疏忽，而导致另一方蒙受经济损失，这种延伸则迈入了侵权法范畴。

首先是合同法范畴的延伸。此时衡平法针对的是合同一方当事人在合同外有新的允诺，后又出尔反尔地"昧着良心的"行为。在普通法上，若受诺人未对允诺提供对价，普通法将不认可此种无对价支持的允诺之法律效力，在法律上，允诺人可以冠冕堂皇地对自己曾放弃的利益重提执行要求。[2] 受诺人因信赖该允诺调整自己的行为，这一调整或许会使他作出若不存在该允诺他则不将为的行为，当允诺人重新主张其在合同中的权利，受诺人则会因此调整而蒙受损失。丹宁通过赋予合同之外的允诺一种抗辩力，建立起允诺禁反悔原则，由此阻挡允诺人坚持行使他基于合同而享有的普通法上的权利。此时衡平

---

[1] *Royal Bank of Scotland plc v Etridge* (*No 2*) [2002] 2 AC 773 (HL); Unfair Contract Terms Act 1977; Unfair Terms in Consumer Contracts Regulations 1999.

[2] *Foakes v Beer* (1884) 9 App Cas 605.

管辖权意图保护的，是受诺人基于信赖而产生的利益，这一利益在合同之外的普通法领域不获认可，但在衡平法上因被赋予对抗力而受保护。

再看侵权法范畴的延伸。从某种意义上讲，侵权法——尤其是有关疏忽（negligence）之侵权法律原则——的发展，在相当大程度上是在对合同法保护领域外的利益提供保护之基础上得以发展的。疏忽法律责任之基石——注意义务（duty of care）——即是突破合同诉由之限制而产生的。这一责任延伸，将原本仅对合同另一方存在的合同责任，扩大至对非缔约方——可预见范围内的人群，例如，生产者对消费者、司机对行人等的责任。这是在普通法范围内完成的、由合同领域向侵权领域的延伸。这次历史性延伸发生在20世纪30年代，是上议院通过"唐纳修诉史蒂芬森案"（Donoghue v Stevenson）（以下简称"唐纳修案"）完成的。[1] 行为人的责任存在法律上的界限，如前所述，他仅对可预见范围内的后果负责，且只对造成受害人有形损失（physical damage）的过失行为（negligent acts）负责，而不涉及造成受害人金钱损失（fiancial loss）的过失陈述（negligent statements）。因此，有形损失、过失行为是在普通法的保护界限之内，而金钱损失、过失陈述则在其外。20世纪60年代，上议院在另一地标性判例"海德里·本公司诉海勒合伙公司案"（Hedley Byrne & Co Ltd v Heller & Partners Ltd）（以下简称"海德里·本案"）中，跨越了这条存在了30年之久的界限，以法庭"附随意见"的方式，勾绘出一种"特别关系"（a special relationship）[2]，进而将金钱损失、过失陈述包含在普

---

〔1〕 *Donoghue v Stevenson* [1932] AC 562.
〔2〕 *Hedley Byrne & Co Ltd v Heller & Partners Ltd* [1964] AC 465 (HL).

通法的保护范围内，由此对出于疏忽的法律责任作出了第二次的历史性延伸。

表面上看，将责任范围从过失行为、有形损失扩大至过失陈述、金钱损失，均发生在普通法领域。这是由于侵权行为传统上归属普通法管辖，就如同信托、抵押等传统上属于衡平法管辖。然而，仔细观察之下，上议院在"海德里·本案"的历史性跨越中所勾绘出的"特别关系"，实际上是比照衡平法上的受托关系（fiduciary relationship）而描绘的。其源头出自 1914 年上议院对"诺克顿诉埃叙伯顿勋爵案"（*Nocton v Lord Ashburton*）（以下简称"诺克顿案"）的判决，该案是现代衡平法上有关受托人之注意义务的经典判例。[1]"海德里·本案"中的 5 位法律勋爵，无一例外地将其判决理由、对"特别关系"的演绎置于对"诺克顿案"不同角度的解读上，其中霍德森勋爵（Lord Hodson）甚至将这一"特别关系"视作一种扩大化的受托责任。[2] 如此，这一普通法侵权责任范围的扩大，是类比衡平法上的受托关系产生的，或者说是以衡平法律关系为参照物的。无独有偶，"海德里·本案"30 年后，在 1995 年的"怀特诉琼斯案"（*White v Jones*）中[3]，布朗尼·威尔金森勋爵（Lord Browne-Wilkinson）同样以类比的方式，从同一个源头——1914 年的"诺克顿案"——再度演绎出新的侵权责任类别。[4] 可以说，法官们是以衡平法的方式与逻辑，拓展着普通法的疆域。

丹宁延展出的允诺禁反悔原则，属于对合同之外"昧着良心的"

---

[1] *Nocton v Lord Ashburton* [1914] AC 932.
[2] *Hedley Byrne & Co Ltd v Heller & Partners Ltd* [1964] AC 465 (HL), 510 (Lord Hodson).
[3] *White v Jones* [1995] 1 AC 207 (HL).
[4] *White v Jones* [1995] 1 AC 207 (HL), 275 (Lord Browne-Wilkinson).

行为在合同法范畴的延展,而他将过失原则中的注意义务延伸至过失陈述,则属于在侵权法范畴的延展。在这两种情形中,丹宁致力保护的,是被"昧着良心的"行为侵害的信赖利益:在前一场合,是因一方之"允诺"(promise)而招致的信赖利益;而后一场合,乃因一方所作之"承担"(undertaking)而引致的信赖利益。

第二节 合同法范畴的延伸:允诺禁反悔原则

允诺禁反悔原则是衡平法花园中的一朵"郁金香":首先,它是英格兰法律史上极少数如此"经济地"(economically)创造出的里程碑式判例,仅经高等法院初审,一日内完成聆讯,丹宁即日颁布的判词,并且,整个判决在《判例汇编》中仅占6页半的篇幅(丹宁的判词部分仅占据3页)。[1] 其次,它可谓丹宁一人独创,除在1951年的"科姆诉科姆案"(Combe v Combe)(以下简称"科姆案")中丹宁自己对其适用设定限制外[2],时至今日,上级法院均未对其作出过任何实质性修改。[3] 再者,它展现了普通法与衡平法的"基因重组"过程——普通法上的禁反悔原则与衡平法上的允诺之结合,是一种"全新的混合体"(a new hybrid)。[4]

---

〔1〕 Robert Pearce, A Promise is a Promise, in Ian Mcdougall (ed), *Cases That Changed Our Lives*, LexisNexis, 2010, p. 91.
〔2〕 *Combe v Combe* [1951] 2 KB 215 (CA).
〔3〕 *Collier v P&MJ Wright (Holdings) Ltd* [2008] 1 WLR 643, [42] (Arden L. J.).
〔4〕 Paul Magrath (ed), *The Law Reports: 1865-2015 Anniversary Edition*, The Incorporated Council of Law Reporting for England and Wales, 2015, p. 291.

丹宁在《法律的训诫》中,以普通人的语言对该原则有如下平实的表述:

> 这是关乎正义与衡平的原则。其含义为:当某人以其言语或行为,令他人相信他可以放心地因信赖该言语或行为而作为或不作为,后者亦确实出于信赖而行事,那么,前者则不能出尔反尔,因他这样做将招致不公正及非衡平的后果。[1]

可见,允诺禁反悔原则产生的最直接动因,是为达致正义与衡平。

一、"高树案":案情、争点与涉案法律原则

"高树案"是允诺禁反悔原则的发端。该案全名为"中伦敦不动产信托公司诉高树房产公司案"(Central London Property Trust Ltd v High Trees House Ltd)[2],在普通法系,习惯上简称其为"The High Trees Case",故中文也称"高树案"。该案始于一份以盖印合同方式签订的不动产租赁合约(lease under seal),该租赁合约签订于1939年9月,原告中伦敦不动产信托公司(以下简称"中伦敦公司")为出租人,被告高树房产公司(以下简称"高树公司")为承租人。依照该租赁合约,中伦敦公司向高树公司出租一座楼宇,租期为99年,

---

[1] Alfred T. Denning, *The Discipline of Law*, Butterworths, 1979, p. 223. 丹宁后来视其为对对价原则的最新发展。参见:Alfred T. Denning, Recent Development in the Doctrine of Consideration, 15 *Modern Law Review* 1 (1952).

[2] *Central London Property Trust Ltd v High Trees House Ltd* [1947] 1 KB 130 (KB).

租金为每年 2 500 英镑。不久,"二战"爆发,随后波及英国,伦敦卷入战事,居民纷纷逃离,故楼宇未能完全出租,高树公司明显无法如预期般支付每年 2 500 英镑的租金予中伦敦公司。在此背景下,两家公司的董事会经商议后,在 1940 年 1 月初,中伦敦公司在一封致高树公司的信中,确认将出租楼宇的租金由原来的每年 2 500 英镑降至每年 1 250 英镑。故从 1940 年 1 月始,高树公司一直按每年 1 250 英镑向中伦敦公司支付租金。直至 1945 年 9 月,中伦敦公司再度向高树公司发函,鉴于战事已经结束,要求恢复每年 2 500 英镑的租金。但高树公司拒绝恢复,坚持按照每年 1 250 英镑支付租金。中伦敦公司诉至高等法院王座分庭,丹宁为主审法官。

值得注意的是,这是一桩"友好诉讼"(friendly proceedings),也称"双方协议诉讼",即当事人双方协议提起,以获得法院对其权利与义务之确定。高树公司实为中伦敦公司之附属公司,当中伦敦公司提起诉讼时,只是意在确认双方在是否应当恢复原租金问题上的权利与义务,即意在请求法院确认中伦敦公司的法律权利。这样的诉讼性质,在很大程度上决定并解释了为何丹宁作出初审判决后,高树公司没有提起上诉,从而使得丹宁的判决"一锤定音"。

对该案之案情,需留意三个关键的时间点。第一个时间点是 1939 年 9 月,战事爆发之前,合约签订,约定租金为每年 2 500 英镑;第二个时间点是 1940 年 1 月,战争的爆发改变了合约签订时的商业条件,导致中伦敦公司愿意将租金下调一半,而这被丹宁视为一种"允诺";第三个时间点是 1945 年初,此时英国本土的战争已结束,伦敦房地产市场复苏,这意味着战争的结束改变了当时允诺将租金下调一半时的商业考虑。因而,从上述对时间点的观察可见,对一个长达 99 年租期的租约而言,因战争而造成的商业环境之实质改变是一个关键事实。

基于上述事实,该案涉及的基本法律问题主要有三个:首先,是合同订立的形式。一般而言,普通法上的合同大体可分为盖印合同(covenants)与普通合同(simple contracts)(或曰"简单合同")。盖印合同有其形式上的要求,如签字(signed)、盖印(sealed)及交付(delivered)。不具备这些形式的,可统称为普通合同。普通法一直要求涉及不动产买卖与长期租赁的,必须以盖印合同方式签订。故此,中伦敦公司与高树公司的99年租约,当然是以盖印合同形式订立的。顺应此逻辑,如若要对盖印合同作出修改,亦须以盖印合同方式进行,否则将不具有修改合同的效力。然而,在1940年1月(即上述第二个关键时间点),中伦敦公司允诺将租金下调一半的信件,并不具备盖印合同的要件,因而不构成对原租约的修改。这也是代表中伦敦公司的辩护律师首先提出的争辩理由。

但在普通法的刚性规定外,衡平法院早已发展出一套跨越普通法之形式障碍的衡平原则,允许以普通合同的方式达到修改盖印合同的效果。[1] 这涉及第二个基本法律问题,即双方在1940年1月达成的下调租金之协议,是否符合衡平法上以普通合同方式修改盖印合同的要求。欲取得普通合同的效力,除双方经要约和承诺达成协议外,还须具备"对价"(consideration),或曰"约因",否则该协议不具备法律上的执行力。[2] 因而,如若高树公司欲"绕道"从衡平法上获得支持,首先要证明1940年1月双方下调租金的协议是一份有对价支持

---

[1] *Berry v Berry* [1929] 2 KB 316.

[2] "对价"这一概念可追溯至"quid pro quo",意为"一物对一物",即对一方当事人作出的允诺,另一方当事人须提供交换该允诺之物;反之亦然。根据霍姆斯大法官的说法,对价原则在亨利六世时已成为普通合同的一个必备要件。参见:〔美〕霍姆斯:《普通法》,冉昊、姚中秋译,中国政法大学出版社2006年版,第236—238页。

的具备法律效力的普通合同。那么，要回答的法律问题是：对中伦敦公司的只收取每年1250英镑租金的允诺，高树公司是否给予了对价？依据普通法上的对价原则，对一方在合同以外作出的新允诺（如中伦敦公司只收一半租金的允诺），另一方若只是执行原合同下其业已存在的义务（如支付租金），则后者不构成前者的对价。[1] 如今，高树公司只是履行其原合同下一半之义务（即只支付一半租金），这是否构成对新允诺的对价呢？在这方面，普通法的回答是清晰的：只履行原合同项下的部分债务（如只支付部分金额），即使债权人同意只收取该部分金额，债务人并不因此而解除全部债务，因为对债权人放弃部分债务之新允诺，债务人的部分履行在法律上不构成新对价。[2] 故此，根据对价原则，高树公司对中伦敦公司只收取一半租金的新允诺，无新的对价，双方在1940年1月达成的协议不构成普通合同，在衡平法上也不构成对原盖印合同的修改。

应当说，上述两个基本法律问题均对高树公司不利。第三个法律问题，即"禁止反悔原则"（doctrine of estoppel），或曰"不容否认原则"，表面上可构成抗辩理由，但上议院于1854年的一则判例却成为其拦阻。其含义如其名称所示，即若某人曾就某事作出某项声明或陈述，其后不可否认该声明或陈述的真实性，即不可"反口"。表面看来，中伦敦公司曾于1940年1月作出允诺（或陈述），表明只会收取一半的租金，依据禁止反悔原则，其不可否认该陈述的真实性。然

---

〔1〕 有关此原则的经典判例可见：*Stilk v Myrick* (1809) 2 Camp 317.
〔2〕 若从源头算起，这项普通法上的对价原则已存在超过5个世纪，至今仍然有效。该原则可追溯至15世纪记载于《判例年鉴》的两份判决，参见：*Anon* (1455) YB 33 HY 6, fo 48, pl 32, *Anon* (1495) YB 10 HY 7, fo 4, pl 4. 后为 *Pinnel* 判例确认，记载于柯克的《判例汇编》中，参见：(1602) 5 Co Rep 117a. 英国上议院在19世纪末的一个判例中再次确认该原则，参见：*Foakes v Beer* (1884) 9 App Cas 605.

而，依照上议院 1854 年在"乔丹诉玛尼案"（*Jorden v Money*）中的判决，禁止反悔原则仅适用于对既存事实的陈述，而不适用于对未来意愿或行为的陈述。[1] 中伦敦公司的陈述，属于对未来行为的陈述，故不适用禁止反悔原则。

由上述对事实与法律的分析可见，若严格依照当时的判例规则，中伦敦公司有权要求恢复原租约中约定的每年 2 500 英镑的租金，高树公司亦有义务按原价支付。就判决结果而言，丹宁得出了与此推理相同的结论，即高树公司自 1945 年第三季度始，当付全额租金。可是，他却非依从上述正统路径得此结论。现将分析丹宁发展出允诺禁反悔原则的过程。

二、丹宁的先"破"后"立"

丹宁的判词围绕着一个中心词——"允诺"（promise），具体而言，即中伦敦公司于 1940 年 1 月在给高树公司的信函中作出的只收取一半租金的允诺。要为该案提供解答，需要回答两个问题：其一，该允诺是否具有法律效力（或曰是否具有法律上的执行力）；其二，如果具有法律效力，它的适用范围是什么？由此，丹宁的判词分为两部分，分别回答这两个问题。

（一）该允诺是否具有法律效力？

针对该允诺的法律效力，丹宁采取了先"破"后"立"的方式。[2] 判词一启始，即对上述该案涉及的三个法律问题，均给出了

---

[1] *Jorden v Money* (1854) 5 HLC 185.
[2] 这样的方式对熟悉丹宁判决风格的读者并不陌生，另一典型例子可见他作为上诉法官时的"坎德尔案"（*Candler v Crane, Christmas* [1951] 2 KB 164）中的判词，亦是先"破"（be destructive），后"立"（be constructive）。

否定的回答：第一，依据普通法合同形式的要求，该允诺不构成对以盖印合同方式缔结之原租约的修改；第二，依据衡平原则，高树公司仅支付一半租金的做法不构成对该允诺的对价，故不符合衡平法上以普通合同方式修改盖印合同的要求；第三，依据禁止反悔原则，该允诺乃对未来行为的陈述，非对既存事实之陈述，故该原则不适用。行文至此，似乎该案已经没有悬念，中伦敦公司可理直气壮地要求支付全额租金。但是，丹宁在作出这些否定回答时冠之以一个大前提，那就是——"如果我不考虑新近之法律发展的话"。[1]

显然，下段判词的开首句必然为："那么，如果考虑了法律的最新发展，该如何判定该案呢？"[2] 此部分，乃"高树案"的关键部分，也是允诺禁反悔原则之所出。[3] 丹宁在这部分完全抛开了上述第一个和第二个法律问题，直击第三个问题——禁止反悔原则。他的起点是"乔丹诉玛尼案"——上议院在1854年作出的将禁止反悔限制在对既存事实之陈述的先例，但他的重点却放在了这一判决之后50年间禁止反悔法律原则的新进展：

> 在过去的50年，新的判例丛生，尽管它们被视为禁止反悔的案件，但实际上并不如此。这些案件中，一方当事人作出了一项允诺，一项意图创设法律关系的允诺，并且允诺人知道受诺人将依此允诺而为，后者在事实上亦依此允诺行

---

[1] *Central London Property Trust Ltd v High Trees House Ltd* [1947] 1 KB 130 (KB), 133.

[2] Ibid., 134.

[3] 然而有趣的是，丹宁赋予"允诺"以法律效力从而创制出允诺禁反悔原则的这部分判词，竟不属于"判决理由"（ratio decidendi），而只属于"附随意见"（obiter dicta），因为判决的结果并非基于这部分判词。

事。在此系列案件中,法庭均认为该允诺应当得到兑现。[1]

在列举了若干代表新近法律发展的判例后[2],丹宁再次强调:

> 正如我适才所言,它们不是严格意义上的禁止反悔案件。它们实际上是关于允诺——意图受约束、意图被依照行事、并在事实上被依照行事的允诺。[3]

丹宁在此似乎渴望将"禁止反悔"(estoppel)与"允诺"(promise)区别开来。丹宁不认为允诺案件乃禁止反悔案件,至少不是严格意义上的禁止反悔案件。他似乎希望给予"允诺"在法律上的独立地位,比如可被称为"允诺原则"(doctrine of promise)。他在判词的尾部总结道:"我认为,是时候认可这样一种允诺的法律效力了。"[4]

但矛盾之处是,丹宁在试图将两者区别开后,并没有完全割断允诺与禁止反悔的关系,他称"该允诺导致了禁止允诺人反悔"。[5] 也许这才是丹宁的真正意图,他并非要创设一种全新的法律原则,而是希望在既有的禁止反悔原则中,"开掘"出一道支流,由此拓宽禁止反悔原则的"流域",使其不但覆盖对既存事实的陈述,还延及允诺,

---

[1] *Central London Property Trust Ltd v High Trees House Ltd* [1947] 1 KB 130 (KB),134.

[2] 他列举的判例有:*Fenner v Blake* [1900] 1 QB 426; *In re Wickham* (1917) 34 TLR 158; *Re William Porter & Co Ltd* [1937] 2 All ER 361; *Buttery v Pickard* [1946] WN 25.

[3] *Central London Property Trust Ltd v High Trees House Ltd* [1947] 1 KB 130 (KB),134.

[4] Ibid., 135.

[5] Ibid., 134.

即对未来意图或行为的陈述。这条支流，即为后来所称的"允诺禁反悔原则"。

值得注意的是，丹宁在其判词中简略地列出了三个判例作为其判决赖以建立的基石，它们是："休吉斯诉大都会铁路公司案"（*Hughes v Metropolitan Railway Co*）（以下简称"休吉斯案"）、"伯明翰及地区土地公司诉伦敦及西北铁路公司案"（*Birmingham and District Land Co v London & North Western Railway Co*）（以下简称"伯明翰案"）以及"萨里斯伯雷（玛奇斯）诉吉尔摩尔案"［*Salisbury（Marquess）v Gilmore*］（以下简称"萨里斯伯雷案"）。[1]在"高树案"判决颁布之时，相信无人知道丹宁是如何"挖掘"出这三个判例的，尤其是1877年的"休吉斯案"，依丹宁后来的说法，该判例"被忽略了50年"。[2]同时，"高树案"双方当事人的律师都没有援引这三个判例。丹宁后来在《法律的训诫》中对"高树案"的独章论述，解开了众人的疑惑。[3]故这三个在"高树案"判词中并没有详释的判例，成为了丹宁"锻制"允诺禁反悔原则的"秘密武器"。

由此，对第一个问题：中伦敦公司所作只收取一半租金的允诺是否具有法律效力？丹宁的回答是：有法律效力。理由是当事人作出了允诺——"意图受约束、意图被依照行事、并在事实上被依照行事的允诺"。但他未因此判决高树公司胜诉。在判决的前半部分，丹宁认可允诺的法律效力，但在后半部分，却为其效力附加适用条件。

---

[1] *Hughes v Metropolitan Railway Co* (1877) 2 App Cas 439; *Birmingham and District Land Co v London & North Western Railway Co* (1888) 40 Ch D 268; *Salisbury (Marquess) v Gilmore* [1942] 2 KB 38.
[2] Alfred T. Denning, *The Discipline of Law*, Butterworths, 1979, p. 201.
[3] Ibid., pp. 199-206.

(二) 如果该允诺具有法律效力，它的适用范围是什么？

对这个问题的回答，将直指该案的结果：即高树公司是否应当自1945年下半年始向中伦敦公司支付全额租金。在判词的前半部分认可了允诺具有拘束力后，丹宁在后半部分为该拘束力的效力设定了适用范围：

> 我发现，导致租金下调的情形，在1945年初已经完全消失了。我十分认同，该允诺在双方当事人的理解中，仅适用于作出允诺之当时的情状，即当房屋无法充分出租之时，该允诺的适用不应超出这一条件的限制。所以，在房屋被充分地承租的1945年初，已不当适用下调之租金了。[1]

这样的限制，不论在法律上或一般理解上，都合情合理。它也呼应了代表中伦敦公司的律师所提出的辩护理由，其中强调调低租金实为当时艰难的商业环境所迫，是一项"纯粹的临时性"措施，因而，即使双方存在新的协议，或即使中伦敦公司受禁止反悔原则之束缚，都应以其时的战争条件为限。丹宁在这部分的判词认可了这些辩护理由。"高树案"给人的错觉是：高树公司因允诺禁反悔会胜诉。但事实是，该允诺的适用范围仅限于允诺之时的条件，故胜诉者是中伦敦公司，高树公司自1945年下半年始，当依照原租约，按每年2 500英镑支付租金。

---

〔1〕 *Central London Property Trust Ltd v High Trees House Ltd* [1947] 1 KB 130 (KB), 135.

三、一场酝酿已久的革新：重新发现"休吉斯案"的价值

丹宁以三个判例为基石，建立了允诺禁反悔原则，它们是："休吉斯案""伯明翰案"以及"萨里斯伯雷案"。[1]但真正的基石应当是"休吉斯案"，后两个判例只是援引了"休吉斯案"中时任大法官凯恩斯勋爵（Lord Cairns）陈述的原则。凯恩斯勋爵如此表述道：

> 但所有衡平法院都应遵从的首要原则是，如果当事人确定而清晰地达成了某项协议，而该协议涉及特定法律后果——如特定惩罚或法律上的财产没收，当他们后来以行为或经同意就某问题开启新一轮谈判，该谈判导致一方当事人认为原协议中赋予另一方当事人的法律权利将不被执行，或被暂缓执行，或使其属于权属未定状态，那么，依原协议本应有权执行这些法律权利的当事人，不得行使其权利，否则不符合衡平法原则。[2]

尽管在后来的诸判决中援引的均为凯恩斯勋爵这段衡平法中的"首要原则"，但与其同席的欧哈根勋爵（Lord O'Hagan）其实与之观点类似：

> 如果他们被（原告人的行为）误导，以致相信原告人的

---

[1] Hughes v Metropolitan Railway Co (1877) 2 App Cas 439; Birmingham and District Land Co v London & North Western Railway Co (1888) 40 Ch D 268; Salisbury (Marquess) v Gilmore [1942] 2 KB 38.

[2] Hughes v Metropolitan Railway Co (1877) 2 App Cas 439, 448 (Lord Cairns).

法律权利被放弃、或暂时被搁置,那么原告人将不被允许行使其没收财产的权利。[1]

凯恩斯勋爵与欧哈根勋爵对该原则的表达,均处于衡平法之语境,即他们并不意图创设出一种新的衡平法原则,而只是衡平法原则适用于所发生的事实,从而达致该结论。两位法律勋爵的说法,均不涉及禁止反悔原则,只涉及一般衡平法原则对具体情境的适用。

在"伯明翰案"中,保恩勋爵(Lord Bowen)重申了凯恩斯勋爵的上述原则,且将其作扩大化解释,认为该原则的适用不仅限于涉及"特定惩罚或法律上的财产没收"后果的案件,而且也适用于所有涉及"合同权利"(contractual rights)的案件。[2] 同样,于该案中,保恩勋爵没有将该原则与禁止反悔原则混为一谈,而是同凯恩斯勋爵一样,作为一般衡平法原则在具体案件中的适用,只是将其适用范围扩至一般合同案件,而非局限于涉及财产没收(forfeitures)后果的案件。

考察丹宁在其《法律的训诫》中对"高树案"之始末的追述,他"发现"被湮没了近50年的凯恩斯勋爵在"休吉斯案"中阐释的原则,系属偶然。丹宁如此叙述这一"发现之旅":

当我还是出庭律师见习生的时候,碰到一个非常有用的案例。那是一份甫入判例汇编的判决,名叫"哈特利诉希曼

---

〔1〕 Hughes v Metropolitan Railway Co (1877) 2 App Cas 439, 449 (Lord O'Hagan).
〔2〕 Birmingham and District Land Co v London & North Western Railway Co (1888) 40 Ch D 268, 286.

斯案"[1] 我在自己那本《安森论合同》（Anson on Contracts）中，用铅笔作标记并加注："建议考虑禁止反悔"。该判决出自麦卡迪法官（McCardie J.），其中审视了许多判例。他是王座分庭法官中顶勤快的判例收集者。在其判决中，他不经意地提到了"凯恩斯勋爵在'休吉斯诉大都会铁路公司案'中所陈述的宽泛的正义原则（the broad rule of justice）"。该案已被遗忘50年。没有一本教科书提及它。我对其作了特别摘要，并鉴于它对后来法律发展的重要影响，我将其详尽列于此：……（丹宁在此处全段复述了凯恩斯勋爵的表述）[2]

可以说，麦卡迪法官在一份涵盖众多先例的判决中，"不经意地"提到了被湮没近半个世纪之久的"休吉斯案"[3]，但却引致丹宁的特别注目。他不仅"对其作了特别摘要"，当他成为御用大律师时，在"萨里斯伯雷案"中，亦以之为辩护理由，试图跨越上议院"乔丹诉玛尼案"的先例[4]，因后者将对禁止反悔原则的应用限制在对事实的陈述。[5] 尽管该案最终的判决并不以"休吉斯案"为根据，但丹宁认为凯恩斯勋爵在"休吉斯案"中的名言，是对抗"乔丹诉玛尼案"的利器。运用凯恩斯勋爵的名言，可以在衡平原则的护航下，逾

---

[1] *Hartley v Hymans* [1920] 3 KB 475.
[2] Alfred T. Denning, *The Discipline of Law*, Butterworths, 1979, p. 201.
[3] *Hartley v Hymans* [1920] 3 KB 475, 493.
[4] *Jorden v Money* (1854) 5 HLC 185.
[5] *Salisbury (Marquess) v Gilmore* [1942] 2 KB 38, 43.

越这一先例设下的限制。[1]

丹宁将其在"萨里斯伯雷案"中以御用大律师身份未能实现的，在"高树案"中以高等法院法官的身份成就了。"高树案"中，他将酝酿已久的"储备"直接派上用场，用他自己的话说，是以"水到渠成"（straight off the reel）的方式作出了英格兰法律史上最为"经济的"界碑式判决。丹宁踏在1877年"休吉斯案"的台阶上，成就了1947年的"高树案"。从这一意义上看，是丹宁通过"高树案"重新发现了"休吉斯案"的判例价值，并"复活"了后者。

但重现"休吉斯案"尚非丹宁的最终目的，他的目标是要达致蕴藏在心里的那份出自本能的"正义感"，即丹宁后来以近乎格言之方式表述的："我的言语，乃我的约束。"（My word is my bond.）而这种合乎其正义观念的结果，是在审视一切先例之前就已"预判"了的。可以这样描绘"高树案"判决的"出炉"过程：目的地是允诺人当受其允诺之约束，一种较方便的做法是"取道"禁止反悔原则，但横在丹宁面前的"藩篱"是上议院的"乔丹诉玛尼案"；欲越过（或绕过）该先例，丹宁需要一块"跳板"及一匹"快马"——这块"跳板"即丹宁在1921年作为出庭律师见习生时研读并藏储于心的"休吉斯案"，而载他越过先例之"藩篱"的"快马"，则是法律修订委员会（Law Revision Committee）1937年有关对价原则的改革报告，其中建议："如果允诺人作出一项允诺，而他知道或应当知道受诺人将信赖该允诺，且因此信赖，受诺人将自己置于有损其利益的法律地

---

[1] 有趣的是，丹宁亦是在1920年代对旧时的先例（包括"乔丹诉玛尼案"）有了深入的了解，机缘始于他被邀请参与《史密夫经典判例集》[Smith's Leading Cases (13th edn 1929)] 之编纂。他对这段编纂判例时期的评价是："那些年，我学到了更多的法律，比以往及后来任何时候更多。"参见：Alfred T. Denning, The Discipline of Law, Butterworths, 1979, p. 202.

位,那么,该允诺应当具有执行力。"[1] 这样的建议显然与丹宁的想法不谋而合,且乃其所需。但不足之处是,该报告只是法律建议,严格来讲不具备法律上的拘束力,因而丹宁以此为判决理由之一,显然欠缺稳固基础。

四、对丹宁"高树案"判决的几点观察

基于上述对"高树案"的分析,不难看出该案实为丹宁的代表作,因其完整地呈现了"丹宁风格"——创新。德福林勋爵(Lord Devlin)曾对此感叹:

> 引起震撼的,并非"高树案"的判决结果。在我看来,只要肯将旧先例稍加旋转与编织,即可不揣冒昧地得出此结论,尽管许多初级法官选择照例将此任务留给上诉法院。丹宁,一位新晋的初级法官,却不落窠臼,宁愿选择从主流之侧开掘出一条新航道。[2]

都柏林大学的怀斯顿(Heuston)教授以"展现了一种崭新的司法理念"(a new judicial mind)来赞誉"高树案"中丹宁的作为,形

---

[1] Law Reform Committee, *The Statute of Frauds and the Doctrine of Consideration* (*sixth interim report*) (Cm 5449, 1937), paras. 17-40, 50.
[2] Lord Devlin, Foreword, in Jowell J. L. and McAusland J. P. W. (eds), *Lord Denning: The Judge and the Law*, Sweet & Maxwell, 1984, p. vi.

容他"善于质疑""胸无宿物"以及"非同小可"。[1] 剑桥大学的安德鲁斯（Andrews N.）教授甚至形容它给现行法律带来"爆炸般的"（bombshell）威力。[2]

在创新与创意这样的整体风格下，如若对"高树案"之判词本身毛举缕析，还可以观察到该判决的下列特点：

第一，在结构上，该判决具有明显的"刻意性"，即丹宁刻意地以"高树案"为机会及载体，"嫁接"出允诺禁反悔原则。

鉴于"高树案"的事实，丹宁必已基于常理（common sense）"预判"了结果：当时降低租金是缘于战争环境，当战争结束，要求恢复原租金，乃合情合理。因而该案的结果必然是：高树公司应当依照双方在战前正常的市场条件下达成的金额支付租金。若适用当时的法律，自然当呈现这一判决结果。对该案涉及的三个法律问题：即不得以普通合同的方式修改盖印合同、对新的允诺未提供新的对价，以及对未来意愿与行为的陈述不适用禁止反悔原则等，基于这三大坚固的理由，高树公司均不得不支付全额租金。由此可见，"高树案"对于一位高等法院法官而言，实在是在法律的适用方面再清晰不过的一桩案件。但是，丹宁的不满足使他捕捉到了一个发展新的法律原则的

---

[1] Heuston R. F. V., Lord Denning: The Man and his Times, in Jowell J. L. and McAusland J. P. W. (eds), *Lord Denning: The Judge and the Law*, Sweet & Maxwell, 1984, p. 9. 对于丹宁在"高树案"中"非同寻常地"表现出的"非同寻常的"创意，还可从以下这个小片段看出：在林肯出庭律师公会（Lincoln's Inn）图书馆内所存的1947年《王座法庭法律汇编》的封面上贴着两张卡片，其中一张画着一只极为罕见的鸟，并附有一行字说明："这独一无二的种类，生活在森林中的高处，人们深情地称其为'高树企鹅'（High Trees Penguin）。"参见：Iris Freeman, *Lord Denning: A Life*, Hutchinson, 1993, p. 181.

[2] Neil Andrews, *Contract Law*, Cambridge University Press, 2nd ed, 2015, p. 142.

机会，或说是"以新的路径解决旧的法律问题"的机会。[1]

丹宁选择发展出新的允诺禁反悔原则的"嫁接"位置，在他将高树公司基于现有法律提出的三大辩护理由给予了全盘否定之后，即上述"破"的过程之后。如果是一般的法官，大可由此直接得出结论：高树公司须支付全额租金。但丹宁却刻意地"绕出"了主干道，以长而大的篇幅，阐述其对允诺之法律效力的理解，并得出允诺在特定条件下应当具有拘束力之结论，由此刻画了允诺禁反悔原则之雏形。完成这部分刻意为之的"额外"旅程之后，他再度回到主干道，通过对该允诺施加适用范围，从而回到早已基于常理而预设的终点：高树公司须支付全额租金。换句话说，即使完全删略允诺禁反悔原则的部分，"高树案"的判决结果依然。

第二，在判决的内容上，丹宁对先例的处理方式尚且存在"技术上"的缺陷，或严正地说，存在法律上的缺陷，即在法律上这属于一个"不稳固"（unsecure）的判决。

丹宁自己也看到了这一点，他坦承："如果上诉，一切也许将毁于一旦。"[2] 巧合的是，"高树案"属于中伦敦公司与高树公司之间为厘清双方法律权利而提起的友好诉讼，因而双方并不如一般诉讼中存在实质争议的当事人那样执著于判决结果。另外，允诺禁反悔原则并不是达致该判决结果的判决理由（ratio decidendi），即使上诉，上诉法院也会依循传统法律路径（即便不涉及允诺禁反悔原则），作出与丹宁相同的决定。这两个重要因素，使得丹宁的初审判决成为了该案的终审判决，也让其中附带创设的允诺禁反悔原则以判决中"附随

---

[1] Iris Freeman, *Lord Denning: A Life*, Hutchinson, 1993, p. 181. 而后来的事实均证明，这的确是一个千载难逢的机会。

[2] Alfred T. Denning, *The Discipline of Law*, Butterworths, 1979, p. 205.

意见"(obita dictum)的方式得以幸存。

仅就创设了允诺禁反悔原则这部分判词而言,丹宁对先例的处理存在两则不妥。首先是在对待上议院的先例上,存在僭越之嫌。丹宁面对的先例上之"障碍",明显是上议院在"乔丹诉玛尼案"中将禁止反悔原则的应用限制在对事实的陈述。作为遵循先例原则的基本要求,在严格的法院等级体制下,下位法官有义务遵从上位法官之决定。毋庸讳言,上议院的先例对作为高等法院法官的丹宁具有绝对的拘束力。然而,丹宁却假"近五十年来法律的新近发展"之由,暗指"乔丹诉玛尼案"中设下的限制已然过时。[1] 这对一位高等法院法官而言,难逃僭越之控。

另一方面的缺陷,即该原则的建立缺乏足够坚固的判决理由。用沃区曼(Watchman P.)教授的话说,是"完全没有法律上的支持"(no authoritative support),以及"缺乏实质理由"(lacks substance)。[2] 沃区曼教授逐项点评了丹宁所依赖的四个法律依据:

> 不论是"休吉斯案"——丹宁从中提炼出那"宽泛的正义原则",并将允诺禁反悔建基其上,还是"伯明翰案",都无法支持丹宁的论点。两个案件都仅针对没收财产而给予救济,与其他状况均不相干。丹宁所提到的法律修订委员会就对价原则提出的建议,尽管该建议本身使人兴味盎然,但根本无法作为偏离上议院先例的依据。而关于"萨里斯伯雷

---

[1] *Central London Property Trust Ltd v High Trees House Ltd* [1947] 1 KB 130 (KB), 134.

[2] Paul Watchman, Palm Tree Justice and The Lord Chancellor's Foot, in Peter Robson and Paul Watchman (eds), *Justice, Lord Denning and the Constitution*, Gower, 1981, p. 28.

案",丹宁当时以御用大律师身份参加了庭审,他试图说服上诉法院接受法律修订委员会提出的该建议,但未获成功。[1]

在沃区曼教授看来,丹宁在创设允诺禁反悔原则所倚赖的四项法律上的理由,均不具实质法律效力,从而导致该原则实际上如建造于沙滩上的房屋,大水涌来,随即倒塌。然而大水未至,因当事人没有上诉。

第三,在法律操作性上,该新原则的不确定性多于其本身意图建立的确定性。

先从丹宁对允诺禁反悔原则的表述说起:如果"有一方当事人作出了一项允诺,一项意图创设法律关系的允诺,并且允诺人知道受诺人将依此允诺而为,后者在事实上也依此允诺行事",那么,该允诺具有法律效力。[2] 这段文字道出了适用允诺禁反悔原则之"允诺"当具备的三个要件:其一,允诺人作出允诺时意图创设法律关系;其二,允诺人知道受诺人将因信赖此允诺而作为或不作为;其三,受诺人在事实上亦因信赖此允诺而作为或不作为。这部分是从该原则中可以确定的。

但将该原则与既有的法律原则(如对价原则、禁止反悔原则)相比较,以及由法官适用于具体情境而作出不同阐释时,却产生了众多的不确定性。这些不确定性大体表现在:其一,允诺禁反悔原则是以

---

[1] Paul Watchman, Palm Tree Justice and The Lord Chancellor's Foot, in Peter Robson and Paul Watchman (eds), *Justice, Lord Denning and the Constitution*, Gower, 1981, p. 29.
[2] *Central London Property Trust Ltd v High Trees House Ltd* [1947] 1 KB 130 (KB), 134.

允诺为本（promise-based），还是以信赖为本（reliance-based）？其二，此乃所谓的权利"暂缓"（suspension）还是权利"废弃"（extinction）之争，即该允诺是表明权利人暂缓行使其法律上的权利，还是意味着放弃了该权利？最后，该原则是普通法与衡平法融合适用之产物，还是加剧了两者对立之产物？这些实际适用中的问题，是从"高树案"本身无法确定的。

即便如此，仍能肯定地说，允诺禁反悔原则是成功的，尽管从技术层面它欠缺一条成功法律原则应当具备的要素。丹宁在1951年的"科姆案"中，相当及时而明智地对此原则的适用范围作出界定：此原则仅可作"盾"（shield），不可作"矛"（sword）。[1] 意即只可当作抗辩理由，以阻挡允诺人出尔反尔，但不可当作一个独立的诉由，强行执行一个未提供对价的允诺。从这个意义上看，允诺禁反悔原则只是普通法上对价原则在执行中的一个辅助性规则，是适用对价原则将带来不公正后果的一个"调节器"。斯汀勋爵（Lord Steyn）以《合同法：满足诚实之人的合理期待》（Contract Law: Fulfilling the Reasonable Expectation of Honest Men）为题，表达了一种现代的司法观念，他认为，法官们不应过于机械地适用对价原则，为了在现代商业实践中实现正义，对价原则在必要情形中并非无可让步。[2] 可见，允诺禁反悔原则的最大价值，在于它为法律原则在多变之商业社会的适用，带来可达致正义与衡平的灵活性。

---

[1] *Combe v Combe* [1951] 2 KB 215 (CA).
[2] Lord Steyn, Contract Law: Fulfilling the Reasonable Expectation of Honest Men, 113 *Law Quarterly Review* 433, 437 (1997).

第三节　侵权法范畴的延伸：专业过失陈述责任

侵权法中的专业过失陈述责任之关键词是"承担"（undertaking），但该词具有多层含义：有时指"承诺"，与"允诺"（promise）同义；有时又指一种比允诺在强度上更弱的一种意愿表述，可勉强译为"承担"或"担当"。《布莱克法律词典》是这样解释"undertaking"一词的：

> 它是指当事人双方进入一种关系，在该关系中，一方仅仅出于那不属于合约性质的关系，对另一方负有一种新的义务；对该义务的违反，并不构成所谓的侵权。如果要用谨慎而精准的法律用语形容它，可称其为一种因合意而产生的责任（a consensual obligation）；那是一种承担者自愿担负的责任。[1]

上述解释展示了"承担"一词的两个关键点：首先，此责任基于"一种关系"而产生，且仅因该关系的存在即产生。换句话说，承担责任不出于合同关系，亦不出于允诺，而是出于一种客观存在却无法为其命名的关系，可称其为一种"隐藏"的担当。所以，因承担而引致的责任，有别于合同责任，也不同于允诺禁反悔原则下的责任。确

---

[1] Joseph H. Beale Jr, Gratuitous Undertakings, 5 *Harvard Law Review* 222, 223-224 (1891), in Bryan A. Garner, *Black's Law Dictionary*, Thomson Reuters, 10th ed, 2014, p. 1759.

定这一关系的存在与否，须考量具体案件涉及的各种情境。其次，承担乃一方当事人自愿作出，同时另一方对此报以信赖，由此产生了信赖利益。衡平法即是出于对该信赖利益的保护（或认为应当对此提供救济），要求作出承担者担负责任。

这种游离于合同责任或允诺责任之外、却又切切实实产生法律责任的承担，较为典型的例子如公司法中有关"不公平的损害"（unfair prejudice）之法律原则。[1] 该原则是衡平法在公司法领域最夺目的贡献与作为。当若干人基于相互的信任发起成立公司，大家的基本信念是各人都将平等地参与公司的管理与分享收益。然而，依据公司章程，大股东可以以股东会决议的方式，驱逐某小股东出董事会，将该小股东排除在管理层之外。公司章程赋予的，是严格的合同法上的权利，即大股东有权依据章程规定的方式施行这样的权利。但这种驱逐小股东的行为显然与当初创设公司时"各人都将平等地参与公司的管理与分享收益"之合意相悖，并使因该合意而产生的信赖利益受损，这在衡平法上被视为有违诚信。故此，这种通过决议驱逐小股东出管理层（如董事会）的行为，被视为对小股东"不公平地损害的行为"（unfairly prejudicial conduct），法庭可因此提供救济。衡平法介入的基点，即为当事人之间自愿进入的"一种关系"，这种关系，既非合约，

---

〔1〕 在普通法域的公司立法中，大都具有有关"不公平的损害"之规定，如我国香港特别行政区的《公司条例》（"香港法例"第622章）第724条第（1）款："原讼法庭如应某公司的成员提出的呈请，认为：(a) 该公司的事务，正以或曾以不公平地损害众成员或某名或某些成员（包括该成员）的权益的方式处理；或 (b) 该公司某项实际作出或没有作出的作为（包括任何代表该公司而作出或没有作出的作为），或该公司某项拟作出或不作出的作为（包括任何代表该公司而作出或不作出的作为），具有或会具有 (a) 段所述的损害性，则可作出法庭认为合适的命令。"类似的立法亦可见英国2006年《公司法》第994条，澳大利亚2001年《公司法》第232条，及新西兰1993年《公司法》第174条。

也非承诺,而只是一种承担,并因该承担引致了信赖利益。[1]

如果说公司法中的承担主要存在于创设公司的股东之间,那么在侵权法领域,因承担而招致之责任,主要来自涉及过失陈述(negligent statements)的行为。丹宁在这一领域的贡献,被牛津大学的阿提雅(Atiyah P. S.)教授誉为"与创设允诺禁反悔原则齐名"[2],并深刻地影响过失陈述责任的发展。以下是对丹宁最负盛名的"坎德尔案"所作之异议判词的探究及其司法理念的分析。

一、"坎德尔案":过失陈述责任的试金石

该案的全名为"坎德尔诉克恩·克里斯玛斯公司案"(Candler v Crane, Christmas & Co)(以下简称"坎德尔案")[3]案中的原告意图向一间公司投资 2000 英镑,但他希望能先查阅其财务报告,以决定是否作出该投资。公司的管理层随即安排负责该公司财务报表的会计师事务所(即被告)撰写一份供原告查阅的有关该公司财务状况的会计报告。原告查阅了会计师事务所呈递的报告,鉴于该报告所反映的该公司财务状况良好,原告决定投资。但后发现该报告的编制存在疏忽,多处数据有误,由此导致原告对公司的整体财务状况产生误解。该公司一年内倒闭,原告损失了全部投资。鉴于公司已清盘,原

---

[1] 对公司中成员彼此间的承担责任,最经典的阐释见于威尔伯福斯勋爵(Lord Wilberforce)在"爱博拉希米案"(Ebrahimi v Westbourne Galleries Ltd [1973] AC 360)中的判词,见第379—381页。该判词在后续案件中不断被援引,如有关"不公平的损害"的另一经典判例"奥尼尔诉菲利普斯案"(O'Neill v Philips [1999] 1 WLR 1092),主判决出自霍夫曼勋爵(Lord Hoffmann),见第1099页。

[2] Atiyah P. S., Contract and Tort, in Jowell J. L. and McAusland J. P. W. (eds), Lord Denning: The Judge and the Law, Sweet & Maxwell, 1984, p. 76.

[3] Candler v Crane, Christmas & Co [1951] 2 KB 164. 判决日为1951年1月26日。

告选择起诉该会计师事务所。

这是一桩典型的侵权案件,因作为原告的投资人与作为被告的会计师事务所之间无合同关系(投资人与该公司有合同关系,会计师事务所与该公司亦有合同关系,但两者之间却没有)。故投资人要求会计师事务所承担的是侵权法上的过失责任。在1932年的"唐纳修诉史蒂芬森案"(Donoghue v Stevenson)(以下简称"唐纳修案",亦即俗称的"蜗牛与姜啤案")之前,如果当事人之间不存在合同关系,那么仅凭过失这一诉由是无法令过失行为人承担责任的。[1] 而"唐纳修案"清除了这一障碍,开创了过失行为人须对其过失行为(negligent acts)承担责任的先河。然而,该判例所针对的,是过失行为,并不延及过失陈述。依据一份19世纪末上议院的"德里诉匹克案"(Derry v Peek)判例[2],过失陈述在法律上属于不可诉行为。"坎德尔案"中涉及的过失,乃会计师事务所在报告中的"陈述"上的过失,即在提供专业意见上存在疏忽。简言之,"坎德尔案"的焦点在于:如果作出过失陈述的一方(陈述方)与听取并接受其陈述的一方(接收方)之间无合同关系,而接收方却因信赖该过失陈述而招致经济损失,陈述方是否应当承担侵权法上的责任,或者说陈述方是否对接收方负有侵权法上的注意义务(duty of care)?

对这个问题的不同回答,导致了丹宁与其他"坎德尔案"涉案法官之间的分歧。在初审阶段,劳埃德·雅克布法官(Lloyd-Jacob J.)认为依据先例,因陈述方对接收方不负有注意义务,故在不存在欺诈的情况下,陈述方对其过失不承担责任。在上诉阶段,上诉法院的意

---

〔1〕 *Donoghue v Stevenson*〔1932〕AC 562.
〔2〕 *Derry v Peek* (1889) 14 App Cas 337.

见因丹宁的异议而出现分歧。科恩（Cohen L. J.）与埃斯奎夫（Asquith L. J.）上诉法官认同初审法官的观点，认为这样的过失陈述并不招致侵权法上的责任。埃斯奎夫上诉法官注重先例，认为在普通法上，过失行为与过失陈述的界限依旧清晰，前者招致侵权责任，一如"唐纳修案"所判；但后者则不然。在清晰而确定的先例面前，埃斯奎夫上诉法官认为，作出游离在这些早已确立的法律原则之外的判决是不妥当的。而科恩上诉法官侧重的是公共政策层面的考量，他长篇引用了卡多佐首席大法官在一类似判例中陈述的有关公共政策方面的顾虑（下文将详细审视该顾虑的内容），进而得出与埃斯奎夫上诉法官相同的结论：不应将侵权法律责任延伸至过失陈述。

但丹宁的着眼点显然不在先例，相反，他本能地意识到"坎德尔案"在侵权法发展中的重要意义。存在过失却无须承担赔偿责任，这样的法律原则令他"良心不安"，有违他对衡平的一贯理解。因而，他认为自己在该异议判词中，是在处理一项"重大的法律问题"。[1]

二、丹宁的"三破"与"三立"

丹宁关于"坎德尔案"的异议判词分为四部分：首先是开篇，丹宁在此处简短地表明了他的结论：陈述方负有注意义务；接着他指出先例中存在的"两处首要错误"，矛头指向另外两位上诉法官所倚赖的两份上议院先例；第三部分是丹宁异议判词的核心，其结构为"三破"与"三立"："三破"是对主张陈述方不负过失责任的三项辩护理由的逐一否决，"三立"是丹宁尝试为该过失责任划定界限；最后是丹宁对公共政策因素的回应，属于判词的附随意见。

---

[1] *Candler v Crane, Christmas & Co* [1951] 2 KB 164, 176.

（一）开篇：信赖利益是关键

丹宁这份异议判词的开篇虽然只有一段，但却有力地表明了他的立场及根本判决理由。这是丹宁撰写判词的风格，他习惯基于本能地理解正义、衡平，并在开篇阐明其结论，其后从法律上、常理上分述理由。这说明他对案件的判决通常并不基于先例，相反，很多时候他的"直觉"恰与先例相悖，他需要在判词中花工夫"绕开"相关判例，以达他认为符合正义的结果。因而，他开宗明义道："如果这个问题不受先例约束，我会直言会计师们很明显对那投资人负有注意义务。"[1] 这句开场白亦预示了他的判决理由必定会规避先例，甚或是作出挑战。

丹宁接着阐释得出上述结论的关键原因：

> 他们是专业的会计师，为他（投资人）预备并呈现该财务报告，且明知他将依此作出一项投资决定。基于对报告的信赖，他确实作出了投资的决定，但如果会计师在预备报告时施以谨慎，他是不会作此投资的。结果是，他损失了所有。在这样的情况下，难道他没有权利去信任一份本应以适当谨慎去预备的报告吗？他不该有权从他所信任的会计师那里获得补偿吗？[2]

丹宁之所以凭"直觉"在先例之外认为过失陈述的一方当负注意义务，或者说因该过失陈述而招致经济损失的一方当获得赔偿救济，

---

[1] *Candler v Crane, Christmas & Co* [1951] 2 KB 164, 176.
[2] Ibid.

是因为在这一关系中产生了信赖利益：一方面，陈述者值得信赖，因为他们是专业人士；另一方面，接收者确实将信赖付诸行动。依照丹宁的逻辑，信赖构成责任的基础。

在此我们不妨对丹宁在"高树案"中的逻辑作一回顾：

> 在这些案件中，有一方当事人作出了一项允诺，一项意图创设法律关系的允诺，并且允诺人知道受诺人将依此允诺而为，后者在事实上亦依此允诺行事。在此系列案件中，法庭认为该允诺应当得到兑现。[1]

他于此所强调的，同样是一份信赖利益。在"高树案"中，受诺人的信赖利益出自允诺人的允诺；那么在"坎德尔案"中，接收者的信赖利益又是出自一种什么样的法律关系呢？不是任何因信赖而产生的利益，都可获得法律的保护和救济。要回答这个问题，先需认清法律上的主要障碍。

(二)"两处首要错误"：法律上的错误，还是观念上的错误？

相信丹宁在此所指的，是观念上的错误。[2] 第一处，是盘桓于19世纪但已被纠正了的错误，即"无合约即无救济"观念。埃特金勋爵（Lord Atkin）在1932年的"唐纳修案"中立下的"邻舍原则"（The Neighbourhood Principle），完成了清除这一错误观念的使命，使得过失行为由不可诉变为可诉。

---

〔1〕 Central London Property Trust Ltd v High Trees House Ltd [1947] 1 KB 130 (KB), 134.

〔2〕 丹宁在此提及的先例，均为上议院的先例，因而作为上诉法院法官，丹宁显然受这些先例的约束，且不具备宣告上议院先例是否错误的权力。

但第二处错误，似乎更加根深蒂固，甚至邻舍原则也难将其撼动，那就是1889年上议院在"德里诉匹克案"中的裁决，其中的附随意见认为：对过失陈述不可提起诉讼。[1] 但丹宁认为，上议院在1914年的"诺克顿诉埃希伯顿案"（Nocton v Ashburton）（以下简称"诺克顿案"）中[2]，自行更正了这一错误，为这一过于绝对的禁令"松绑"，并认为只要案件的具体情境能证明注意义务的存在，即使损失因过失陈述而起，该过失亦当可诉。严格说来，"诺克顿案"与"坎德尔案"涉及的法律关系有实质上的不同，前者涉及受托义务（fiduciary duty），后者既不涉及合约，也无关受托法律关系。但这样在原则上的"松绑"，已足以鼓励丹宁在此基础上向前推进了。

(三) 将法律更新

这是丹宁异议判词的主体部分。与处理"高树案"的手法相近，他逐项反驳辩护方的理据，并在此基础上，构建要求被告人承担过失责任的理据。

1. "三破"（be destructive）

代表会计师的辩护律师提出了三项辩护理由，丹宁逐项否定，但重点在第一项。辩方提出的第一项辩护理由是：原告的主张缺乏法律依据，尚无任何判例确立过该项责任，因而被告不负有该责任。这种以无先例即认为法院应当拒绝对新责任认可的理由，丹宁称其是一种"无足轻重"（appeal to me in the least）的理由。[3] 丹宁的衡平司法理念，首要的就是发展法律，认为法律应当随着社会的发展与变迁而调试，否则将导致不公平和非正义的结果。因而，面对这样令其"不以

---

[1] Derry v Peek (1889) 14 App Cas 337.
[2] Nocton v Ashburton [1914] AC 932.
[3] Candler v Crane, Christmas & Co [1951] 2 KB 164, 178.

为然"的辩护理由,丹宁的回应是:

> 一方面,我们有些法官胆小怯懦(timorous souls),生怕一不小心容许了新诉由的产生;而另一方面,我们也有法官刚勇无惧(bold spirits),时刻预备因正义之故为新诉由开门。这种渐进的发展观念在司法界占上风,实乃普通法之幸。[1]

丹宁引经据典,强调法律从来不是一成不变,相反,变化是普通法的常态,甚至是普通法的生命。保持法律的确定性,不应以牺牲正义为代价。[2] 所以,辩方提出无先例的理由,断不被丹宁支持。

丹宁的胆识,与后来面对同一法律问题的德福林勋爵不谋而合。在"坎德尔案"判决 12 年后的 1963 年 5 月,"海德里·本案"被上诉至上议院。[3] 该案涉及银行就其客户之财务健康状况所作的一份过失陈述,进而导致原告因信赖该陈述而招致经济损失。"坎德尔案"中涉及的法律问题,被再一次提出。德福林勋爵是当时聆讯的五位法律勋爵之一[4],他堪称丹宁所描述的那类"刚勇无惧"、时刻准备完成法律更新或创新使命的法官。他直言将效法前辈埃特金勋爵来处理

---

〔1〕 *Candler v Crane, Christmas & Co* 〔1951〕2 KB 164,178.

〔2〕 *Candler v Crane, Christmas & Co* 〔1951〕2 KB 164,178. 丹宁在此引用了普拉特首席法官(Pratt C. J.)在"杰普曼诉皮克斯基尔案"中对此种辩护理由的驳斥,参见:*Chapman v Pickersgill* (1762) 2 Wilson 145,146. 并引用了麦克米兰勋爵(Lord Macmillan)在"唐纳修案"中的名言:"判案的标准应跟随生活环境的变化而调节与适应。对过失类别的认定,从来都没有终局定论。"参见:*Donoghue v Stevenson* 〔1932〕AC 562, 619.

〔3〕 *Hedley Byrne & Co Ltd v Heller & Partners Ltd* 〔1964〕AC 465.

〔4〕 另外四位法律勋爵分别为:雷德勋爵、莫里斯勋爵、霍德森勋爵及皮尔斯勋爵。

该案。他所效法的,除处理先例的司法技巧外,尤为重要的是埃特金勋爵"在沙漠中开江河"的勇气。[1]尽管德福林勋爵在判词中并未明言对丹宁在"坎德尔案"中异议判词的赞同,但他所做的,正是将丹宁在1951年案件中未能成就的付诸实现。

代表会计师的辩护律师提出的另外两项辩护理由是:其一,承担责任的前提是所招致的损失应当为对人身或财产带来的有形损害(physical damage),而不包括金钱上的损失(financial loss);其二,会计师此处应承担的,是纯粹的合同责任,而原告与会计师之间不存在合同关系,故后者不应担负任何责任。对前一项理由,丹宁不认为这是一种具有法律效力的划分,且认为责任的存在不取决于损失的性质。[2]"海德里·本案"中同样涉及这种所谓有形损失与金钱损失的划分,但德福林勋爵对此种论断的批评更为直接,认为这样的划分"既无逻辑,又无常识"(neither logic nor common sense)。[3]对辩方的最后一项辩护理由,丹宁简捷了当地将其归于"对19世纪之法律错误观念的单纯重复",认为1932年的"唐纳修案"早已将此错误彻底修正。[4]

在扫清"路障"后,丹宁开始着手构筑过失陈述责任的基础,并为其适用划定界限。

2. "三立"(be constructive)

要完善丹宁认为的有过失一方应对因信赖而遭受损失的投资人承担责任之观点,除填补先例的缺失外,丹宁还须回应卡多佐在一相似

---

[1] *Hedley Byrne & Co Ltd v Heller & Partners Ltd* [1964] AC 465, 516.
[2] *Candler v Crane, Christmas & Co* [1951] 2 KB 164, 179.
[3] *Hedley Byrne & Co Ltd v Heller & Partners Ltd* [1964] AC 465, 517.
[4] *Candler v Crane, Christmas & Co* [1951] 2 KB 164, 179.

案件中提出的疑虑,即:如果要求专业人士对与其不存在合约关系的人承担责任,那么会不会让这些专业人士陷入"向不确定的人群在不确定的时间内承担不确定数额的责任"之状态?[1]这种不确定状态显然并非普通法所乐见。因而,若要为过失陈述人构筑责任,则须将此"不确定"限定在"可确定"的范围内。

相应地,丹宁的异议判词为这三个"不确定"划定了三道界限。

首先是责任人的界限。丹宁将可能对过失陈述承担责任的人局限在专业人士范围内,如"会计师、测量师、估价师、分析师"等[2]。丹宁把这些专业人士的特点归纳为:他们的职业要求具备一定的专业技能,而且人们会因信赖其专业技能而信赖其专业陈述。责任人的界限还注重作出专业陈述的场合,即其陈述或报告应属该专业人士的正常业务范围,由此排除他们在工作以外的社交场合所作之陈述。丹宁如此划界的理由是:"他们的职业与受雇状态必然要求他们在预备专业报告过程中应当具备足够的专业知识与技能。"[3] 丹宁认为,是他们的专业技能,使得人们对其产生信赖;也正是他们的专业以及与此相伴的职业,让人们推定他们对工作成果存在一定程度的"承担"。

第二道界限,是"向谁负责"的界限。在此,丹宁意图回答卡多佐提出的"不确定的人群"之质疑,并构筑该过失责任存在的基础之一——过失行为与损失的"密切相关性"(proximity)。丹宁认为,此界限应划在该专业人士"明确知晓之受众"的范围内,亦即他们知道谁将阅读并使用其报告。换句话说,对那些他们并不知晓、却因偶阅

---

[1] *Ultramares Corporation v Touche* (1931) 255 NY Rep 170, in *Candler v Crane, Christmas & Co* [1951] 2 KB 164, 183.
[2] *Candler v Crane, Christmas & Co* [1951] 2 KB 164, 179.
[3] *Candler v Crane, Christmas & Co* [1951] 2 KB 164, 180.

其报告而作出相应行为的"陌生人",他们不为过失承担责任,因为此时两者间缺乏足够的"密切相关性"。至此,卡多佐的疑虑应消除过半,至少已不存在不确定的导致诉讼泛滥的潜在人群。这一界定也构成了陈述人"承担"的基础,"承担"的对象应是可知的、已知的与确定的,否则与该"承担"相关的责任无从谈起。

为使这一新的责任原则清晰而具可操作性,丹宁还加上了第三道界限——责任范围的界限。丹宁认为,责任应局限在专业人士提供报告所为之"独一的目的"(for the very purpose of)上。[1] 在"坎德尔案"中,会计师们在预备目标公司的财务报告时,清楚地知道撰写该报告的目的,即为原告决定是否投资提供参考数据,其"独一的目的"即为该投资交易,是明确而独一的,在此可消除卡多佐提出的"不确定时间"与"不确定数额"之疑虑。

通过分析丹宁所做的"三立"(即为过失陈述责任划定三道界限),容易理解这份异议判词缘何如此令人瞩目。丹宁的出发点显然是衡平:衡平要求法律得以回应新的需求,新的环境孕育新的需求,法律不应对这一社会呼吁充耳不闻;衡平的使命是为受到不公平对待者提供救济,有损失就应当有救济,衡平法最初的兴起即源于为普通法僵化的救济制度提供适时而灵活的补救。衡平赋予了该"承担"责任存在的合理性。另外,丹宁就责任主体、责任对象与责任客体这三项关键要素的划界,赋予这一新的责任形式在司法中的可操作与可把握性,至少让或将受此责任影响的专业人士得以预见在何种情形中会触及该责任边界。丹宁对此责任界定的方式尽管与十二年后上议院在

---

[1] *Candler v Crane, Christmas & Co* [1951] 2 KB 164, 183.

"海德里·本案"中最终定下的适用原则不尽重叠[1],但明显可见后者奠基于前者,是对前者的延展与完善。

三、来自"海德里·本案"的回应

是否存在一种法律上的"承担"?

从丹宁以"三破"与"三立"为结构的异议判词中,亦不难看出一个明显的缺陷:他的"衡平嗅觉"使他确信,过失陈述这一责任应当成立,他也尝试绘制了该责任的外表,但尚未真正触及引致该责任的根本原因。由于丹宁所作的只是一份异议判词,能代表当时法律的还是由埃斯奎夫与科恩上诉法官所作之主流判决。然而,这样的精确绘制,已足以为最终确立过失陈述责任点亮一盏引路明灯。如果说丹宁的异议在"坎德尔案"后被"封冻",那么,十二年后的1963年5月,当"海德里·本案"来到上议院之时,也就是该异议判词"解冻"之日。

(一) 相似之处与未决问题

"海德里·本案"涉及银行提供的一份有关其客户(易能公司)之财务状况的意见,原告海德里公司因信赖该财务意见,为易能公司先行支付了一笔款项,但易能公司的实际财务状况业已不济,旋即倒闭,未能偿还海德里公司代为先行支付的款项。案件的关键事实在

---

[1] 在1990年上议院另一地标性判决"卡帕罗工业公司诉迪克曼案"(*Caparo Industries plc v Dickman* [1990] 2 AC 605)中,丹宁在"坎德尔案"中的异议判决得到了最高程度的赞誉与最大程度的恢复。其中布里奇勋爵(Lord Bridge)赞扬丹宁为更正先例的错误作出了"英勇的尝试"(a valiant attempt)(参见该判决第619页),并在详文引述丹宁长达六页的有关"三立"的判词后,称此为"名家之作"(masterly analysis)(参见该判决第623页)。同席的庄希勋爵(Lord Jauncey)亦对丹宁的"三立"最为青睐,不吝笔墨地整段援引(参见该判决第656—657页)。

于，银行在回应海德里公司（通过其自身银行）所作的有关易能公司财务健康状况的咨询中，存在过失。因而，该案的争点是：银行是否应对该过失陈述向与其没有合约关系的海德里公司承担责任？

该案与"坎德尔案"极为相似，涉及相同的法律问题：第一，在两起案件中，陈述人与专业意见的接收人之间均不存在合约关系，只涉及侵权责任；第二，两案中的陈述人均为专业人士，具备提供准确专业意见的能力；第三，两案中的接收人皆因陈述人之专业能力而对其意见产生合理信赖，并因此信赖而有所行为且遭受损失；第四（也是至为关键的一点），两案中的陈述人在提供专业意见时（即预备财务报告或银行意见时），均明确知晓该报告或意见将被提交予何人、供何人使用以及作何用途。这四个要素，一一符合丹宁所构筑的责任范围。

然而，丹宁在"坎德尔案"的异议判词中悬而未决的问题是：认定该过失陈述责任的基础何在？为什么只有专业人士会触及此类责任？为什么他们只对其明确知晓的对象与用途承担此责任？丹宁所构筑的三个要素，是基于什么而导致了一种新型过失责任的产生？这些，丹宁均尚未给出解答。

"海德里·本案"在初审和上诉阶段，均属于对先例的适用与承袭。在上诉法院，皮尔森上诉法官（Pearson L. J.）在审视系列判例后称："在诚实义务（duty of honesty）之上施加额外义务［即注意义务（duty of care）］，属完全不合理之举。"[1] 皮尔森上诉法官认为，诚实义务是最基本的要求，否则将涉及欺诈；但不应超越这一基本要求，否则会对专业人士（此处指银行）增加额外的不合理负担。正因

---

[1] *Hedley Byrne & Co Ltd v Heller & Partners Ltd* [1962] 1 QB 396 (CA).

为皮尔森上诉法官在上诉法院的判决中提出了有关诚实义务的要求，当案件来到上议院时，法律勋爵们需要回答的问题可概括为：在陈述人最基本的诚实义务之外，是否还应施加额外的注意义务？

(二) 一种新型的"特别关系"

有关过失陈述的注意义务，是上议院遇到的一个新问题，在普通法上这意味着一次创设新法律原则的契机。审理该案的五位法律勋爵，依照颁布判词的次序（亦按其年资排序）分别是：雷德勋爵（Lord Reid）、莫里斯勋爵（Lord Morris）、霍德森勋爵（Lord Hodson）、德福林勋爵（Lord Devlin）与皮尔斯勋爵（Lord Pearce）。他们对同一问题，得出了同一个结论：当专业意见的陈述方与接收方之间存在一"特别关系"（special relationship）时，前者对后者负有注意义务。但在该案中，由于银行提供专业意见时作出了免责声明，此免责声明否定了该"特别关系"的存在，因而上议院的结论是：银行对该过失陈述不负责任。但他们得此结论的路径却不尽相同，他们以各自的语言、从不同角度来描绘这种"特别关系"。

1. 雷德勋爵：是否存在"额外的东西"导致责任的产生？

在对适用于过失行为与过失陈述的不同法律原则作出区别后，雷德勋爵点明了此案的关键，即在该错误陈述之外，是否还存在着一些"额外的东西"（something more），以致陈述者应当为该过失导致的错误负责。他所要看的这些"额外的东西"，就是陈述者有没有"明示或默示地作出'承担'（undertaking）"。[1] 雷德勋爵认为，仅仅存在错误陈述这一事实本身，并不足以令陈述者有责任；其责任的基础在于，陈述者对所言有没有"承担"。该"承担"，即为雷德勋爵所要寻

---

[1] *Hedley Byrne & Co Ltd v Heller & Partners Ltd* [1964] AC 465 (HL), 483.

找的"额外的东西"。正是这一"承担"的存在,导致了一种不同于合约、不同于受托关系之"特别关系"的产生。他尝试如此描述这一"特别关系":

> 寻求资讯或意见的一方,信赖另一方(在提供意见时)会施以一定程度的注意,且向后者寻求意见是合情合理的;对另一方而言,当他提供所要求的资讯或意见时,明知或应当知道询问者将因信赖其意见而行为。[1]

雷德勋爵的描述强调两点:一是信赖,二是合理性。信赖表明了向这一"承担"施加责任的基础,而合理性表明了判断信赖利益应否由此产生的客观标准。雷德勋爵预设一个"理性人"可能出现的三种反应,由此判断在何种情形中存在导致责任产生的"承担":

> 我认为,一个理性人,在明知他被施以信赖或是他的技能与判断将被信赖的情况下,其回应有三种可能。他或保持沉默,或拒绝提供所寻求的资讯或意见;他可能就所提问题作答,但同时明确声明他对此不承担任何责任,或是声明该意见并不代表经审慎思量而提供的答案;他亦可能只是提供所寻求的意见,而不附加任何声明。我认为,如果他选择最末一种回应方式,即表示他对注意义务的接受。[2]

---

[1] Hedley Byrne & Co Ltd v Heller & Partners Ltd [1964] AC 465 (HL), 486.
[2] Ibid.

仅就是否存在"承担"而论,第一种显然不存在,相反,它表明拒绝;第二种与第三种的区别,在于陈述者是否对其意见作出了免责声明,如果有免责声明,表明他不希望进入一种须承担责任的法律关系,该声明本身已排除了"承担"的存在。而"海德里·本案"中的银行,正是采取了第二种回应方式。可见,雷德勋爵判决理由的关键词在于是否存在"承担",如果有,则构成那种"特别关系",陈述者应对其过失陈述负责。

2. 莫里斯勋爵:对"特别关系"的细致描述

莫里斯勋爵之路径与雷德勋爵的共同点是,他们都扼守导致"特别关系"产生的关键,即"承担"的存在。但莫里斯勋爵对这一"特别关系"的关切更进一步:"我认为,如果某人具备专业技能,在合同之外'同意'(undertakes)出于为另一人提供协助而行使该技能,且另一人亦信赖其技能,那么,该专业人士负有注意义务。于此情形中,如果寻求意见之人可合理地对该专业人士的判断或技能施以信赖,而后者就此向他知道或应当知道将信赖其意见的人提供资讯或意见,注意义务就此产生。"[1]

莫里斯勋爵的话,综合了丹宁在"坎德尔案"异议判词中的"三道界限"以及雷德勋爵观点的菁华。他强调责任人须具备专业技能,且只对他"知道或应当知道"的将依赖其意见之人负责。在这两点上,与丹宁所构筑的竟然完全相同。另外,丹宁没有提到,但雷德勋爵强调的一点是:寻求意见之合理性,即寻求意见之人应当合理地相信从该专业人士处将获得可靠意见;另一方面,该专业人士应合理地知晓该意见接收者将依其专业意见而为。

---

[1] *Hedley Byrne & Co Ltd v Heller & Partners Ltd* [1964] AC 465 (HL), 502-503.

同样，莫里斯勋爵不认为在该案中银行与海德里公司之间存在这一"特别关系"，因他认为这只是银行间互相提供便利的一种做法，在这样一种"纯粹的询问"且报之以"简明的意见"之业务实践中，提供意见的银行并不接受"任何高于提供诚实意见的责任"。[1] 在这一点上，莫里斯勋爵与上诉法院主审该案的皮尔森上诉法官意见一致，即银行在诚实义务之外，没有额外责任。但区别是，前者提供了一种更具广泛适用性的"特别关系"，表明在何种情况下该责任会出现。

3. 霍德森勋爵：一种扩大化的受托责任

霍德森勋爵的路径与前两位勋爵不同，尽管他明确表示了对莫里斯勋爵有关"特别关系"之观点的赞同，甚至不遗余力地在判词的末尾重复后者的言辞[2]，并且，他也对皮尔森上诉法官拒绝向银行施加额外责任表示赞同，认为在本案中银行与海德里公司之间不存在那一"特别关系"。[3] 另外，他是第一位对丹宁在"坎德尔案"中的异议判词明确地表示赞同与支持的法律勋爵。[4] 但他对这个"特别关系"的认识，却有着与前述法官们不同的独到之处。可以说，其思路更接近衡平思维。

在上议院1941年的"诺克顿案"中[5]，海尔丹勋爵（Lord Haldane）言明：如果当事人之间存在衡平法上的受托关系，则受托人负有注意义务。在此基础上，霍德森勋爵认为，对海尔丹勋爵所谓的受托关系，不应作过于局限地理解。他认为对这种衡平法上的关系可以

---

〔1〕 Hedley Byrne & Co Ltd v Heller & Partners Ltd [1964] AC 465（HL），503-504.
〔2〕 Ibid., 514.
〔3〕 Ibid., 513.
〔4〕 Ibid., 507, 509.
〔5〕 Nocton v Lord Ashburton [1914] AC 932.

作出稍微宽泛的解释，不应只停留在受托关系的严格意义上。[1]他说：

> 衡平法院向来承认，受托关系"几乎可以以任何一种形态"出现［引用菲尔德法官（Field J.）在"普罗莱特诉兰伯特案"中之用语］[2]菲尔德法官进一步分析道，这种关系的产生，"可因一方当事人通过就某事提供意见，而自愿进入一种与另一方当事人之间的信赖关系（state of confidential relationship）"。[3]

可见，霍德森勋爵并非从是否存在"承担"来判断双方是否存在"特别关系"。他直接将"诺克顿案"中确认的受托关系作为基础，从而认为目前的问题只是是否应对该受托关系作扩大化解释，以获得衡平法上的救济。既然受托关系"几乎可以以任何一种形态"出现，那么只要该"形态"包含受托关系之实质——"信赖关系"，则可认为属于受托关系的一种。

霍德森勋爵的观点，在紧接其后颁布判词的德福林勋爵处得到了回应。后者在引用海尔丹勋爵在"诺克顿案"中有关这一问题的言辞中，提及这一衡平法上的受托关系与由之产生的受托义务。[4]德福林勋爵是从该案辩护律师的一项辩护理由中引出这一说法的，该辩护律师认为，衡平法的范围足以涵盖这种对诚信义务（或受托义务）的

---

[1] *Hedley Byrne & Co Ltd v Heller & Partners Ltd* [1964] AC 465 (HL), 510.
[2] *Plowright v Lambert* (1885) 52 LT 646, 652.
[3] *Hedley Byrne & Co Ltd v Heller & Partners Ltd* [1964] AC 465 (HL), 509.
[4] Ibid., 521.

违反，由此招致的损失理应在衡平法上获得有效救济。[1] 此论点在该案中得到了海尔丹勋爵的支持，他认为不应当将衡平法所能提供的救济囿于欺诈案件。[2] 不过，德福林勋爵没有因循衡平救济及扩大化受托义务之路而行，他尝试从是否存在新的过失责任类别的渠道求解。

在广义衡平法上，霍德森勋爵的逻辑与路径无可厚非。质言之，其他法律勋爵及时任上诉法官的丹宁一向强调的，就是信赖利益，以及因该利益受损而产生的法律责任。而受托关系、受托责任的核心，即为信赖。虽如此，大多数法官并未附和霍德森勋爵的路径，或许主因在于这样做弊大于利。受托关系现已成为一种非常固定且相对模式化的法律关系，主要适用于信托法，对一个业已成熟的法律模式轻易作出扩大化解释，似非明智之举。相对而言，更智慧的做法，应当是在其严格意义之"外围"，发展出新的"旁支"，以示与"主干"之区别。这解释了为什么霍德森勋爵在其判词后半部分并未沿此路而下，而是选择赞同莫里斯勋爵的说法。然而，霍德森勋爵回到衡平法之根本的做法，却也显示出这一普通法上侵权责任之认定所采用的衡平手法。

4. 德福林勋爵：一种"等同于合约"的"特别关系"

德福林勋爵的判词在五位法律勋爵中最长。他声言效法埃特金勋爵在"唐纳修案"中的作为，为过失陈述责任树立新的先例。德福林勋爵通篇欲说明三个问题：其一，法官是否有权开辟新的责任类别？其二，如果有这样的权力，法官可以什么样的方式认定这一责任类

---

[1] *Nocton v Lord Ashburton* [1914] AC 932, 943.
[2] *Nocton v Lord Ashburton* [1914] AC 932, 946.

别？其三，在什么情形中这一责任会产生？

对第一个问题，德福林勋爵主要倚赖海尔丹勋爵在两个上议院案件中的判决理由，一个是前述"诺克顿案"，另一个是"罗宾逊诉苏格兰国家银行案"（Robinson v National Bank of Scotland Ltd）（以下简称"罗宾逊案"）。[1]

德福林勋爵认为，海尔丹勋爵在"诺克顿案"中订立了一项普遍原则：

> 尽管有关言辞过失及行为过失的法律在关键处出现了不同的发展趋向，但毫无疑问的是，行为人在提供专业意见或建议时，负有一项特别的注意义务。……推定该义务的存在，取决于当事人之间的关系，我们至少可确定的是，在众多场合，他们的关系暗示着对言辞之特别注意义务的存在。[2]

德福林勋爵引用该段落的用意，是要表明法官可依照案件的具体情形，判断在当事人之间是否存在这样一种"特别关系"，以致产生"特别义务"。他再度引用海尔丹勋爵在"罗宾逊案"中对此的阐述："如果我的判词令法院认为他们已经无法在新的案情中认定这一特别注意义务的存在，我将感到十分遗憾。"[3] 不厌其详的引述，只为一个目的，就是为法官开辟新型侵权责任类别寻求法律上的依据。德福林勋爵的结论是：法官拥有这种权力。

---

[1] Robinson v National Bank of Scotland Ltd [1916] SC (HL) 154.
[2] Nocton v Lord Ashburton [1914] AC 932, 948.
[3] Robinson v National Bank of Scotland Ltd [1916] SC (HL) 154, 157.

在第二个问题上,德福林勋爵效法埃特金勋爵在"唐纳修案"中的做法,将"一般性原则"(general conception)与"特别情形"(specific proposition)区别对待。依德福林勋爵的解读,埃特金勋爵在"唐纳修案"中首先订立了一项一般性原则:你必须采取一切合理的注意以避免作出在你可合理预见范围内有可能伤害你邻舍的行为。此即后来侵权责任之基石——"邻舍原则"。该原则从一项出自《圣经》的宗教义务——"要爱你的邻舍",世俗化为基督教社会的一项道德义务,再经"唐纳修案"的埃特金勋爵之手,转化成一项法律义务。在由道德义务转化为可执行的法律义务过程中,存在一项很重要的"限制"(qualification):这些"邻舍"仅限于那些"与你如此接近又如此直接受你行为影响"之人群,而在你作为或不作为之时,均应当合理地预期到他们将受该作为或不作为的影响。[1] 换句话说,"邻舍原则"实则是一项判断是否具有足够"密切相关性"的原则,亦即受害人与你的过失行为是否足够地"接近",以致你应当对此负有注意义务。此即注意义务的一般性原则。

埃特金勋爵在前述一般性原则下,就"唐纳修案"中之特殊情形,创设了一项新的类别,此即后来所谓的"产品责任":产品的生产者在生产过程中,若明知其产品将触及最终端的消费者,并明知若不施加合理的谨慎,可能会使消费者的生命或财产受损,则生产者对消费者负有注意义务。[2] 这构成了一般注意义务下的一种特殊责任类别,存在于涉及生产者与消费者的场合中。于此情形,消费者被认为与生产者的行为足够地"接近",被视为后者的"邻舍"。

---

[1] *Donoghue v Stevenson* [1932] AC 562, 580.
[2] *Donoghue v Stevenson* [1932] AC 562, 599.

德福林勋爵是这样看待埃特金勋爵之做法的：

> 埃特金勋爵实现的，是用其一般性原则来开辟一种新的责任类别，其中产生出一项特别的义务。该一般性原则，(在本案中) 也可以同样的方式被用来开创新的义务类别。[1]

由此，德福林勋爵认为，在此一般性原则下，义务的类别素来不应被限制于某些种类内，它们会因势而变。当然，决定是否存在某项义务类别的权力，在法官手中。德福林勋爵借用"诺克顿案"中肖勋爵（Lord Shaw）的用语，提出如果当事人间存在一种"等同于合约"（equivalent to contract）的关系[2]，亦即"从案件的具体情形中可推定某种责任的存在，若非因缺乏对价这一要素，它将构成合约"。[3] 这构成了"海德里·本案"中认定是否存在该"特别关系"的另一种独特路径。不过，这一路经强调的那种明示或默示的"承担"，与其他法律勋爵在本质上是一样的，只是用不同的词语、循不同的思路去为这一"承担"的存在寻找法律上之理据。

第三个问题：在何种情形中这样的责任会产生？德福林勋爵在建立"等同于合约"这一法律关系时已对此作出了回答。但究竟何为产生了"等同于合约"的法律关系呢？他划分为"一般关系"与"特别关系"两种情形：前者见之于如律师与其客户、银行与其客户之间的惯常性法律关系中；后者则特指某一次发生的法律关系，在该关系

---

[1] *Hedley Byrne & Co Ltd v Heller & Partners Ltd* [1964] AC 465 (HL), 524-525.
[2] *Nocton v Lord Ashburton* [1914] AC 932, 972.
[3] *Hedley Byrne & Co Ltd v Heller & Partners Ltd* [1964] AC 465 (HL), 529.

中,"责任仅附着于该单次行为,即提供意见以供参考,并仅存于提供意见的行为默示了一项自愿承担责任的情形中"。[1] 如在"海德里·本案",被告银行仅此一次为海德里公司提供银行意见,因而属于特殊情形。由此,案件的关键问题变为:在该特殊情形中,是否存在那种行为人"默示而自愿承担的"责任,从而构成该"等同于合约"的"特别关系"。德福林勋爵的结论是,银行那明白无误的免责声明,早已表明他们并不认为为此提供专业意见时将作出任何承担。由此,德福林勋爵与其他法律勋爵,在判决结果上殊途同归。

5. 皮尔斯勋爵:基于"天职"的责任

皮尔斯勋爵是五位法律勋爵中唯一一位长篇引用丹宁在"坎德尔案"中之异议判词的法官,但其将重点置于责任人的范围。对过失陈述责任产生之根源,他认为在于专业人士的"天职"。他解释道:

> 这些责任的根源在于,如果具有某种天职(calling)或属于某种职业(profession)的人,以该天职或职业的身份出现,并从事于该天职或职业份内的某项业务,他们负有以适当的注意施行专业技能之义务。从密切相关性上看,可以说他们与那些将信赖其专业技能、并相信其在作出专业意见时会施以适当谨慎的人,具有密切关联度,尽管该关联非属合同性质。[2]

皮尔斯勋爵极为认同丹宁对这一责任的划界,尤其是第一条界

---

〔1〕 Hedley Byrne & Co Ltd v Heller & Partners Ltd [1964] AC 465 (HL), 529.
〔2〕 Ibid., 538.

限,并认为正是陈述者所属的"天职"、专业与特殊职业技能,导致了其他人对其判断或意见的信赖,注意义务由此产生。他认同丹宁在异议判词中所强调的,作出这些陈述的场合应当为商业交易或提供专业服务的场合,认为这些场合的性质,决定了寻求意见之人得以对专业意见产生合理信赖,亦决定了提供意见之人应当对其专业意见的提供施加合理注意。

四、一种司法风格的比较

丹宁在"坎德尔案"中的异议,最终成就于"海德里·本案",如果没有后者的认可(即使是以判词附随意见的方式认可),丹宁的异议始终处于抱憾与等待状态。在后案中,五位法律勋爵中的三位——霍德森勋爵、德福林勋爵和皮尔斯勋爵,特别在各自的判词中明确表示对丹宁之异议的赞同,有些(如霍德森勋爵与皮尔斯勋爵)甚至长篇引用。[1] 可以说,在有关过失陈述是否招致责任这一问题上,丹宁与该五位法律勋爵的意见在本质上一致。但达致这一相同终点的路径与风格,倒是如此不同,而这种种不同,也正凸显了丹宁独特的司法理念与司法风格。

这种因不同的司法观念而导致的司法风格的不同,主要见于:

首先,出发点不同。丹宁的出发点,鲜有出自先例,反而主要出自其衡平理念。在"坎德尔案"中,他开始即表明案件之关键所在——存在信赖利益且因之受损,当事人应获救济。因而,在丹宁通篇异议判词中,"信赖"与"救济"是关键,是其构建责任与划定责任

---

[1] *Hedley Byrne & Co Ltd v Heller & Partners Ltd* [1964] AC 465(HL),507,509,530,538-539.

边界的基础。丹宁意欲提供的救济，显然属于衡平法上的救济。而在"海德里·本案"中，五位法律勋爵不管路径如何各异，他们的出发点始终是——该法律关系的性质是否足以引致责任？其关注点始终是该法律关系本身，而不是出于凌驾于法律关系之上的理念。从雷德勋爵所要寻找的那种"额外的东西"，到莫里斯勋爵描绘的"特别关系"、霍德森勋爵意图让一种扩大化受托责任足以覆盖的关系、德福林勋爵认定的那种"等同于合约"的关系，再到皮尔斯勋爵意图基于天职而构造的责任关系，再次表明，他们的出发点是去认定这种法律关系，并试图解决两个关联问题：如果该法律关系存在，它基于什么存在？它的存在条件是什么？

其次，对待先例的手法不同。丹宁无数的司法实践表明，不利先例的存在于他从来不是障碍，因他总能从其他先例中找到克服的法宝；先例的阙如也向来不是缺憾，这恰是他行使普通法制度下法官之"造法天职"的良机。在"坎德尔案"中，丹宁对先例的批判与攻击，多于倚赖。在"三破"中，他轻而易举地以对其有利的先例攻破对其不利的先例：他以"唐纳修案"否定那些认为无合同即无救济的先例；以"诺克顿案"，即使不是否定也是规限了"德里诉匹克案"的负面效力，为过失陈述可能招致过失责任开道。在更为重要的"三立"部分，他在前述两个有利先例的鼓舞下，徒手构建了他心目中的过失陈述之责的轮廓。反观"海德里·本案"，作为行使英国最高司法权力的机关，上议院的法律勋爵是全管辖区内最适合对现存判例"品头论足"的人，也是最适合在先例阙如的情况下创造新判例的人，但他们在该案中所展开的理据铺陈，却是牢固地立足于现存判例。五位勋爵均不约而同地将其判决理由建基于海尔丹勋爵两个相关的经典判例之上——1914年的"诺克顿案"与1916年的"罗宾逊案"，这是他们构建过失陈述责任的基础与起步点。但如此援引在丹宁的异议判词中未见，他只点其名，未究其实。这似乎是丹宁异议判词的一个重大缺憾，缺乏坚实的来自先例的理据。

最后，对该衡平责任之实质的落脚点不同。丹宁反复强调信赖，并强调法庭在信赖利益受损时应当提供救济，在此基础上，他勾勒出了这一过失责任的适用情形。这与"海德里·本案"中法律勋爵们的做法是一致的，即意图描绘那种"特别关系"存在的"状态"。然而，丹宁亦自始至终没有突破信赖利益的框框，没有确定地指明导致责任施加的实质，乃衡平法所认定的陈述方对其言辞的"承担"。而"海德里·本案"中法律勋爵们一致且根本的落脚点，是导致该过失陈述责任之"承担"的存在。换言之，丹宁点明了导致责任的初始原因——来自专业意见接受者的"信赖"，但没有进一步挖掘出最终原因——来自专业意见提供者的"承担"。而后者的存在与否，决定了那种"特别关系"是否存在，决定了被告是否应当负过失陈述责任。诚然，丹宁在"坎德尔案"中的主要任务，非为构建一种法律原则，而是对当时的主流判决意见发出反对的声音，其角色与在"海德里·本案"中法律勋爵们也就不同，后者所处的地位旨在为一种潜在法律原则与法律责任的存在提供完整与充分的基础与理据。

小结 判决中的道德基石

本章中讨论的两个重要判例——"高树案"与"坎德尔案"的判决，是丹宁自己最为满意的，他在许多场合均对这两个判例津津乐道。前案中，他独自一人将普通法上的禁反悔原则，跨越合同的边界，以衡平司法的方式延伸至合同之外，此为赋予合同外之允诺以执行力的允诺禁反悔原则；后案中，他发出嘹亮的异议，同样以衡平司法的方式将普通法中有关疏忽法律责任的范围扩展，由过失行为责任向过失陈述责任延伸。在这两个领域中，丹宁实质上要保护的，是一种信赖利益。

丹宁执意赋予合同外之允诺予执行力，因他认为受诺人对允诺的信赖值得衡平法施以保护，否则，若允许允诺人出尔反尔，将导致"非衡平的"（inequitable）结果。由此，允诺禁反悔原则保护了允诺带来的信赖利益。丹宁执意要求专业人士为其过失陈述承担责任，亦是出于对其中信赖利益的保护，若接受陈述方因信赖而产生经济损失，让过失陈述方逍遥法外，同样不符合衡平原则。丹宁通过这两项拓展型衡平司法，将法律的保护范围延伸到普通法之外，意图令案件结果更接近公平与正义。

阿提雅（Atiyah P. S.）教授称丹宁在这两个案件中的瞩目判词为其对法律"最伟大的两项贡献"[1]，并分析其成功的一个重要原因是：它表达了对一份承诺或承担的尊重，认可了对允诺的信赖、对专业人士之专业意见的信赖将带来一种值得法律保护的权益。阿提雅教授认为，丹宁在这两个领域中的作为表明，作为法律原则之基础的道德价值观对人们有着"直觉般的吸引力"（the intuitive appeal）[2]。换言之，对那些"昧着良心的"行为，人们的直觉是它们应当受到抑制或是纠正。这正是合同法中允诺禁反悔原则与侵权法中专业过失陈述责任在衡平法上的道德基石。

---

〔1〕 Atiyah P. S., Contract and Tort, in Jowell J. L. and McAusland J. P. W. (eds), *Lord Denning: The Judge and the Law*, Sweet & Maxwell, 1984, p. 76.

〔2〕 Ibid., p. 77.

结 论

丹宁与衡平 —— 法律的救赎

曾任上诉法院法官的希德利勋爵（Lord Sedley）用"救赎"（redemption）一词来形容丹宁对普通法的贡献，认为丹宁救普通法免于陷入僵化与机械之境。[1] 在丹宁所处的20世纪，普通法在经历了前半叶惯性的僵化和墨守成规后，回响起让法律重现自由、生命力与创造力的声音。丹宁于20世纪四五十年代在普通法造法舞台上的初露锋芒，至他在六七十年代以上诉法院民事庭庭长的身份影响法律的发展，其司法实践是对这一呼声——强调规则以外的司法灵活性、创造力与案件中个体的需要——最为响亮的回应，以致他被视作一名"纯粹的衡平法官"（a pure equity judge）。[2]

本书以丹宁1947—1957年之早期司法实践为对象，探研其衡平司法理念、路径及达致衡平判决结果的方式。笔者在此探索过程中，深

---

[1] Stephen Sedley, A Benchmark of British Justice, *The Guardian*, 6 March 1999, p. 1. 希德利勋爵在丹宁去世前一年被任命为上诉法院法官，他以"激进的保守主义"作为对丹宁法律模式的整体评价。

[2] Alastair Hudson, *Equity and Trusts*, Routledge, 8th ed, 2015, p. 40.

入地观察到丹宁司法中的衡平成分,他通过其司法为衡平法添上了粲然的注脚。笔者欲从两个角度对此旅程作结:

一、从衡平的角度看丹宁司法

庞德有一段描述司法中的衡平之经典论述:

> 法律需要以衡平调和,就如正义需要以怜悯调和。倘若如某些人所声称,怜悯是正义的一部分,我们也同样可以说,衡平是法律的一部分,任何一个法律体系的运行不能欠缺衡平的参与。[1]

是衡平,让人们意识到司法过程中客观存在之"人"的因素——作为司法者的人与寻求司法救济的人:司法者(即法官)个人所具有的"下意识的力量",使每一份判决皆是不同成分及各种因素较量、平衡、妥协的结果;寻求司法救济者(即权利受损者)所冀望的,是能够在他所遭遇之特定情境中获得法律公正的对待。作为一种机制的法律,关注的是对秩序和确定性的维护,着重于"对类似案件作类似处理"的整齐划一性;而唯有每一个案件中与寻求救济者切实"相遇"的法官,方能对案件中的"人",以衡平司法的方式,作出特殊的考虑与特别的眷注。

丹宁的司法,从宏观理念到微观实践,无处不体现着对案件中"人"的关切。他坚信法官是主持正义的主体:是法官,真实地遇见了当事人;是法官,见制定法所未见,遇先例所未遇。对丹宁的批评

---

[1] Roscoe Pound, The Decadence of Equity, 5 *Columbia Law Review* 20, 35 (1905).

中，较集中的一种是认为他对法官权力、自由裁量空间的理解过于宽泛，以致僭越了立法权。就严格的三权分立而言，确乎如此。可是，从衡平法（包括衡平司法理念与衡平管辖权的行使）上看，丹宁之所为，不过是在践行亚里士多德两千多年前对"公道"与"公正"之定论——人类行为的复杂性与不可预见性，必然导致在一般规则之外存在例外，亦决定了一般意义的"公正"并不必然在个案中产生"公道"之结果。故此，庞德说，"法律需要以衡平调和"。丹宁所做的，事实上就是"以衡平调和"法律的实施。

然而，在普通法规则外的衡平司法必然包含着一个"试错"（try and error）的过程，这正是科宾教授所描述的"由法官自己承担风险的立法"。[1] 丹宁也不例外。在赋允诺予执行力的尝试中，他以保护信赖利益、维护诚实信用等衡平价值观去调和普通法中对价原则的严格适用。他成功了。但这不是一气呵成的过程。1947年"高树案"中的判决只是"初步方案"，至1951年"科姆案"丹宁再度有机会对该方案作出"调适"，调试的结果是将该衡平原则的适用，限制在不对普通法稳固确立之原则造成摧毁性影响的范围内。此乃明智之举，同时也不失为允诺禁反悔原则成功的原因之一。[2] 在认定专业人士过失陈述责任上，丹宁再度以保护信赖利益之由为受损失方提供保护，他也成功了。审度之下，成功的一个主要因素，仍然在于他明智地为该责任承担的条件设限，在破除先例障碍后之废墟上，建立起新的围栏，为新生法律原则提供可把握、可操作的衡平尺度。[3]

---

[1] Arthur L. Corbin, The Offer of an Act for a Promise, 29 *Yale Law Journal* 767, 771-772 (1920).

[2] 详见本书第五章第二节：合同法范畴的延伸：允诺禁反悔原则。

[3] 详见本书第五章第三节：侵权法范畴的延伸：专业过失陈述责任。

但在衡平司法的道路上，丹宁也屡遭挫败，他意图为家庭成员在家庭共享财产的分享上创设新型衡平权益的尝试即为明例。如果可以用一个短语来概括丹宁在此领域20年（大致从1950年代至1970年代）不懈努力背后之初衷，笔者认为，是丹宁基于信仰而秉持的"家庭合一"观念。从家庭的完整性出发，丹宁确定家庭成员对家庭财产享有共同的受益权益，尽管对该权益如何定性、定量，丹宁自己也经历了一个摸索的过程——从视其为"为共同利益的共同事业"，到视夫妻为"衡平法上的混合共有人"，再到最终成型的"家庭财产"，但他对该衡平权益（不管以何种性质）存在之认可，却自始至终[1]。有关弃妻衡平的探索亦然。丹宁素来认为，家庭成员（尤其是家庭中的弱者与无过错者）在家庭房屋中居住与生活的权利，高于通过商业方式获得房屋权益之产权继受人所享有的财产权利[2]。

丹宁在这两方面的尝试均未得到其同袍之认可。至为明显的失败原因有二：其一，在讲究不动产交易安全的财产法领域，产权的可确定性乃金科玉律，灰色地带稀疏；其二，丹宁的方案过于宽泛，在未能清晰界定其使用范围的情况下，模糊适用所致的结果并非"优越于公正的公道"。丹宁的方法或许是失败了，但其认定存在值得保护之衡平权益的观点却被证明并非谬误。财产法的门关上了，信托法的门随之开启。有关家庭成员对财产受益权益的分享，在财产法领域撒种，却越过围栏，于信托法的花园枝繁叶茂。

庞德曾用"机器"喻指普通法，它制造出的是整齐划一的"法律产品"，这种产品的价值在于可靠、一致、效率、可预见，这些品质

---

[1] 详见本书第四章第二节：分享型衡平权益："家庭财产"。
[2] 详见本书第四章第三节：对抗型衡平权益："弃妻衡平"。

为财产法与商事法所珍惜；他又用"手工制作"喻指衡平司法，将法官视为"巧匠"（experienced workman），他们通过长期的经验积累，在头脑中生长出一套精细而严密的逻辑，永远在恰当的场合、精准的时刻知道该包含什么、该去除什么，这套功夫，是机器望尘莫及的。[1]丹宁无疑不会愧对此"巧匠"之誉，他对现实生活中与"人"相关的纤弱而细微之权利的敏锐触觉，让他不时借衡平之名，停下普通法的机器，以"衡平"及"怜悯"，调和"法律"与"正义"。卡多佐有言："法律要以公正相辅，法典要以敕令相辅，严格法要以衡平法相辅，习俗要以制定法相辅，规定要以裁量相辅。"[2]唯此，才能实现一种"妥协式"的平衡，使法律的生命延续并健康成长。

二、从丹宁司法的角度看衡平

从丹宁司法实践之窗，可以眺望到开阔的衡平法之场院。本书以丹宁司法为媒介，追溯了衡平的哲学基础与历史渊源，观察衡平法与普通法作为并行及合并后的运行状态，尝试探索数个世纪以来的衡平司法传统中的"良心"主线。经此过程，笔者拟对衡平作如下论断：

首先，衡平的基因是人类社会的"良心"。衡平法从出现之初，就占据了一席"道德高地"——从代表主权者（国王）的良心、以矫正违背良心之行为为己任，进而演绎出一套或明或暗地以良心为基石的法律原则、概念与救济。良心将衡平法塑造成法律体制中的"柔软

---

[1] Roscoe Pound, The Theory of Judical Decision (III): A Theory of Judical Decision for Today, 36 *Harvard Law Review* 940, 951-952 (1923). 亦参见: Roscoe Pound, Mechanical Jurisprudence, 8 *Columbia Law Review* 605, 611 (1908); Alastair Hudson, *Equity and Trusts*, Routledge, 8th ed, 2015, p. 1323.

[2] [美]本杰明·N. 卡多佐：《法律的成长》，李红勃、李璐怡译，北京大学出版社2014年版，第15页。

地带",或曰"缓冲带",个人的正当权益与个体化需求,于兹以衡平之名获得荫蔽。良心基因为衡平法注入了道德因素,如果说法律与道德在某个层面上有叠合,衡平领域即为重镇。许多法律概念、原则在模造成型后,人们往往遂淡忘其道德动因。不过,正是这股地下的、暗藏的力量,通过衡平的管道,为整个法律体系在必要时源源地输出道德养分。

其次,衡平是使法律体制达致平衡的有效"调节器"。法律体制貌似诸多"矛盾体"(paradox)之结合:客观与主观、原则与例外、法律规则化与司法灵活性、人之群体与人之个体等之间的矛盾。在英格兰法律体系中,普通法与衡平法分别代表着上列矛盾的两端,法律的步履在两者的调适间趋向平衡;在衡平法本身,也存在普遍适用之衡平规则与针对个案之衡平管辖之间的平衡,前者在稳定与确定性上与普通法已不存在实质区别,但后者乃是衡平法创造力的源泉,也是法官们在既有法律规则(包括普通法与衡平法)均无法提供答案时所选择的结末路径。

最后,也是不得不指出的一点——衡平法的有效运转,对实施条件存在极高的要求,这无可避免地展露出衡平司法的"软肋"。作为衡平管辖权中心人物的法官,除对法律掌握的娴熟外,还应具备对社会需求、人类良知的感应力与回应的热情,这不是每一位司法者可轻易具备的天赋异禀。回顾衡平法的历史,我们会发现衡平法迈出的每一步,均伴随着一位大法官的名字;衡平规则的历史,是由这些不同凡响的名字串起来的。换言之,并非每一位法官皆有幸被历史拣选,成为衡平法之造法者。这也是为何丹宁在一次接受采访时被问及是否希望每位法官均像他一般创造性地司法时,他会回答道,"每二百年出一个丹宁足矣".[1] 除此,法官在行使衡平管辖权时,尚需具备对衡平规则"惬当拿捏"的功夫——既满足获得衡平与正义结果的需要,又为该原则在后续案件中的适用设界。丹宁及许多法官的衡平司法实践已反复证明,衡平法律原则唯有在主观性与客观性之间取得那"微妙的平衡",方可在法律体系中博得一席之地。如若不然,衡平司法的效果只会适得其反,这也是法律界对新创衡平规则时常保持儆醒与慎重的原因所在。[2]

以上即为对丹宁早期衡平司法研究之所得。但这仅是对丹宁法律思想遗产研究之启始,丹宁在上议院担任常任上诉法官的7年,以及在上诉法院担任民事庭庭长的20年,是其早期法律哲学在其后期的丰富演绎与继续,从衡平司法理念的角度看,是衡平法律哲学及实践浓重的一抹。

或许,丹宁那与衡平高度契合之法律哲学及司法实践的斐然意义与宝贵之处,即在于他为冰冷的法律规则注入了一股股人间的暖流,在于当法律陷入僵化之境时,唤醒司法界那曾经辉煌但渐在失落的衡平之使命感和生命力。这,是对法律的救赎。

---

[1] *The Denning Interviews: on Contract and Equity*, with Smith JC, Butterworths, 1984.
[2] Peter Turner, Equity and Administration, in Peter Turner (ed), *Equity and Administration*, Cambridge University Perss, 2016, pp. 16-17.

参 考 文 献

一、中文文献

书籍：

［1］〔美〕伯尔曼：《法律与宗教》，梁治平译，中国政法大学出版社2003年版。

［2］〔英〕戴维·M.沃克：《牛津法律大辞典》，李双元等译，法律出版社2003年版。

［3］〔德〕黑格尔：《法哲学原理》，范扬、张企泰译，商务印书馆1961年版。

［4］胡桥：《衡平法的道路：以英美法律思想演变为线索》，华东政法大学2009年博士学位论文。

［5］〔美〕小奥利弗·温德尔·霍姆斯：《普通法》，冉昊、姚中秋译，中国政法大学出版社2006年版。

［6］〔美〕本杰明·N.卡多佐：《法律的成长》，李红勃、李璐怡译，北京大学出版社2014年版。

［7］〔美〕本杰明·卡多佐：《司法过程的性质》，苏力译，商务印书馆2009年版。

［8］冷霞：《英国早期衡平法概论——以大法官法院为中心》，商务印书

馆 2010 年版。

［9］〔英〕梅特兰：《英格兰宪政史》，李红海译，中国政法大学出版社 2010 年版。

［10］沈达明：《衡平法初论》，对外经济贸易大学出版社 1997 年版。

［11］〔古希腊〕亚里士多德：《尼各马可伦理学》，廖申白译，商务印书馆 2013 年版。

论文：

［12］龚祥瑞：《法律与正义——读丹宁法官的判决书和他的著作》，载《比较法研究》1997 年第 1 期。

［13］关正义：《玛瑞瓦禁令及其现代发展》，载《大连海事大学学报（社会科学版）》2005 年第 3 期。

［14］李红海：《自足的普通法与不自足的衡平法——论英国普通法与衡平法的关系》，载《清华法学》2010 年第 6 期。

［15］刘庸安：《丹宁勋爵和他的法学思想》，载《中外法学》1999 年第 1 期。

［16］田中臣、赵银芳：《对被遗弃妻子和离婚妇女居住权的衡平——从丹宁勋爵的婚姻家庭法学思想谈起》，载《鞍山师范学院学报》2004 年第 5 期。

［17］谢冬慧：《实现公正：法律及其职业的崇高追求——解读丹宁勋爵的司法公正思想》，载《比较法研究》2010 年第 3 期。

［18］郑成思：《丹宁法官的思索——浅谈律师的知识面》，载《中国律师》1996 年第 5 期。

［19］朱广新：《英国法上的允诺禁反悔》，载《比较法研究》2007 年第 3 期。

二、英文文献

Books:

[1] Andrews N., Contract Law, Cambridge University Press, 2nd ed, 2015.

[2] Aristotle, The Nicomachean Ethics, Thomson (tr), Penguin, 1955.

[3] Austin L. M. and Klimchuk D. (eds), Private Law and the Rule of Law, Oxford Univeristy Press, 2014.

[4] Baker J. H., An Introduction to English Legal History, Oxford University Press, 4th ed, 2002.

[5] Ballow, A Treatise of Equity, Mifflin & Parry Printers, 1831.

[6] Bingham T., The Business of Judging, Oxford University Press, 2000.

[7] Birks P., Private Law, Oxford University Press, 2000.

[8] Blom-Cooper L., Dickson B. and Drewry G., The Judicial House of Lords: 1876-2009, Oxford University Press, 2009.

[9] Browne D. (ed), Ashburner's Principles of Equity, Butterworth, 1933.

[10] Cardozo B. N., The Nature of the Judicial Process, Yale University Press, 1921.

[11] Denning A. T., Freedom under the Law, Stevens & Sons, 1949.

[12] ——, The Changing Law, Stevens & Sons, 1953.

[13] ——, The Road to Justice, Stevens & Sons, 1955.

[14] ——, From Precedent to Precedent, Clarendon Press, 1959.

[15] ——, Borrowing from Scotland, Jackson, Son & Company, 1963.

[16] ——, The Discipline of Law, Butterworths, 1979.

[17] ——, Misuse of Power, British Broadcasting Corporation, 1980.

[18] ——, The Due Process of Law, Stevens & Sons, 1980.

[19] ——, The Family Story, Butterworths, 1981.

[20] ——, What Next in the Law, Butterworths, 1982.

[21] ——, The Closing Chapter, Butterworths, 1983.

[22] ——, Landmarks in the Law, Butterworths, 1984.

[23] ——, Leaves from My Library, Stevens & Sons, 1986.

[24] Dworkin R., Law's Empire, Hart Publishing, 1998.

[25] Freeman I., Lord Denning: A Life, Hutchinson, 1993.

[26] Griffith J. A. G., The Politics of the Judiciary, Fontana Press, 4th ed, 1991.

[27] Hagel, Philosophy of Right, Knox (tr), Oxford University Press, 1952.

[28] Hening W. W. (ed), Richard Francis' Maxims of Equity, Richmond, 1823.

[29] Heward E., Lord Denning: A Biography, Barry Rose Law Publishers, 1997.

[30] Holdsworth W. S., A History of English Law, vol I, Methuen & Co, 1903.

[31] ——, Some Makers of English Law, Cambridge University Press, 1966.

[32] Hudson A., Debates in Equity and Trusts, Palgrave, 2014.

[33] ——, Equity and Trusts, Routledge, 8th ed, 2015.

[34] Jowell J. L. & McAusland J. P. W. (eds), Lord Denning: The Judge and the Law, Sweet & Maxwell, 1984.

[35] Koops E. and Zwalve W. J. (eds), Law and Equity: Approaches in Roman Law and Common Law, Martinus Nijhoff, 2014.

[36] Magrath P. (ed), The Law Reports: 1865-2015 Anniversary Edition, The Incorporated Council of Law Reporting for England and Wales, 2015.

[37] Maitland F. W., Equity: A Course of Lectures, Cambridge University Press, 2nd ed, 1936.

[38] Matthew H. C. G., Harrison and Brian Howard (eds), Oxford Dictionary of National Biography, Oxford University Press, 2004.

[39] McGhee J. (ed), Snell's equity, Sweet & Maxwell, 33rd ed, 2015.

[40] Mortimer J., In Character, Penguin Books, 1984.

[41] Paterson A., The Law Lords, MacMillan, 1982.

[42] Pearce R. & Barr W., Pearce & Stevens' Trusts and Equitable Obligations, Oxford University Press, 6th ed, 2015.

[43] Pollock (ed), Table Talk of John Selden, Selden Society, 1927.

[44] Raffield P. H., Images and Culture of Law in Early Modern England: Justice and Political Power: 1558-1660, Cambridge University Press, 2004.

[45] Rivlin G., First Steps in the Law, Oxford University Press, 7th ed, 2015.

[46] Robson P. and Watchman P. (eds), Justice, Lord Denning and the Constitution, Gower, 1981.

[47] Saunders J. B. (ed), Mozley & Whiteley's Law Dictionary, Butterworths, 1977.

[48] Stephens C., Fiat Justitia: Lord Denning and the Common Law, The Jurisprudence of Lord Denning: A Study in Legal History, vol I, Cambridge Scholars, 2009.

[49] ——, The Last of England: Lord Denning's Englishry and the Law, The Jurisprudence of Lord Denning: A Study in Legal History, vol II, Cambridge Scholars, 2009.

[50] ——, Freedom under the Law: Lord Denning as Master of the Rolls 1962-1982, The Jurisprudence of Lord Denning: A Study in Legal History, vol III, Cambridge Scholars, 2009.

[51] Stevens R., Law and Politics: The House of Lords as a Judicial Body,

Weidenfeld and Nicolson, 1979.

[52] ——, The English Judges: Their Role in the Changing Constitution, Hart Publishing, 2002.

[53] Temple W. , Christianity and the Social Order, Shepherd-Walwyn Publishers, 1976.

[54] Turner P. (ed), Equity and Administration, Cambridge University Perss, 2016.

[55] Virgo G. , The Principles of Equity & Trusts, Oxford University Press, 2012.

[56] Walker D. M. , The Oxford Companion to Law, Oxford University Press, 1980.

[57] Watt G. , Equity Stirring: The Story of Justice Beyond Law, Hart Publishing, 2009.

[58] Worthington S. , Equity, Oxford University Press, 2nd ed, 2006.

Articles:

[59] Ackner D. , The Genius of the Common Law, 145 New Law Journal 525 (1995).

[60] Atiyah P. S. , Contract and Tort, in Jowell J. L. and McAusland J. P. W. (eds), Lord Denning: The Judge and the Law, Sweet & Maxwell, 1984.

[61] ——, Lord Denning's Contribution to Contract Law, 14 Denning Law Journal 1 (1999).

[62] Bainham A. , Lord Denning as a Champion of Children's Rights: The Legacy of Hewer v Bryant, 14 Denning Law Journal 81 (1999).

[63] Baker P. V. , Lord Denning: The Judge and the Law, 102 Law Quarterly Review 163 (1986).

[64] Bingham T. , Address at the Service of Thanksgiving for the Rt. Hon.

Lord Denning O. M. , 15 Denning Law Journal 1 (2000).

[65] Birks P. , Establishing A Proprietary Base, Restitution Law Review 83 (1995).

[66] ——, Property, Unjust Enrichment, and Tracing, 54 Current Legal Problems 231 (2001).

[67] Blom-Cooper L. & Drewry G. , Towards a System of Administrative Law: The Reid and Wilberforce Era, 1945-82, in Blom-Cooper L. , Dickson B. and Drewry G. , The Judicial House of Lords: 1876-2009, Oxford University Press, 2009.

[68] Brady C. , Lord Denning and Justice Cardozo: The Judge as Poet-philosopher, 32 Rutgers Law Journal 485 (2000-2001).

[69] Burrows A. , We Do This at Common Law but That in Equity, 22 Oxford Journal of Legal Studies 1 (2002).

[70] Campbell A. I. , Lord Denning and EEC Law, 3 Denning Law Journal 1 (1988).

[71] Cheshire G. C. , A New Equitable Interest in Land, 16 Modern Law Review 9 (1953).

[72] Corbin A. L. , The Offer of an Act for a Promise, 29 Yale Law Journal 767 (1920).

[73] Denning A. T. , Recent Development in the Doctrine of Consideration, 15 Modern Law Review 1 (1952).

[74] ——, The Need for a New Equity, 5 Current Legal Problems 1 (1952).

[75] ——, The Way of An Iconoclast, 3 Sydney Law Review 209 (1960).

[76] Dennis R. K. , This Other Eden: Lord Denning's Pastoral Vision, 14 Oxford Journal of Legal Studies 25 (1994).

[77] Devlin P. , Foreword, in Jowell J. L. and McAusland J. P. W. (eds), Lord Denning: The Judge and the Law, Sweet & Maxwell, 1984.

[78] Dickson B. , A Hard Act of Follow: The Bingham Court, 2000-2008, in Blom-Cooper L. , Dickson B. and Drewry G. , The Judicial House of Lords: 1876-2009, Oxford University Press, 2009.

[79] Dixon M. J. , Co-ownership in the United Kingsom—The Denning Legacy, 3 Denning Law Journal 27 (1988).

[80] ——, To Write or Not to Write? 5 Conveyancer and Property Lawyer 1 (2013).

[81] Edelman J. , A 'Fusion Fallacy' Fallacy? 119 Law Quarterly Review 375 (2003).

[82] Editorial (1986) 1 Denning Law Journal 5 (1986).

[83] Edmund-Davies, Lord Denning: Christian Advocate and Judge, 1 Denning Law Journal 41 (1986).

[84] Evershed R. , Equity after Fusion: Federal or Confederate, Journal of Society of Public Teachers of Law 171 (1948).

[85] ——, Reflections on the Fusion of Law and Equity after 75 Years, 70 Law Quarterly Review 326 (1954).

[86] Forsyth C. , Lord Denning and Modern Administrative Law, 14 Denning Law Journal 57 (1999).

[87] Freeman M. D. A. , Family Matters, in Jowell J. L. and McAusland J. P. W. (eds), Lord Denning: The Judge and the Law, Sweet & Maxwell, 1984.

[88] ——, Family Justice and Family Values According to Lord Denning, 14 Denning Law Journal 93 (1999).

[89] Furmston M. P. , Contract and Tort after Denning, 2 Denning Law Journal 65 (1987).

[90] Gardner S. & Davidson K. , The Future of Stack v Dowden, 127 Law

Quarterly Review 13 (2011).

[91] Goff (Lord), Lord Denning—A Memoir, 14 Denning Law Journal xxiii (1999).

[92] ——, The Rt. Hon. The Lord Denning of Whitchurch O. M., 48 International and Comparative Law Quarterly 255 (1999).

[93] Goodhart A. L., Hospital and Trained Nurses, 54 Law Quarterly Review 553 (1938).

[94] Griffith J. A. G., Review of The Discipline of Law by Lord Denning, 42 Modern Law Review 348 (1979).

[95] Harrington J. A. and Manji A., 'Mind with Mind and Spirit with Spirit': Lord Denning and African Legal Education, 30 Journal of Law and Society 376 (2003).

[96] Havers M. et al., Valedictory Speeches upon the Impending Retirement of the Master of the Rolls, 1 Denning Law Journal 7 (1986).

[97] Hayton D. J., Equity and Trusts, in Jowell J. L. and McAusland J. P. W. (eds), Lord Denning: The Judge and the Law, Sweet & Maxwell, 1984.

[98] Heuston R. F. V., Lord Denning: The Man and his Times, in Jowell J. L. and McAusland J. P. W. (eds), Lord Denning: The Judge and the Law, Sweet & Maxwell, 1984.

[99] Hogan G., Holmes and Denning: Two 20th Century Legal Icons Compared, 42 Irish Jurist 119 (2007).

[100] John M., Palm Tree Justice in the Court of Appeal, 82 Law Quarterly Review 196 (1966).

[101] Joseph H. Beale Jr, Gratuitous Undertakings, 5 Harvard Law Review 222 (1891).

[102] Jowell J. L., Administrative Law, in Jowell J. L. and McAusland J.

P. W. (eds), Lord Denning: The Judge and the Law, Sweet & Maxwell, 1984.

[103] Kirby M. D., Lord Denning: An Antipodean Appreciation, 1 Denning Law Journal 103 (1986).

[104] ——, Lord Denning and Judicial Activism, 14 Denning Law Journal 127 (1999).

[105] Kodlilinye G. A., Lord Denning in Prespective—a Review of Lord Denning: The Judge and the Law, 1 Denning Law Journal 127 (1986).

[106] Macnair M., Equity and Conscience, 27 Oxford Journal of Legal Studies 659 (2007).

[107] ——, Arbitrary Chancellors and the Problem of Predictability, in Koops E. and Zwalve W. J. (eds), Law and Equity: Approaches in Roman Law and Common Law, Martinus Nijhoff, 2014.

[108] Mason A., The Place of Equity and Equitable Remedies in the Contemporary Common Law World, 110 Law Quarterly Review 238 (1994).

[109] ——, Fusion: Fallacy, Future or Finished?, in Degeling S. and Edelman J. (eds), Equity in Commercial Law, Lawbook Co, 2005.

[110] Megarry R. E., Seaford Court Estates Ltd v Asher, 66 Law Quarterly Review 19 (note) (1950).

[111] ——, The Deserted Wife's Right to Occupy the Matrimonial Home, 68 Law Quarterly Review 379 (1952).

[112] ——, Bendall v McWhirter, 71 Law Quarterly Review 481 (note) (1955).

[113] ——, Mere Equities, the Bona Fide Purchaser and the Deserted Wife, 71 Law Quarterly Review 480 (note) (1955).

[114] Nolan (Lord), The Role of the Judge in Judicial Inquiries, 14 Denning Law Journal 147 (1999).

[115] Nourse M., Law and Literature—the Contribution of Lord Denning, 17 Denning Law Journal 1 (2004-2005).

[116] Ogilvie M. H., Part Payment, Promissory Estoppel and Lord Denning's 'Brilliant' Balance, 49 Canadian Business Law Journal 287 (2010).

[117] Oliver D., Lord Denning and the Public/Private Divide, 14 Denning Law Journal 71 (1999).

[118] Pearce R., A Promise is a Promise, in Ian Mcdougall (ed), Cases That Changed Our Lives, LexisNexis, 2010.

[119] Phang A., The Natural Law Foundations of Lord Denning's Thought and Work, 14 Denning Law Journal 159 (1999).

[120] Polden P., The Use of Power: Mr Justice Denning and the Pensions Appeal Tribunals, 3 Denning Law Journal 97 (1988).

[121] Pound R., The Decadence of Equity, 5 Columbia Law Review 20 (1905).

[122] ——, Mechanical Jurisprudence, 8 Columbia Law Review 605 (1908).

[123] ——, The Theory of Judical Decision (III): A Theory of Judical Decision for Today, 36 Harvard Law Review 940 (1923).

[124] Sedley S., A Benchmark of British Justice, The Guardian (London, 6 March 1999) 1.

[125] Simpson A. W. B., Lord Denning as Jurist, in Jowell J. L. and McAusland J. P. W. (eds), Lord Denning: The Judge and the Law, Sweet & Maxwell, 1984.

[126] Smith H. E., Property, Equity, and the Rule of Law, in Austin L. M. and Klimchuk D. (eds), Private Law and the Rule of Law, Oxford Univeristy Press, 2014.

[127] Stevens J., Equity's Manhatten Project: The Creation and Evolution of

the Mareva Injunction, 14 Denning Law Journal 25 (1999).

[128] Steyn J., Contract Law: Fulfilling the Reasonable Expectation of Honest Men, 113 Law Quarterly Review 433 (1997).

[129] ——, The Case for a Supreme Court, 118 Law Quarterly Review 382 (2002).

[130] Swadling W., The Fiction of the Constructive Trust, 64 Current Legal Problems 399 (2011).

[131] Tettenborn A., Remedies: A Neglected Contribution, 14 Denning Law Journal 25 (1999).

[132] Turner P., Equity and Administration, in Turner P. (ed), Equity and Administration, Cambridge University Perss (in press), 2016, Legal Studies Research Paper Series, Faculty of Law, University of Cambridge, Paper No. 7/2016 (February 2016).

[133] Wade H. W. R., Licences and Third Parties, 68 Law Quarterly Review 337 (1952).

[134] Watchman P., Palm Tree Justice and The Lord Chancellor's Foot, in Robson P. and Watchman P. (eds), Justice, Lord Denning and the Constitution, Gower, 1981.

[135] Welstead M., The Deserted Bank and the Spousal Equity, 14 Denning Law Journal 113 (1999).

[136] Wilberforce (Lord), The Academics and Lord Denning, 5 Oxford Journal of Legal Studies 439 (1985).

[137] William D. G. T., Lord Denning and Open Government, 1 Denning Law Journal 117 (1986).

附录 A

丹宁勋爵法律生涯一览表

1. 出庭律师（Counsel）时期：1923—1944 年

——初级出庭律师（Junior Counsel）：1923 年 6 月 13 日委任

——御用大律师（King's Counsel）：1938 年 4 月 1 日委任

2. 高等法院法官（High Court Judge）时期：1944—1948 年

——离婚分庭（Divorce Division）法官：1944 年 3 月 7 日上任

——王座分庭（King's/Queen's Bench）法官：1945 年 10 月 24 日上任

3. 上诉法院上诉法官（Lord Justice of Appeal）时期：1948—1957 年

——1948 年 10 月 12 日上任

4. 上议院常任上诉法官（Lord of Appeal in Ordinary）时期：1957—1962 年

——1957 年 4 月 24 日上任

5. 上诉法院民事庭庭长（Master of the Rolls）时期：1962—1982 年

——1962 年 4 月 19 日上任

——1982 年 9 月 29 日退休

附录 B

丹宁勋爵司法外著述与演讲一览表

表 B.1 丹宁勋爵著述列表

序号	出版年份	书名（中英文）	出版社
1	1949	Freedom under the Law《法律下的自由》	Stevens & Sons
2	1949	The Changing Law《变迁中的法律》	Stevens & Sons
3	1955	The Road to Justice《通往正义之路》	Stevens & Sons
4	1979	The Discipline of Law《法律的训诫》	Butterworths
5	1980	The Due Process of Law《法律的正当程序》	Butterworths
6	1981	The Family Story《家庭故事》	Butterworths
7	1982	What Next in the Law《法律的未来》	Butterworths
8	1983	The Closing Chapter《最后的篇章》	Butterworths
9	1984	Landmarks in the Law《法律的界碑》	Butterworths
10	1986	Leaves in My Library《我的图书馆拾英》	Butterworths

表 B.2 丹宁勋爵主要演讲列表

序号	年份	演讲题目	演讲地点	备注
1	1947	The Divorce Laws 《离婚的法律》	伦敦	伦敦大学国王学院演讲
2	1950	The Independence of the Judges 《法官的独立性》	伯明翰	就任伯明翰大学法学院霍兹沃夫俱乐部（Holdsworth Club）主席之任职演讲
3	1952	The Need for a New Equity 《时代呼唤新的衡平》	伦敦	伦敦大学边沁俱乐部（Bentham Club）演讲
4	1953	The Influence of Religion on Law 《宗教对法律的影响》	纽卡斯尔泰恩（Newcastle-on-Tyne）	纽卡斯尔大学国王学院第33届格雷伯爵纪念演讲（Earl Grey Memorial Lecture）
5	1953	The Rule of Law in the Welfare State 《福利国家中的法治》	伦敦	伦敦大学伯贝克学院（Birbeck College London）第20届海尔丹纪念演讲（Haldane Memorial Lecture）
6	1954	The Christian Approach to the Welfare State 《福利国家的基督教路径》	伦敦	沙夫茨伯里协会（Shaftesbury Society）第17届沙夫茨伯里演讲（Shaftesbury Lecture）
7	1954	The Independence and Impartiality of Judges 《法官的独立与公正》	约翰内斯堡（南非）	南非金山大学（Witwatersrand University）那菲尔德基金会（Nuffield Foundation）演讲（之一）
8	1954	The Tradition of the Bar 《大律师公会的传统》	约翰内斯堡（南非）	南非金山大学（Witwatersrand University）那菲尔德基金会（Nuffield Foundation）演讲（之二）

(续表)

序号	年份	演讲题目	演讲地点	备注
9	1955	The Price of Freedom: We Must be Vigilant Within the Law 《自由的代价：我们必须在法律中儆醒》	费城（美国）	美国律师协会演讲
10	1959	The Equality of Women 《妇女的平等》	牛津	第9届依林诺·拉夫宝恩纪念演讲（Eleanor Rathbone Memorial Lecture）
11	1959	From Precedent to Precedent 《从先例到先例》	牛津	牛津大学罗曼尼斯演讲（Romanes Lecture）
12	1961	Responsibility before the Law 《法律面前的责任》	耶路撒冷（以色列）	耶路撒冷希伯来大学第7届里昂奈尔·科恩演讲（Lionel Cohen Lecture）
13	1961	Borrowing from Scotland 《借鉴苏格兰》	格拉斯哥	格拉斯哥大学第28届大卫·马雷基金会演讲（David Murray Foundation Lecture）
14	1966	Recent Changes in the Law 《法律的最新变革》	达尼丁（Dunedin）（新西兰）	第13届多米尼恩法律会议（Dominion Legal Conference）演讲
15	1974	Let Justice Be Done 《让正义实现》	伦敦	伦敦大学伯贝克学院（Birbeck College London）151年校庆致辞
16	1978	Restraining the Misuse of Power 《为权力误用设限》	伯明翰	伯明翰大学法学院霍兹沃夫俱乐部（Holdsworth Club）五十周年纪念演讲
17	1980	Misuse of Power 《权力误用》	伦敦	第9届理查德·迪安布比演讲（Richard Dimbleby Lectures）

索引 A

法官名索引

Arden, Lady Justice, 雅顿上诉女法官, 261

Asquith, Lord Justice, 埃斯奎夫上诉法官, 156, 210, 285

Atkin, Lord, 埃特金勋爵, 13, 84, 111, 114, 117, 134, 142, 145—146, 287, 290, 300, 302—303

Bacon, Lord Chancellor, 培根勋爵, 48

Bingham, Lord, 宾汉勋爵, 2, 21, 96—97

Bowen, Lord, 保恩勋爵, 272

Bridge, Lord, 布里奇勋爵, 293

Browne-Wilkinson, Lord, 布朗尼·威尔金森勋爵, 69, 93, 95—96, 98, 260

Buckmaster, Lord, 巴克马斯特勋爵, 83—84

Bucknill, Lord Justice, 巴克纽尔上诉法官, 181, 184, 190, 216—217

Cairns, Lord Chancellor, 凯恩斯勋爵, 271—273

Cardozo, Chief Justice, 首席大法官（美国联邦最高法院）, 22, 72, 101, 103—105, 108, 110, 128, 135, 155—156, 158, 160—161, 285, 290—292, 313

Carnwath, Lord Justice, 康沃夫上诉法官, 60

Cohen, Lord Justice, 科恩上诉法官, 190, 285

Coke, Chief Justice, 柯克首席大法官, 16, 34, 55, 58, 74, 108, 119, 187, 265

Coventry, Lord Chancellor, 考文垂勋爵, 48

Cowper, Lord Chancellor, 考珀勋爵, 35

Cross, Judge, 克罗斯法官, 248—249

Danckwerts, Lord Justice, 丹科瓦兹上诉法官, 185, 199, 201—202

Devlin, Lord, 德福林勋爵, 13, 275, 289—290, 295, 299—306

Dilhorne, Viscount, 迪尔洪尼子爵, 197, 207

Diplock, Lord, 迪普洛克勋爵, 59, 88—89, 91, 149, 152, 187, 193, 195—197, 203, 205—208, 210

Donovan, Lord Justice, 唐诺凡上诉法官, 211, 249

Edmund-Davies, Lord Justice, 爱德蒙·戴维斯上诉法官, 18, 118, 185—186, 197—198, 202—203

Eldon, Lord Chancellor, 埃尔登勋爵, 67, 75, 78—81, 92, 95, 101, 134

Ellesmere, Lord Chancellor, 埃里斯密尔勋爵, 34, 39, 45, 48, 55, 66—67, 70, 73—74, 76, 93

Evershed, Lord, Master of the Rolls, 埃瓦舍勋爵, 56, 58—59, 64, 71, 85—86, 124, 179, 181, 191, 218—219

Field, Judge, 菲尔德法官, 299

Fortescue, Sir, 福特斯鸠爵士, 67, 74

Gardiner, Lord Chancellor, 戈迪纳勋爵, 48, 152

Goddard, Lord Justice, 古达德上诉法官, 148

Goff, Lord, 戈夫勋爵, 9, 19, 59—60, 92—96, 167—168

Goodrich, Lord Chancellor, 古德利奇勋爵, 48

Greene, Lord, Master of the Rolls, 格林勋爵, 70—71, 85, 124, 148, 156

Hailsham, Lord Chancellor, 海尔善勋爵, 83, 153

Haldane, Lord Chancellor, 海尔丹勋爵, 298, 300—301, 306

Hale, Baroness, 黑尔男爵夫人, 97—100, 209

Hale, Sir, 黑尔爵士, 134

Halsbury, Lord Chancellor, 哈尔斯伯雷勋爵, 82

Hardwicke, Lord Chancellor, 哈德威克勋爵, 67, 75, 77—78, 81, 93, 101, 130

Harman, Judge, 哈曼法官, 210, 242—246

Hobhouse, Lord, 霍伯豪斯勋爵, 97

Hodson, Lord, 霍德森勋爵, 187, 204—205, 210, 260, 289, 295, 298—300, 305—306

Hoffmann, Lord, 霍夫曼勋爵, 91, 283

Holmes, Chief Justice, 首席大法官（美国联邦最高法院）, 22, 163—164, 264

Hutton, Lord, 哈顿勋爵, 97

Janncey, Lord, 庄希勋爵, 293

Jenkins, Lord Justice, 简金斯上诉法官, 210, 218, 237—238, 241, 245

Jessel, Lord, Master of the Rolls, 杰赛尔勋爵, 80, 92

Jones, Judge, 琼斯法官, 210, 239

Kirby, Justice, 柯比法官（澳大利亚高等法院）, 1, 18—19

Lloyd-Jacob, Judge, 劳埃德·雅克布法官, 284

Lynskey, Judge, 林斯基法官, 210, 239

MacDermott, Lord, 麦克德莫特勋爵, 157, 162

Macmillan, Lord, 麦克米兰勋爵, 84, 172, 289

Mansfield, Lord, 曼斯菲尔德勋爵, 72, 78, 111, 127, 134

Mason, Chief Justice, 梅森首席大法官（澳大利亚高等法院）, 52, 64

McCardie, Judge, 麦卡迪法官, 273

Millett, Lord, 米勒勋爵, 97

Morris, Lord, 莫里斯勋爵, 186—187, 204, 207, 289, 295, 297—298, 306

Morton, Lord, 莫顿勋爵, 164

Neuberger, Lord, 纽博格勋爵, 208

Nottingham, Lord Chancellor, 诺丁汉勋爵, 49, 67, 73, 75—77, 81, 93, 101, 130, 134

 Finch, Sir, 芬奇爵士, 75

Nouse, Lord Justice, 诺斯上诉法官, 11

O'Hagan, Lord, 欧哈根勋爵, 271—272

Parke, Baron, 帕克男爵, 233

Parker, Lord Justice, 帕克上诉法官, 210, 241, 246

Pearce, Lord, 皮尔斯勋爵, 289, 295, 304—306

Pearson, Lord Justice, 皮尔森上诉法官, 185, 193, 294—295, 298

Phillimore, Lord Justice, 菲利摩尔上诉法官, 202

Pratt, Chief Justice, 普拉特首席大法官, 289

Radcliffe, Lord, 莱德克里夫勋爵, 164

Reid, Lord, 雷德勋爵, 88—89, 91, 186, 204, 207, 289, 295—297, 306

Romer, Lord Justice, 罗玛上诉法官, 181, 184—185, 187, 191, 193, 227—228, 237, 245

Roxburgh, Judge, 洛克斯伯格法官, 125, 210, 220—222, 227, 238, 245

Russell, Lord Justice, 罗素上诉法官, 185, 193, 199, 211, 249—250

Scott, Lord Justice, 司哥特上诉法官, 210

Sedley, Lord, 希德利勋爵, 17, 309

Selborne, Lord Chancellor, 赛尔邦勋爵, 67—69, 82

Shaw, Lord, 肖勋爵, 303

Simon, Viscount, 西蒙子爵, 84, 88, 124, 166

Simonds, Lord Chancellor, 西蒙斯勋爵, 84—85, 88, 124, 164, 166—167

Slade, Lord Justice, 斯莱德上诉法官, 206, 208

Somervell, Lord Justice, 森麻威尔上诉法官, 210, 216—217, 227—228, 237, 245

Steyn, Lord, 斯汀勋爵, 97, 280

Thankerton, Lord, 芬克顿勋爵, 84

Thomas More, Lord Chancellor, 托马斯·莫尔勋爵, 45

Tomlin, Lord, 汤姆林勋爵, 84

Tucker, Judge, 塔克法官, 146—147

Upjohn, Lord, 厄普约翰勋爵, 49, 88—89, 91, 175, 187, 203, 205—208, 210, 214—215, 242—243, 245—248, 250—251

Walker, Lord, 沃克勋爵, 98—100, 209

Watson, Lord, 沃森勋爵, 55—56

Wilberforce, Lord, 威尔伯福斯勋爵, 16, 88—91, 96, 173, 250—251, 283

Williams, Lord Chancellor, 威廉斯勋爵, 48

Willmer, Lord Justice, 威尔玛上诉法官, 185, 199

Wolsey, Lord Chancellor, 沃尔斯勋爵, 45, 48

Wrottesley, Lord Justice, 洛特斯利上诉法官, 71

索引 B

判 例 索 引

Abbott v Sullivan [1952] 1 KB 189…127

Adler v Dickson [1955] 1 KB 158…139

Aldrich v Cooper (1802) 8 Ves 381…79

Anton Pillar v Manufacturing Process Ltd [1976] Ch 55…9

Appleton v Appleton [1965] 1 WLR 25…198-201

Armstrong v Strain [1952] 1 TLR 82…87, 125

Barclays Bank Ltd v Bird [1954] 1 Ch 274…242-244, 246

Barnard v National Dock Labour Board [1953] 2 QB 18…9, 110, 112-113

Bendall v McWhirter [1952] 2 QB 466…9, 89, 109, 129, 210-211, 214, 220, 222, 226-239, 243, 245, 247, 249-250

Beresford v Royal Insurance Co Ltd [1938] AC 586…140-142

Berry v Berry [1929] 2 KB 316…264

Birmingham and District Land Co v London & North Western Railway Co (1888) 40 Ch D 268…269, 271, 278

Boardman v Phipps [1967] 2 AC 46…50

Bonsor v Musicians' Union [1954] Ch 479…151

Bradley-Hole v Cusen [1953] 1 QB 300···237, 241

Brice v Stokes (1805) 11 Ves 319···79

British Moviewtonews Ltd v London and District Cinemas Ltd [1951] 1 KB 190; [1952] AC 166···150, 154, 165-166

Broome v Cassell and Co Ltd [1971] 2 All ER 187 (CA) ···153

Bull v Bull [1955] 1 QB 234···178, 192-193

Buttery v Pickard [1946] WN 25···268

Button v Button [1968] 1 WLR 457···201-202

Candler v Crane Christmas & Co [1951] 2 KB 164···9, 110, 127, 148, 151, 266, 283-294, 297-298, 304-307

Caparo Industries plc v Dickman [1990] 2 AC 605···293

Cassell and Co Ltd v Broome [1972] 1 All ER 801 (HL) ···153

Cassidy v Minister of Health [1951] 2 KB 343···148

Central London Property Trust Ltd v High Trees House Ltd [1947] 1 KB 130···9, 58, 108, 125, 129, 149-150, 154, 262-280, 287, 307, 311

Chapman v Chapman [1953] 1 Ch 218 (CA); [1954] AC 429 (HL) ···151

Chapman v Pickersgill (1762) 2 Wilson 145···289

Charles Rickards v Oppenheim [1950] 1 KB 616···150

Cobb v Cobb [1955] 1 WLR 731···177, 182, 184-185, 187, 193-195, 200

Cobbe v Yeoman's Row Management Ltd [2008] 1 WLR 1752···99

Collier v P&MJ Wright (Holdings) Ltd [2008] 1 WLR 643···261

Combe v Combe [1951] 2 KB 215···150, 261, 280, 311

Cook v Deeks [1916] AC 554···83

Cook v Fountain (1676) 3 Swan 585···49, 76

Coope & Co v Emmerson (1887) 12 App Cas 300···56

Cukurova Finance Ltd v Alfa Telecom Ltd (No 4) [2015] 2 WLR 875···128

Cundy v Lindsay (1878) 3 App Cas 459…257

Davis v Johnson [1978] 2 WLR 553…149, 153, 210, 253

Derry v Peek (1889) 14 App Cas 337…284, 288, 306

Dillwyn Llewelyn (1862) 4 De GF&J 517…71

Donoghue v Stevenson [1932] AC 562…83-84, 114, 117, 135, 145, 151, 168, 172, 259, 284, 287, 289-290, 300, 302, 306

Dunn v Dunn [1949] P 98…212

Dutton v Bognor Regis UDC [1972] 1 QB 373…149

Earl of Oxford's Case (1615) 1 Ch Rep 1…34-35, 39, 45, 66-67, 70, 74

Ebrahimi v Westbourne Galleries Ltd [1973] AC 360…90-91, 283

Eddis v Chichester Constable [1962] 2 All ER 912…166

Ellison v Ellison (1802) 6 Ves 656…79

Errington v Errington [1952] 1 QB 290…154, 210, 215, 220, 222-227, 231-233, 235

Ewing v Orr Ewing (No 1) (1883) 9 App Cas 34…68, 82

Fenner v Blake [1900] 1 QB 426…268

Ferris v Weaven [1952] 2 All ER 233…210, 239

Fletcher v Fletcher (1844) 4 Hare 67…81

Foakes v Beer (1884) 9 App Cas 605…108, 258, 265

Fribance v Fribance (No 2) [1957] 1 WLR 384…182, 194-196, 204

Gee v Pritchard (1818) 2 Swanst 402…80

Geo Mitchell Ltd v Finney Lock Seeds [1983] 1 QB 285…110, 129, 140

George v Skivington (1869) L R 5 Ex 1…84

Gillett v Holt [2000] 2 All ER 289…209

Gissing v Gissing [1969] 2 Ch 85 (CA); [1971] AC 886 (HL) ···178, 185-186, 189, 196-198, 202-203, 207-208

Gold v Essex County Council [1942] 2 KB 293···138, 144, 146-148

Gouriet v Union of Post Office Workers [1977] 2 WLR 310···154

Grey v Inland Revenue Commissioner [1960] AC 1···85

Griffiths (Inspector of Taxes) v J. P. Harrison (Watford) Ltd [1963] AC 1···152

Halpern v Halpern (No 2) [2008] QB 88···60

Harbutt's 'Plasticine' v Wayne Tank and Pump [1970] 1 QB 447···89, 154

Hartley v Hymans [1920] 3 KB 475···272-273

Heaven v Pender (1883) 11 QBD 503···84

Hedley Byrne & Co v Heller & Partners [1962] 1 QB 396 (CA); [1964] AC 465 (HL) ···151, 259-260, 289-290, 293-307

Hillyer v St. Bartholomew's Hospital (Governors) [1909] 2 KB 820···146-148

Hine v Hine [1962] 1 WLR 1124···136, 183, 185-187, 193

Hoddinott v Hoddinott [1949] 2 KB 406···177-178, 182, 189-191, 194

Howe v Earl of Dartmouth (1802) 7 Ves 137···79

HP Bulmer Ltd v J. Bollinger SA [1974] 2 All ER 1226···9

Howard v Duke of Norfolk (1681) 2 Swanst 454···76

Hughes v Metropolitan Railway Co (1877) 2 App Cas 439···269, 271, 273-274, 278

Huntingford v Hobbs [1993] 1 FLR 736···206, 208

Hutchinson v Hutchinson [1947] 2 All ER 792···182, 210, 215-216, 218

In re Wickham (1917) 34 TLR 158···268

Jansen v Jansen [1965] P 478···183, 185, 191, 193, 199

Jennings v Rice [2003] 1 P&CR 100···98-99

Jess B. Woodcock & Sons Ltd v Hobbs [1955] 1 WLR 152⋯240, 243

Jones v Kernott [2012] 1 AC 776⋯99-100, 189, 209

Jorden v Money (1854) 5 HLC 185⋯266, 273-274, 278

Kam Leung Sui Kwan v Kam Kwan Lai (2015) 18 HKCFAR 501 ⋯91

Karsales (Harrow) v Wallis [1956] 1 WLR 936⋯89, 110, 129

Kleinwort Benson Ltd v Lincoln City Council [1999] 2 AC 349⋯168

Knight v Knight (1840) 3 Beav 148⋯81

Larner v LCC [1949] 2 KB 683⋯9

Leahy v Attorney-General of New South Wales [1959] AC 457⋯85

Lee v The Showmen's Guild of Great Britain [1952] 2 QB 329⋯112, 129

L'Estrange v Graucob [1934] 2 KB 394⋯110, 138-140

Liversidge v Sir John Anderson [1942] AC 206⋯111, 145

Lloyds Bank Ltd v O's Trustee [1953] 1 WLR 1460⋯214, 242-245

Lord Dudley v Lady Dudley (1705) Prec Ch 241⋯35

M v Secretary of State for Work and Pensions [2006] 2 AC 91⋯98

Macaura v Northern Assurance Ltd [1925] AC 619⋯83

Magor and St. Mellons Rural Distrct Council v Newport Corporation [1950] 2 All ER 1226 (CA); [1952] AC 189 (HL) ⋯9, 150, 160, 162-167

Mareva v International Bulkcarriers [1975] 2 Lloyds Rep 509⋯9, 168

M'Fadden v Jenkyns (1842) 12 LJ Ch 146⋯81

Middleton v Baldock [1950] 1 KB 657⋯210, 218-219, 229

Milroy v Lord (1862) 4 De GF & J 264⋯81

Ministry of Housing v Sharp [1970] 2 QB 223⋯149

Murray v Lord Elibank (1804) 10 Ves 84⋯79

Napier and Ettrick (Lord) v Hunter [1993] AC 713···60

National Provincial Bank Ltd v Ainsworth [1965] AC 1175···89, 173, 175, 211, 214, 220, 248-251

National Provincial Bank Ltd v Hastings Car Mart Ltd [1964] 1 Ch 9 (Ch); [1964] 1 Ch 665 (CA); [1965] AC 1175 (HL) ···186-187, 211, 214, 220, 248-251

Nelson v Larholt [1948] 1 KB 339···9

Newgrosh v Newgrosh (CA, 28 June 1950) ···181

Nocton v Lord Ashburton [1914] AC 932···260, 288, 298-301, 303, 306

Nurse v Yerworth (1674) 3 Swanst 608···76

Old Gate Estates Ltd v Alexander [1950] 1 KB 31···210, 216-219, 221, 229, 231

Olley v Marlborough Court Ltd [1948] 1 KB 532···139

O'Neill v Phillips [1999] 1 WLR 1092···91, 283

Oppenheim v Tobacco Securities [1951] AC 297···85

Oscar Chess Ltd v Williams [1957] 1 WLR 370···257

Packer v Packer [1954] P 22···126, 137

Parker v Parker [2003] EWHC 1846···209

Pettitt v Pettitt [1968] 1 WLR 443 (CA); [1970] AC 777 (HL) ···89, 178, 185-187, 197, 199-208

Photo Productions v Securicor Transport [1980] AC 827···89

Pinnel's Case (1602) 5 Co Rep 117a; 77 ER 237···58, 108, 265

Plimmer v Wellington Corporation (1884) 9 App Cas 699···71

Plowright v Lambert (1885) 52 LT 646···299

Practice Statement (Judicial Precedent) [1966] 1 WLR 1234···152

R v Barnet London Borough Council ex parte Shah [1982] 1 All ER 698···167

R v Northumberland Compensaion Appeal Tribunal, ex parte Shaw [1952] 1 KB 338
   …9, 110, 112, 128

R v Sommersett (1772) 20 St Tr I; (1772) 98 ER 499…111

R v Wilkes (1770) 4 Burr 2527…72

R (Hoxha) v Special Adjucator [2005] 1 WLR 1063…98

R (Kehoe) v Secretary of State for Work and Pensions [2006] 1 AC 42…98

Rahimtoola v Nizam of Hyderabad [1958] AC 379…151

Re D (A Child) [2007] 1 AC 619…98

Re Diplock [1941] 1 Ch 267; [1944] AC 341…87, 125

Re Diplock [1948] Ch 465…58, 70-71, 85

Re J (A Child) [2006] 1 AC 80…98

Re M (Children) [2008] 1 AC 1288…98

Re National Funds Assurance Co (1878) 10 Ch D 118…80, 92

Re Rogers' Question [1948] 1 All ER 328…181

Re William Porter & Co Ltd [1937] 2 All ER 361…268

Rimmer v Rimmer [1953] 1 QB 63…89, 178-179, 181-182, 184, 191

Robinson v National Bank of Scotland Ltd [1916] SC (HL) 154…301, 306

Roe v Minister of Health [1954] 2 QB 66…149

Rondel v Worsley [1967] 1 QB 443…143, 149

Royal Bank of Scotland plc v Etridge (No 2) [2002] 2 AC 773…258

Salisbury (Marquess) v Gilmore [1942] 2 KB 38…269, 271, 273-274

Salomon v A Salomon & Co Ltd [1897] AC 22…81

Saunders v Vautier (1841) 4 Beav 115…81

Seaford Court Estates, Ltd v Asher [1949] 2 KB 481 (CA); [1950] AC 508 (HL)
   …9, 107, 156-163, 165

Seldmore v Dalby (1996) 72 P&CR 196…71

Shell International Petroleum Ltd v Gibbs [1982] 1 All ER 1057···153

Slim v Croucher (1860) 1 De GF&J 527···127

Southern Pacific Co v Jenson, 244 US 205 (1917) 221 (USA-SC) ···164

Spartan Steel & Alloys Ltd v Martin & Co (Contractors) Ltd [1973] 1 QB 27···149

Stack v Dowden [2007] 2 AC 432···99-100, 189, 208-209

Stilk v Myrick (1809) 2 Camp 317···265

Street v Denham [1954] 1 WLR 624···239

Suggitt v Suggitt [2012] EWCA Civ 1140···209

Suisse Atlantique Société d'Armement Maritime S. A. v N. V. Rotterdamsche Kolen Centrale [1967] 1 AC 361···89

Tayler v Waters (1816) 7 Taunton 374···233

Thompson v Earthy [1951] 2 KB 596···87, 125, 220-222, 227, 238, 245

Thorner v Major [2009] 1 WLR 776···99

Tinsley v Milligan [1994] 1 AC 340···93, 95

Ulrich v Ulrich and Felton [1968] 1 WLR 180···183, 193, 195-196, 203, 206

Ultramares Corporation v Touche (1931) 255 NY Rep 170 (NYCA) ···291

United Australia Ltd v Barclays Bank Ltd [1941] AC 1···138, 144-145

United Scientific Holdings Ltd v Burnley Borough Council [1978] AC 904···59

Wallis v Harrison (1838) 4 M&W 538···233

Webb v Paternoster (1618) Popham 151···233

Westdeutsche Bank v Islington London Borough Council [1996] AC 669···69-70, 93-95, 98, 256

Westminster Bank Ltd v Lee [1956] 1 Ch 7···214, 242-243, 245-248

White v Jones [1995] 1 AC 207···93-96, 260

Williams and Glyn's Bank v Boland [1979] 2 WLR 550···252-253

Winter Garden Theatre (London) Ltd v Millennium Productions Ltd [1948] AC 173 …58, 233

Wilson v Wilson [1963] 1 WLR 601…185, 193

Wood v Lake (1751) Sayer 3…233

Woolwich Equitable Building Society v Inland Revenue Commissioners [1993] AC 70 …168

致　　谢

感谢我的母校——南京大学！感谢她在我于门外低迟之际，以温暖的怀抱与坚定的目光，迎接她的学生。她的"诚朴雄伟"，勉励我惟"励学敦行"，以学愈愚。此卑微之博士论文得以冠南大之名，常让我矢心铭激。

感谢我的导师杨春福教授！从大学上的第一堂法理课，到毕业时做本科论文，再至十年后有幸跟随恩师试尝写作博士论文，杨教授对法律理想的登高望远、严谨而缜密的治学态度，以及对待学生的平易和关应，无不展现南大教授谦和、敦素的学者风范。感谢杨教授的知遇之恩，感谢他三年来在每一处关键时刻给予的教诲、指导和扶持！俾我尤为感念的是，杨教授乐于为学生创造规范而又不失自由的学术空间，从他那里听到的，总是肯允而温厚的鼓励。于我而言，"师恩惭报劾，祇是祝升恒。"

感谢南大法学院的周安平教授、张仁善教授、吴英姿教授和赵娟教授，他们在论文的开题报告及预答辩中畀予了可贵且及时的指点；感谢答辩委员会的南京师范大学龚廷泰教授及南京工业大学刘小冰教授，他们在答辩中对论文的疏漏与不足表达了宝贵意见；感谢南京大学法学院的咸鸿昌博士和郭俊义博士，他们对答辩的预备及后续工作给予了细致的指点与慷慨无私的襄助；感谢南大外语学院的从丛教授和王文宇教授，感谢她们在外语学习上所展示的通明；感谢我的同级博士生同砚时方、沈浩律师及其夫人茅丽佳博士，他们的欸助实在难以计数，这份风雨同舟的友情，是我在南京这三年收获的最珍贵的礼物。

感谢我在香港浸会大学的同事罗晓虹女士，在各种琐碎而必要的细节上，她总是提供着从不延迟的帮助；感谢我的同事杨意坚博士，他善发真趣的问学营造出一种商讨的氛围，他对最新研究资料的慷慨分享，更是直接启发了论文思路的延展；感谢师长兼同事刘冠伦博士及香港城市大学的师长渠震博士，他们在每一次相遇时的鼓励，汇成了心中暖融融的动力；同时，感谢浸会大学垂之的一切，包括各种资料的获得与使用等研究上的便利！

感谢一直乞与我磐石般支持的法学前望潘汉典教授并师母王昭仪教授，每次与潘老通电话，他的博雅，他的端诚和他涵濡雨露般的谆谆叮咛和宠顾，都会在我心里长久地回荡；感谢流爱于人的南大法学院普通法前辈王毓骅教授，是他，让我觉得在南大研究来自普通法域的丹宁法律哲学，天时雨泽，有着切时的历史连结感与归属感。

感谢中国政法大学的方流芳教授，他是要我们相信那以善的方式生活者，其仁良与公义的力量必来自内守。因为这是一种怜惜邻人，憧憬真则，谦冲为人的力量。感谢他用标杆式的法律学养和纤尘不染的品质留止于拙文的空谷足音。

感谢我的先生！他是每一篇章粗糙成形时的第一位读者，也是文稿出家门之前最后的是正者。他毫无保留的肯定和策励，不时让人看到最好的自己。感谢我的父母，没有他们对家中小朋友悉心且令人放心的照顾，论文的写作就不可能全力以赴。感谢家庭温暖，他们带来

棕树下的正义

了平静得力的画境。

最后，不揣冒昧，我要致谢尊敬的丹宁勋爵！从第一次在法理课堂上听到他的名字、他的正义观，到有幸系统地学习普通法，有机会详读他的判决，再到如今自己站在讲坛上向学生讲授普通法，丹宁勋爵和他优美的判词及闪亮的思想，让我们即使在迷雾和灰心失意中，也能望到远方灯塔的微光。"山皆有石，上生青丛，冬夏常蔚然。"能被丹宁勋爵的法律哲学汲引，且籍博士论文的方式与世人分享他尊贵的深鸿览见，乃笔者之福。